儒學之現代解讀
詮釋、對比與開展

張子立　著

臺灣 學t書局 印行

儒學之現代解讀
詮釋、對比與開展

目　次

第三部分　開　展

前　言

　　儒家精神與思想如何在當前社會中尋求新的體現？此問題自從清末民初以來就一直備受關注。歷經五四運動之衝擊，乃至現代新儒學思潮之推波助瀾，時至今日，更成為儒學相關研究熱議數十載之焦點，並逐漸在全球華人學術圈、乃至國際學界予以顯題化。可以說，現今儒家哲學的相關研究，實皆已預設了一個目標：對儒家的思想觀念進行一種新的解讀，以求在當前學術脈絡中重新發掘其價值，體現其新意。本書收錄的十篇論文，亦是在此種背景下撰寫而成。

　　當吾人在進行哲學上的探討時，有一個應當注意但往往容易被忽略的向度，亦即某個學說之論點與其理論性之區分。以儒學為例，我們可以在儒學的論點與儒學的理論性之間做出區分。所謂儒學的論點，指涉儒學在歷史上曾經出現的各種思想內容，例如四書五經、先秦儒、兩漢儒、宋明儒所提出的各式各樣觀點，這些觀點可能涉及政治思想、形上學、倫理學或知識論等等不同領域。至於儒學的理論性，則在探討這些歷史上出現過的論點，其理論效力如何。這兩項工作實有其差異而須兼顧。例如我們可以指出，儒家思想蘊含了豐富的政治思想與倫理學說，並整理出這些理論的內容，賦予各種現代詮釋。而這所涉及的是儒學的具體論點問題。然而，這些論點與詮釋是否能成立？其理論效力又

如何？相對於西方哲學在相關領域的理論成果，這些觀點的長短優劣又如何？後續又可以如何發展？以上所追問的就是儒學之理論性問題。而真正的哲學探討，應該同時涵蓋這兩個面向。如此一來，對儒學的哲學解讀，就至少應該包括詮釋，對比與開展三種工作。

　　此處所謂「詮釋」，亦即對一個理論的核心概念之解釋與分析，要將其意涵作出明確的表達。在哲學研究中，如果涉及對某位哲學家或某個典籍的討論，有一個問題無可避免地會出現：所呈現出的詮釋是否符合作者或文本的論述內容？學者們往往必須先確認詮釋的適當性，然後再進行理論得失的探討。詮釋學的討論已經告訴我們，所謂作者原意，幾乎是在所謂客觀表述與觀點創發兩者之張力中求取平衡。一方面，詮釋不可避免地會涉及詮釋者本身的視域與哲學背景，所以是一種創造性的發展；另一方面，我們雖然是從自己的角度出發來詮釋文本，但詮釋的內容也必須限定在文本所允許的範圍內，不能溢出原作者的論述範圍，導致轉換、甚至扭曲其意。以上的詮釋問題，如果放在中國哲學的層面，則更為棘手。除了以上文本與詮釋的一般問題之外，中國哲學研究還涉及古文與白話文的時代隔閡，在近代中國哲學與西方哲學照面之後，西方哲學的理論，概念與術語，亦滲透進入中國哲學的詮釋脈絡中，而使這個問題更形複雜。本書中有三篇論文，即是這個方向上的一種嘗試，試圖在考慮詮釋問題各種複雜性的情況下，對幾個儒學研究上的重要概念予以釋義。

　　以〈釋朱子「脫然貫通」說〉一文為例，一般在討論朱子脫然貫通的說法時，若想到「格一草一木」、「讀書史」這些話，往往會認為這是藉由知識內容的獲得與累積，步步歸納出最高的

基本原理，再以此演繹出未知事物的西方科學或哲學進路，這往往導致諸多詮釋上的困境。窮經驗之理固是一種知識，但朱子所謂貫通，卻是格存在之所以然之理，亦即「太極」。前者有內容、概念，可以通過歸納或通則化的方式建立；後者「無情意、無計度、無造作……只是個淨潔空闊的世界」，且基於「知無不盡」、「粗底便是精，小底便是大」的詭辭，萬不能從知識內容的累積來解釋。實際上這些向外求取的說法只是格物致知第一層面的工夫，有鑑於此，亦須注意朱子強調道德內省──例如在「自家身心上皆須體驗一個是非」──的部分。因為朱子甚至說內省在格致工夫中的比重還超過外求。不過這樣的入路還只停留在第二層面，所建立的還只是道德見識，除了仍然不能解釋「粗便是精，小便是大」之外，也尚未照顧到第三層面的知行合一之道德實踐狀態，這種「知至」、「物格」與「明德」的狀態，正是在前兩層面工夫的基礎上通過一種異質的跳躍所獲致，而這才是貫通之實義。筆者即嘗試在本文為此見解作論證。

近幾十年來，西方漢學界掀起了一股陽明學的研究熱潮，不論中西文化背景的學者都積極參與其中的討論，對於「良知」概念提出各式各樣的詮釋，為我們提供了許多豐富洞見。這些學術探索對中國思想研究卓有功勳，且有助於學術積累的不斷推進。然而這些英語文獻當中有許多部分，出於翻譯的緣故，皆不約而同地將良知與各種知識聯繫在一起，像是「本有的」（innate），「本源的」（original），「完美的」（perfect）或「道德的」（moral）知識。〈王陽明良知說重探：翻譯，音譯與詮釋〉一文指出：基於英文中並無可與「良知」精確對應的概念，將其直譯為英文語詞的嘗試，容易遭遇各種問題。通過「知識相關的詮

釋泥淖」（interpretative morass regarding knowledge）之分析，可以發現將良知直譯為英文中的「本有的」或「本源的」知識（innate or original knowledge）並不恰當。因為王陽明認為人生而有之的是道德良能，而非任何本具或本源的知識。因此，致知和格物的重點，是在躬行實踐以實現人的美德，而非「知識的擴展」（the extension of knowledge）或「對於事物的探求」（the investigation of things）。

此外，欲藉認知性知識（cognitive knowledge）詮釋良知，也會引發困惑或誤讀。文中探討了三種此類相關誤解：良知作為完美知識（perfect knowledge），知識與行動同一（the identity of knowledge and action），以及良知作為「承認」（recognition）或「認可」（acknowledgment）。這也為繼而分析良知與三種「知」之間的關係預作準備。質言之，「良知自身」即為形上的創造力量。吾人之道德良能，作為道德判斷能力和內在的道德行為動機，是「良知自身」在人身上的具體展現。「知天理」實際上就是我們對於是非對錯的判斷。見聞或經驗知識在吾人履行良知的指令中扮演著輔助角色。至於道德知識的情況是：若將其視為關於道德原則的知識，則與良知原意背離，而在強調其道德驅動力或驅策意涵時，它指的無非就是我們的道德良能。本文的結論是：正如「道」（Dao）或「陰／陽」（yin／yang）等概念的情況一樣，在現階段，良知的研究選用音譯（搭配在行文脈絡中給予進一步解釋的方式）相較於直譯（literal translation）會更好。但對繼續探索英文中可能的對應概念，仍可保持開放的態度。

牟宗三對儒學的理論建構，已在學術界產生重大影響。其以

「道德的形上學」說明儒家之特性，已是一種耳熟能詳的說法。〈「本體宇宙論的創生」與「實現物自身的創生」：試析「道德的形上學」兩種創生型態〉一文的焦點正在於：簡別出牟宗三「道德的形上學」中解釋創生的兩種思路，分別可稱為「本體宇宙論的創生」與「實現物自身的創生」。

首先，就「本體宇宙論的創生」而言，創生之關鍵在於「性體」，性體在人表現出道德創造，至於就實現或創生存在而言，則顯發為天道、乾道、寂感真幾及其神用。人真正直接創造的是道德行為，道德創造之所以能擴及本體宇宙論上的創生，乃因踐仁盡性底無限擴大，因著一種宇宙的情懷而達致。或是由道德性當身所見的本源「滲透」至宇宙之本源，乃至以心「相應」、「形著」天道等方式。重點在說明人可透過其仁心或良知與天道發生感應，進而契接天道，將生生之德落實於行為中。性體涵括天道與良知，天與人的關係乃是「內容的意義」相同，這是天與人在主體面實踐地說之一，藉由性體而在本質上、實踐上與天道或無限者之「合一」。道德創造與創生存在二者之間仍有區分。

但在「實現物自身的創生」型態中，「本心仁體」或「良知明覺」才是創生之關鍵。不論就道德創造或創生存在而言，人皆可參與其中，因為人具有智的直覺，由知體明覺為體所起之用並非現象，而是非現象之實事、實理、實物。亦即康德所謂物自身。天道成為「此直覺自身就能給出它的對象之存在」之智的直覺，不再是《心體與性體》中本體宇宙論之原理，心也不必再藉道德實踐以相應或形著性或天道，其智的直覺即可實現物自身，兼為實踐德行之道德的根據與實現存在之存有論的根據，而可統道德與存在而一之，成為「作用的意義」上之同。因為良知將性

體、天道涵括在內，道德創造與創生存在二者之區分已泯。

　　牟宗三整合這兩種不同創生型態的理論發展為：將人與天同的思路徹底化，以「實現物自身的創生」融攝「本體宇宙論的創生」，貫徹「作用的意義」相同之論點，天人合一亦從道德主體實踐上的印證，轉移為理論推導上的邏輯結論。

　　本書所進行的「對比」工作，集中在儒家思想與西方哲學之比較研究。在進行對比的過程中，除了分辨中西思想家論點的同異之外，也嘗試挑明其中可能蘊含的理論問題。選擇的題材同樣是朱子，王陽明與牟宗三這三位思想家的學說內容。首先，牟宗三判定儒家倫理學屬於康德意義下的自律倫理學型態，其核心要點在於儒家論心，乃可自定自發普遍道德律則的道德主體。但朱子以心具理知理的工夫論，因為與縱貫系統心理為一的工夫入路有所不同，被牟先生認定為以知定行的型態，遂而無法歸入自律倫理學之中。筆者於〈再論朱子歸入自律倫理學的可能性〉一文所做的分析，在說明朱學雖然不能被納入康德所列舉的四種他律型態中，但也的確因為心是依理發為情，而理又並非心所定所發，遂而系統中並無可自定自發普遍律則的道德主體，故不能視為康德的自律倫理學。但在謝勒的「人格的自律」概念中，朱子學則可找到一席之地。雖然雙方對情感是否為先天普遍的看法不一致，但都屬於「以知定行」的倫理學。謝勒以價值感直觀到的客觀價值為行事標準，朱子格物致知所得之理，藉由誠敬存之，成為吾人修身行事之依據。這可在謝勒「道德洞見的自律」與「意願行善的自律」中得到共鳴。如果要將朱子歸入自律倫理學，理想的對照應是謝勒「人格的自律」概念，而非康德意義下的自律倫理學。

　　無獨有偶，英美的分析哲學傳統，近年來對康德哲學也逐漸提煉出新的詮釋。John Rawls 高弟 Christine Korsgaard 以「道德行動者」（moral agent）概念詮釋康德倫理學，正是其中一例。她將此概念應用於心靈哲學的討論，以此為論據反駁化約論者（reductionist）Derek Parfit 不存在自我同一性（personal identity）的觀點。Korsgaard 發揮康德以理論與實踐理性雙重立場看人的論點，指出從理論面來看，行為只是經驗，注重的是對人的自然面之解釋與預測；在實踐層面上，行動必須有行動者，所謂同一性，正是人身為道德行動者之行動能力與選擇自由，以作為責任之載體，同時自我建構為某種人格表現。凡此皆無須涉及任何形上學事實之肯定。質言之，肯定人作為道德行動者乃儒家與 Korsgaard 之共識。〈「同一性」、「道德動能」與「良知」：中西倫理學對話之一例〉這篇文章的內容，正是要申論「道德行動者」概念適可作為儒學與英美倫理學比較溝通的橋梁。就王陽明而言，良知即是真己、即是道德自我、人的道德選擇與行動能力。此動能不但能明辨善惡，對吾人之妄念、私欲具有省察之作用，更是事親與仁民愛物等道德行為之推動力。自我同一性的表現，必須從突顯人主動的實踐面著手，使視聽言動皆以良知為主而不逾矩，此即致知與誠意的工夫。不難看出，陽明論述不乏與 Korsgaard 呼應之處，他對如何藉由道德工夫將自我建構導向正途的說明，亦可為後者的論點提供補充。但須注意的是，良知作為道德自我，同時具有倫理學與形上學的雙重角色；Korsgaard 則極力避免涉入形上學之論證爭議。這導致雙方對道德良能界定上的存有論差異，也成為彼此對話交流中必須予以正視的問題。

　　眾所皆知，牟宗三以康德哲學作為其詮釋儒學的思想利器。但這並不表示他對康德哲學與儒學之異全無著墨。就道德情感而言，牟宗三反對康德將情感只限於感性層之論點，指出心可以上下其講，不能與實踐理性合一者是下講的氣性才性之情，若上提而為惻隱之心，則斷然是超越而普遍的悅理義之心，如此一來，不但情感有其先天的軌範，成為名符其實的道德感，在道德實踐上亦成為沛然莫之能禦的動力，與實踐理性之道德法則成為主客合一者，道德行為於是順適而妥貼。正是在強調情感之普遍性與動力性這兩點上，謝勒（Max Scheler）與牟宗三不謀而合。謝勒亦認為康德對情感的看法太狹隘，只允許理性的形式具有普遍性，對有內容之情感的實質先天性視而不見。情感並非都是快樂主義式的快感，情感中自有可克制情欲與衝動等自然傾向之層面，亦即那些與價值有關的價值感、偏好與愛。康德就是因為把一切感性活動都只視為缺乏意向性的苦樂等感受狀態，才忽略作為感知活動的先天價值感與偏好之存在。偏好揭顯的價值等級秩序又正是道德行為之基礎，道德價值正建立在偏好與實現較高的價值之中，亦即孟子所謂「所欲有甚於生」的存在決斷中，康德無視於此，才不能承認道德感作為道德行為的真正根據。

　　要注意的是，謝勒與牟宗三既有共識也存在歧見。情感的先天普遍性與作為道德實踐根據的見解雖有志一同，但現象學與存有論的不同走向，也導致其它論點之相左。謝勒主客二分的人類學先天主體與儒家主客合一存有論超越主體之別即是一例。所以作為人類所有行為統一中心之人格（person）雖具超越時空與因果之先驗性，卻仍帶有個別之殊異性，與牟宗三主張心之既超越又普遍不同。心可自定自發律則代表道德律則與道德主體是一非

二，就這點來看，新儒家又與康德自律倫理學較契合。可以肯定的是，謝勒是西方哲學可與儒家會通的寶貴資源，他對情感各種層面的解析實較儒學豐富而可供借鏡，尤其可藉由他與當代現象學思潮作對話更意義非凡。但也不能就此斷定他相較於康德更可勝任這個角色，借助兩者無疑都能闡發出儒學的精采之處。

　　現代脈絡下的儒學研究，自不能缺少「開展」的一面。「開展」是以對於儒家理論內容之分析、詮釋與對比為基礎，以探討其理論得失、進而發展出新的論點。本書在這方面的第一個嘗試，則是處理積累知識與修身成德二者之間的關係。選擇此題目的理由在於：朱子與陸王的爭論，實際上正是圍繞此一問題而展開。若能於此有所突破，對於評定雙方的爭議也就能提供一種新的視域。〈論道德與知識兩種辯證關係：聚焦朱子格物致知〉一文，是要從道德與知識的兩種辯證關係切入，藉以重新探討朱子格物致知說之得失。首先，就成德之道德實踐層面看道德與知識的關係，相對於朱子欲以外求與內省並重的方式成就道德修養，陸王則看出知識無法建立道德意識，或是提供道德動力，對此實有較正確的體認，特別是王陽明對良知與見聞之分判，釐清了二者間「主從的辯證關係」，亦即：在道德判斷「前」與「後」，經驗知識皆具有提供資訊與內容的作用，所以對判斷具有輔助之角色，但因仍受道德意識之主導，縱有相互作用之關係，仍是以道德意識為主，經驗知識為從。然而換個角度來看，基於倫理知識作為道德判斷「中」具有主導力之前結構，知識與道德亦呈現出一種「對列的辯證關係」。朱子則已意識到倫理知識對解決道德兩難之重要性，並涉及如何建立一種處理之應變模式。比之於陽明主張只要平時立得良知，遇事再精察義理於此心感應酬酢之

間，實更為深入而周到。於是，其格物致知說亦有陽明所不及之處，而可證朱子「去兩短、合兩長」說法之合理性。

　　自從孔子以「仁」立教，作為普遍人性之「仁」，就成為儒者共許的立論前提。但要如何證明普遍人性，卻並非易事。依筆者之見，普遍人性的肯定同時涉及「道德意識具體化」與「道德意識普遍性」兩種證立問題。牟宗三「**實踐的印證**」方式，乃針對「道德意識具體化」問題提出說明。他將情感和理性視為普遍道德主體之內涵，成為其中不同的作用，道德感提供行為動力，實踐理性制定道德法則，兩者皆是道德主體的不同面向，兩者之一致也為道德主體之自我要求。而且此普遍道德稟賦即表現在將道德意識落實於道德行為之動態過程中，在實踐中呈現之同時也證實之，仁心之表現就成為可被旁觀者與行為者所確認的事實，不再是抽象概念或高談闊論。至於「道德意識普遍性」的落實問題，可援引劉述先存異求同之「**共識的印證**」作為補充。若謂牟宗三所闡述乃超越主體式的逆覺體證工夫，互為主體式的理一分殊進路則為劉述先之特點。牟宗三從儒家脈絡下的普遍人性出發，指出其哲學內涵乃心性情合一之道德主體。劉述先「共識的印證」則把焦點放大至共通於世界各大傳統之共同人性。如此一來，即有與其它宗教文化傳統會通以形成共識之可能。藉由理一分殊的存異求同進路，參與全球倫理之跨文化、跨宗教對話以不斷發掘其**實際表現**。其中所展示的乃是與殊異性具有辨證關係的普遍性，肯定金律以及從中導出的一些寬鬆指令與行為準則體現出一種普遍的底限共識。結合此兩種印證方式，儒家對普遍人性的一種現代論述亦於焉成形。以上論點皆在〈普遍人性之論證：「實踐的印證」與「共識的印證」〉中予以交代。

　　在第一部分的「詮釋」中，我們對牟宗三「道德的形上學」兩種創生型態：「本體宇宙論的創生」與「實現物自身的創生」，進行了分析。〈儒家「生生」的現代詮釋：從「道德實踐」至「價值創造」〉之內容，正是要延續與發展前者的論點。筆者再度鎖定這兩種「生生」型態，分析其中的觀點差異，指出兩者雖各有其優缺點，實同樣預設了「同於」的天人關係，而在主張道德進路優位的情況下，以人的道德實踐做為「同於」之關鍵，衍生的理論後果是：使真美善的分別說與合一說相互牴觸，並解消其中廣狹義道德領域之分。繼而討論，劉述先並不採用牟宗三「實現物自身的創生」之詮釋。而且將道德實踐視為坎陷，也有別於「本體宇宙論的創生」。整體而言，其對天人關係偏重「同異並存」的表述，有異於牟宗三強調二者之同。然而，牟、劉二位皆未對「何以能同」提出充分解釋。以上述分析為基礎，則就「生生」存在層面之解釋，可採納「本體宇宙論的創生」天道創生萬物，人以道德實踐契接天道，成為天道之具體表現的論點。然而天人關係之定位，則宜由「同於」、「同異並存」調整至「通於」，以天或理一同時具備普遍性、絕對性與無限性，但人的創造活動則頂多只具有普遍性，作為二者「通」而非「同」的關鍵。基於此天人之「通」的關係定位，一切創造活動，包括道德實踐，雖作用與特性各異，實具有相同的價值定位，而將「生生」的實踐層面詮釋為：各種正面價值的不斷創造、創新與提升。據此，則儒家價值理想的表現，就不再限於成德的道德修養，舉凡能在具有正面價值的各種人類活動，如學術、科技、藝術、體育、商業等領域，持續精益求精、做出良好貢獻，都可謂體現了「生生」的要旨。

　　上述這種「生生」的現代詮釋，若予以適當的運用，甚至能幫助我們對近年來常被提及的「儒商」概念，給予理論上的梳理與證成。談到儒商，明末至有清所謂「古者四民異業而同道」、「雖終日作買賣，不害其為聖為賢」、「士商異術而同心」等說法常被提及。但從歷史發展觀之，並非這些說法，而是清末自強運動後的商戰之論，才對提升商人地位發揮了實際作用。再從思想融貫性來看，以上說法如何與孔孟「義利之辨」的說法相容也是一個問題。論者提供「利以義制」、「義利存乎心」的詮釋，指出義利之別的關鍵在於正當或不當求利。正當求利，則義在其中；反之，則為利慾薰心。惜未進而說明：正當求利與否的判準何在？為解決上述問題，本文借助孔孟對仁、義、利的闡釋，以及易傳生生的概念，予以現代的詮釋，以界定何謂「儒商」。首先，孔孟雖強調義利之辨，卻不主張「義利互斥」，而是「義先於利」。從孔子「己立立人，己達達人」的命題來看，「利以義制」可解釋為互利互惠。企業家透過員工製造產品，而從中獲利，此為己利己達；給予員工良好薪資待遇，商品也為消費者帶來便利或快樂，則為立人達人。此命題更高層次表現乃「以利行仁」。其意涵為企業家運用所累積的財富而幫助別人，如賑災濟貧。「生生」則定義為各種正面價值的不斷創造、創新與提升。商品與服務的不斷發明與改良，即是一種正面價值的創造與提升，是則從商與成德同為儒家生生精神之現代表徵。綜上所述，「儒商」乃力求商品與服務的不斷改良、創新，同時做到「利以義制」、「以利行仁」的企業家。若以日常用語來說：不斷創新、互利互惠、注資公益即是「儒商」定義。

　　本書收錄的十篇文章，主要是以筆者之前在各學術期刊上發

表過的論文為基礎，再予以修改擴充而成。在此謹向相關期刊的出版單位與編審們致上誠摯謝忱！這些文章分別是：

（1）張子立：2000 年 11 月〈再論朱子歸入自律倫理學的可能性〉，《鵝湖月刊》305 期，頁 54-64。

（2）張子立：2005 年 8 月〈釋朱子脫然貫通說〉，《東吳哲學學報》12 期，頁 99-125。

（3）張子立：2007 年 1 月〈道德感之普遍性與動力性——謝勒與牟宗三的共識〉，《鵝湖月刊》396 期，頁 54-64。

（4）張子立：2014 年 5 月〈「本體宇宙論」與「實現物自身」：論牟宗三「道德的形上學」兩種創生型態〉，《深圳大學學報（人文社會科學版）》2014 年第 3 期，頁 47-56。

（5）張子立：2014 年 6 月〈論儒家生生的現代詮釋〉，《全球與本土之間的哲學探索：劉述先先生八秩壽慶論文集》，臺北：臺灣學生書局，頁 127-156。

（6）張子立：2014 年 7 月〈論普遍人性：實踐的印證與共識的印證〉，《鵝湖月刊》486 期，頁 54-64。

（7）張子立：2016 年 6 月〈論道德與知識兩種辯證關係：朱子格物致知說重探〉，《中正漢學研究》27 期，頁 163-190。

（8）張子立：2016 年 8 月〈同一性、道德動能與良知：中西倫理學對話之一例〉，《哲學與文化》507 期，頁 175-196。

（9）張子立：2017 年〈何謂儒商：仁義、生生與企業家精神〉，《思想與文化》第 21 輯，頁 100-124。

（10）Chang, Tzuli. 2016. "Re-exploring Wang Yangming's Theory of Lianzhi: Translation, Transliteration and Interpretation." *Philosophy East and West*, (66) 4：1196-1218.

　　本書之完成，必須要感謝這些年來一起相互砥礪向學的師友們。筆者指導教授劉述先先生之學術著作，正是書中多篇論文的討論題材，加上常有機會當面向劉老師請益，進一步反思其中的論點，這些不可或缺的幫助促成了本書的問世。劉述先老師雖已仙逝，個人對其感念之情實有增無減！另外，自從研究生時期，直到現在投身教學研究工作，皆有幸向李明輝老師學習請益，得以不斷改善對於儒家與康德哲學的理解。李老師以身作則，持續不綴地發表學術研究成果，除了作為本書探討的內容之外，更是督促個人不敢鬆懈的原動力。還必須一提的是，近年來個人研究逐漸擴及英美倫理學與政治哲學，遂而在英美哲學相關理論與議題方面，常就教於方萬全老師，以免因理解不相應而產生詮釋上的錯誤。方老師退休後仍繼續教學研究工作，定期出版學術論文，此精神更值得後輩們學習效法。這幾年來，筆者亦得以向曾國祥，林遠澤，沈享民，史偉民幾位優秀學者請教歐陸哲學，德性知識論與儒學的相關理論，從中獲益匪淺，須在此一併致謝。香港中文大學張錦青、盧傑雄兩位教授，常就中西哲學詮釋問題提供高見，亦對筆者的視野與思考大有裨益，亦須致上謝忱。學生書局陳蕙文小姐，為本書之出版與編輯工作給予諸多協助，方能順利付梓，也須在此致謝。最後，筆者要感謝內人與家人們一貫以來的支持與鼓勵，若非如此，個人實難以為繼。

第一部分　詮　釋

釋朱子「脫然貫通」說

一、引言

　　在朱子學說的表述上，其工夫論重點在格物致知，而格物致知的理想為達到所謂脫然或豁然「貫通」的境界可說是學界共識。然而對這「貫通」意蘊的探討，卻在汗牛充棟的相關論述中顯得寥寥可數，筆者以為，這實在朱學研究中留下一大缺口。因為「貫通所得為何」此問題涉及整個格物致知理論的定位，如果順朱子「大而天地陰陽，細而昆蟲草木，皆當理會，一物不理會，這裡便缺此一物之理」[1]的話來看，「貫通」獲得的是經驗科學或哲學原理，朱子所從事的也就是現代西方科學家或哲學家的工作；若是想到朱子所說：「格物所以明此心」[2]。「貫通」則指一種道德見識或實踐智慧，格物致知主要還是一種道德內省的工夫。不同的解釋產生了兩種涇渭分明之朱子形象，找出一種適當詮釋的重要性不言而喻。

　　至於在「脫然貫通」的詮釋上，就筆者所知，目前最詳細的說明是由陳來先生所提出。依陳來的詮釋，豁然常常是在無意識

---

[1]　《語類》，卷 117。
[2]　《語類》，卷 118。

的情況下自發地、突然地實現的。由於這一過程本質上具有歸納、綜合的特點，所以也是在充分積累基礎上主動地進行抽象思維的結果。而這種豁然貫通後的普遍原則是貫穿自然、社會、人生的更普遍的原理、法則。[3]如此看來，陳先生認同上述第一種觀點，視貫通的結果為知識理論的完成。這種說法為我們理解「貫通」指出了一個新的可能性，但卻有其難題存在。

首先，朱子直言「理」是「無情意、無計度、無造作……只是個淨潔空闊的世界」[4]，正如牟宗三所說──朱子之「理」非「形構之理」或「歸納普遍化之理」[5]，對「理」的認識就不可落入抽象概念的思維中，終究也非西方哲學之形上學原理。

其次，朱子曾以「精粗大小，都要得格它。久後會通，粗底便是精，小底便是大。這便是理之一本處」[6]這段吊詭的話來描述貫通，這使人想到的是張載「不見乎小大之別」的「誠明所知」，而非任何知識或理論。

質言之，這些向外求取的說法只是格物致知第一層面的工夫，有鑒於此，亦須注意朱子強調道德內省如要在「自家身心上皆須體驗一個是非」的部分。因為朱子甚至說內省在格致工夫中

---

[3] 陳來：《朱熹哲學研究》（臺北：文津出版社，1990 年），頁 272-273。須附帶說明的是，陳先生此書於 1993 年又出了簡體字新版，但新簡體字版比之於舊簡體字版並無更動，對脫然貫通的看法亦未改變，且目錄有章無節，反較在臺出版之繁體字版簡略，故本文論述仍以繁體字版為準。

[4] 《語類》，卷 1。

[5] 牟宗三：《心體與性體（一）》（臺北：正中書局，1996 年），頁 87-113。

[6] 《語類》，卷 15。

的比重還超過外求。不過這樣的入路還只停留在第二層面，所建立的還只是道德見識，除了仍然不能解釋「粗便是精，小便是大」之外，也尚未照顧到儒家成德之教強調的知行合一之道德實踐狀態。

那麼，是否有其它詮釋貫通的進路、既能免於以上指出的困難，又可自圓其說？這正是筆者在本文要嘗試的工作。

二、「格物致知」與「脫然貫通」

就朱子而言，致知格物其實是一事。就覺知對象言，是格物；就覺知主體言，是致知。換言之，致知與格物只是從主客不同角度來詮釋修養工夫。在做格物窮理時，就是在從事致知工夫，反之亦然。故曰「格物所以致知。於這一物上窮得一分之理，即我之知亦知得一分；於物之理窮二分，即我之知亦知得二分；於物之理窮得愈多，則我之知愈廣。」[7]，「只是一本，無兩樣功夫也。」[8]

至於對格物致知的理論定位，我們可以從吸收經驗知識的方式來看，因為格物的要求是「大而天地陰陽，細而昆蟲草木，皆當理會，一物不理會，這裡便缺此一物之理」[9]。「推而言之，雖草木亦有理存焉，一草一木豈不可以格，如麻麥稻粱，甚時種，甚時收，地之肥，地之磽，厚薄不同，此宜植某物，亦皆有

---

[7]　《語類》，卷18。

[8]　《文集》，卷59，答陳才卿第五書。

[9]　《語類》，卷117。

理」[10]。就這些層面的工夫來說，這無疑是偏重知識性的。

　　換個角度看，我們也可以從道德內省的角度解釋格物致知，原因在於朱子也說過這樣一段話：

> 人之所以為人只是這四件，須自認取意思是如何。所謂惻隱者是甚麼意思？且如赤子入井，一井如彼深峻，入者必死，而赤子將入焉，自家見之，此心還是如何？[11]

　　由此看來，格物也是一種對道德規範與道德現象的反省，或可說是一種向自身道德意識的探索，所以朱子才會在討論格物時，指出要在「自家身心上皆須體驗一個是非」[12]，這麼說來，格物又是要獲得一種道德實踐上的體認。陽明早年「格庭前之竹」格出病來，未可謂能善紹朱子學，反倒應了朱子所謂：「兀然用心於一草一木器用之間，此是何學問？」[13]

　　以上這兩種詮釋思路雖皆言之成理，但筆者以為，朱子真正的用意乃是要兼容二者，也就是說，他認為格物中之物既包括知識面、也涵蓋行為面，此可證諸下面這段話：

> 且就事物上格去。如讀書，便就文字上格。聽人說話，便就說話上格。接物，便就接物上格。[14]

10　《語類》，卷 18。
11　《語類》，卷 15。
12　《語類》，卷 15。
13　《文集》，卷 39，答陳齊仲書。
14　《語類》，卷 15。

正因如此，朱子才會說格物的方式是「則或考之事為之著，或察之念慮之微，或求之文字之中，或索之講論之際」[15]，要人不只是向外求取知識，也必須反求諸己地作反省工夫。

　　至於格物致知的極至，則是脫然貫通的境界。朱子講貫通，用意在兼容伊川「脫然貫通」說與延平「理一分殊」說。伊川指出：

　　　　須是今日格一件，明日又格一件，積習既多，然後脫然自有貫通處。[16]

　　　　窮理，如一事上窮不得，且別窮一事。或先其易者，或先其難者，各隨人深淺。如千蹊萬徑，皆可適國。[17]

　　然而延平的看法是：

　　　　凡遇一事即當就此事反復推尋以求其理，待此一事融釋脫落，然後循序有進而別窮一事，如此既久，積累之多，胸中自然有灑落處。[18]

　　而朱子曾如此評論二者之說：

---

[15]　《大學或問》。
[16]　《二程全書》，遺書第十八，伊川先生語四。
[17]　《二程全書》，遺書第十五，伊川先生語一。
[18]　《文集》，卷97，延平行狀。

> 仁甫問伊川說若一事窮不得，且須別窮一事，與延平之說
> 如何？
>
> 曰：這自有一項難窮的事，如造化禮樂度數等事，是卒急
> 難曉，只得且放住。（中略）延平說是窮理之要，若平常
> 遇事，這一件理會未透，又理會第二件，第二件理會未得
> 又理會第三件，怎地終身不長進。[19]

　　伊川認為一事窮不得，可別窮一事，積習既多，自可脫然貫
通；延平則認為須在一事上融釋脫落後，才可再窮一事。朱子調
和此矛盾的方式是：以延平所說為窮理之基本原則，伊川是針對
特例而論，像是造化禮樂度數等需要經驗與人生歷練累積的部
分，無法操之過急。在此基礎上，朱子才進一步提出自己的脫然
貫通說。

　　首先，秉持延平重視在分殊上灑然冰解凍釋的工夫入路，朱
子反對「學問只用窮究一個大處，則其它皆通」[20]的只格一件之
說法，而主張多格分殊處之理。

> 聖人未嘗言理一，多只言分殊，蓋能於分殊中事事物物頭
> 頭項項理會得其當然，然後方知理本一貫。不知萬殊各有
> 一理而徒言理一，不知理一在何處。[21]

　　不過在伊川的影響下，朱子也非要求窮盡、格盡天下之物才

19　《語類》，卷18。
20　《語類》，卷18。
21　《語類》，卷27。

行，而是要人在「今日格一件，明日格一件」漸漸積累的基礎上，達到貫通的境界。所以朱子說：

> 物有多少，亦如何窮得盡？但到那貫通處，則才拈來便曉得，是為盡也。[22]

> 只是才遇一事，即就一事究其理，少間多了，自然會貫通。[23]

以上的背景論述，是要為深入理解貫通內涵作準備。在此之前，認識到格物致知兼綜外求與內省兩層面工夫是必要的，如此我們就可順理成章地斷定，純粹以兩者中任何一方詮釋貫通的片面性，筆者接下來正要分別論述這種片面性會遭遇到的困難。

三、以經驗認知模式解釋「貫通」的困難

脫然貫通確切的解釋應該是什麼呢？陳來先生認為這是一種走自明而誠的理性主義道路。[24]是藉由內在心理體驗與外在經驗知識的累積而達到認識上的躍進。從「理一分殊」的角度說，這是一種從分殊上升到理一，以掌握「眾理之統」的方式。而從道德認識過程來說，是要求人們首先具體地認識各種具體的當然之則，爾後「兩個合做一個，少間又七、八個合做一個」，概括出

22　《語類》，卷 60。

23　《語類》，卷 18。

24　陳來：《朱熹哲學研究》，頁 273。

支配各個分殊的當然之則的普遍原則來。[25]在這過程中的所謂「豁然」，常常是在無意識的情況下自發地、突然地實現的。由於這一過程本質上具有歸納、綜合的特點，所以也是在充分積累基礎上主動地進行抽象思維的結果。而這種豁然貫通後的普遍原則是貫穿自然、社會、人生的更普遍的原理、法則。必須能夠對社會的一切當然之則起到一種直接的支持作用。因此，朱子這種抽象「不可能是科學的，而是為了道德倫理的目的不能不帶有極其主觀隨意和比附的性質。……要在自然法則和道德原則之間建立起某種直接聯繫。」[26]

依陳來先生的說法，可推論出脫然貫通所得之理為「理一」，為一貫穿自然、人生、社會的更普遍的原理、法則。可由對各具體原則進行歸納、綜合的抽象思維導出。所以這是一種有內容的、可用概念表達的最高原理。換言之，貫通就是以一種終極的哲學原理來解釋、推繹出萬事萬物的方式。故陳先生認為「貫通是對已知歸納的結果，又是對未知演繹的前提。」[27]是以他常言朱子採用一種理性主義的為學方式。

「豁然」的解釋，是否只限於意指一種在無意識的情況下自發地、突然地實現的狀態呢？答案似乎並非如此。陳榮捷先生就提到「豁然」為開大、開明之意，「脫然」之「脫」意為解除，「一旦」則作一朝、一日解，這些描述貫通的關鍵字皆無忽然、

25　同上，頁 272。

26　同上，頁 273。

27　同上，頁 277。

突然之意。[28]但這還只是枝節問題。真正關鍵之處在於，陳來是以西方哲學的理論模式來理解朱子。對於一些朱子的說法，如「只是才遇一事，即就一事究其理，少間多了，自然會貫通。如一案有許多器用，逐一理會得，少間便自見得都是案上合有底物事。」[29]「萬理雖只是一理，學者且要去萬理中千頭萬緒都理會，四面湊合來，自見得是一理。」[30]這種解釋的確頗具說服力。但有兩點使我們不能採取這種詮釋。

首先，我們不要忘了朱子講的「理」有兩個層次，經驗性質的原理固然是一種「理」，卻是作為萬物存在根源的「所以然之理」、亦即「總天地萬物之理」的「太極」在經驗層面之顯現，後者顯然更為基本。所謂「理一」正是指「太極」。朱子說：

> 知事物之當然者，只是某事知得是如此，某事知得是如此，到知其所以然，則又上面見得一截。[31]

> 天下萬物當然之則便是理，所以然底便是源頭處。[32]

> 天命即天道之流行而賦於物者，乃事物所以當然之故。[33]

28　陳榮捷：《朱子新探索》（臺北：臺灣學生書局，1988 年），頁 341-344。

29　《語類》，卷 60。

30　《語類》，卷 117。

31　《語類》，卷 23。

32　《語類》，卷 117。

33　《論語集注》，卷 1，為政第二。

「所以然之理」是「天命」，是「所當然之則」的源頭，亦即其「所以當然之故」。這是先驗的、超越的理。知其當然只是「知此事」，要到知其所以然才算「覺此理」。所以朱子說：「如事親當孝，事兄當弟之類，便是當然之則。然事親如何卻須要孝，從兄如何卻須要弟，此即所以然之故。」[34]故朱子特別強調「窮理者，欲知事物之所以然與其所當然」[35]，是以積累貫通要得到之「理一」，正為萬物所以然之太極。牟宗三指出朱子所窮的不是「形構之理」，亦非「歸納普遍化之理」，而是「存在之理」（實現之理）。[36]較符合朱子此處的說明。照陳來的解釋，朱子貫通所得之理就成了歸納綜合後所知之哲學原理，這種西方哲學式的終極原理，可藉以解釋各種存在物及社會人生現象。可是這種有內容、有概念運作之理絕不同於形上之所以然之理，因為朱子強調此「理」乃「無情意、無計度、無造作……只是個淨潔空闊的世界」[37]。如此一來，對這「理」的認識又怎能是有內容、有概念或曲折的知識性之哲學原理呢？

第二個難題在於與朱子原文之直接抵觸。蓋「貫通」之際即是「知至」之時，而這「知至」狀態的特徵是：

> 理之在物者既詣其極而無餘，則知之在我者亦隨所詣而無不盡矣。[38]

34　《語類》，卷18。

35　《語類》，卷64。

36　牟宗三：《心體與性體（一）》，頁104-108。

37　《語類》，卷1。

38　《大學或問》，卷1。

> 即夫事物之中，因其已知之理推而究之，以各到乎其極，
> 則吾之知識亦得以周遍精切而無不盡也。[39]

朱子既然認為要貫通不能只格一物，也不能窮盡天下之物，那又怎能「知無不盡」、「周貫精切而無不盡」呢？未格之物豈能知之？陳來認為是藉由「推類」，所以能在普遍原則下推知未格之物的大概。而這「推類」是對於一類事物，可以通過研究該類事物的大多數來找到普遍的共同特點，進而以此瞭解此類中未嘗直接研究過的具體事物。[40]換言之，這是一種演繹法。此可證之朱子「以十事言之，若理會得七、八件，則那兩、三件觸類可通」[41]的說法。然而，這樣解釋貫通，還是無法避免困境。

其一，陳先生認為是先「貫通」，再進一步「推類」；而且要推類，才能無不盡。[42]但朱子卻有相反的說法：

> 自其一物之中，莫不有以見其當然而不容已與其所以然而
> 不可易者。必其表裡精粗無所不盡，而又益推其類以通
> 之。至於一日脫然而貫通焉。[43]

在此，朱子不但認為「無不盡」在「推類」之前、而非之後，而且指出要「推類」之後，才能脫然貫通。這明顯與陳先生之說法

---

[39]　《大學或問》，卷 2。

[40]　陳來：《朱熹哲學研究》，頁 277。

[41]　《語類》，卷 18。

[42]　陳來：《朱熹哲學研究》，頁 273-275。

[43]　《大學或問》。

不合。

其二，以一歸納綜合後的普遍原則來解釋事物，更與下面這段描述貫通的話扞格不入：

> 精粗大小，都要得格它。久後會通，粗底便是精，小底便是大。這便是理之一本處。[44]

不論任何理性思考或知識概念上之普遍原則，都無法認同「粗便是精、小便是大」的違反邏輯同一律的詭辭。這種類似「不行而至、不疾而速」語句所表現出的辯證式思考，語意反倒接近張載所謂「不見乎小大之別」的誠明所知，強調的是與道契合之精神境界。這些困境在在暴露出以歸納演繹之經驗認知模式解釋貫通之難處。

四、以內省之道德見識解釋貫通之不足

既然以經驗認知模式解釋貫通有困難，若以內省的角度來看貫通是否較順適呢？由下面這段話來看似乎是如此：

> 致知一章，此是大學最初下手處，若理會得透徹，後面便容易，故程子此處說得節目最多，皆是因人之資質耳。雖若不同，其實一也。見人之敏者太去理會外事，則教之使去父慈子孝處理會，曰「若不務此而徒欲泛然以觀萬物之

---

[44] 《語類》，卷15。

理，則吾恐其如大軍之遊騎，出太遠而無所歸」。若是人
專只去裡面理會，則教之以「求之性情固切於身，然一草
一木亦有理」。要之內事外事皆是自己合當理會底，但須
是六、七分去裡面理會，三、四分去外面理會方可。[45]

朱子在這段話中透露出兩個論點，第一是他認為外求與內省
須並重，這點之前本文已提及；第二是兩者雖要兼顧，但內省之
比重占了六七分，還是多於外求的三四分，顯然更為重要。

下面這段話更令人加深此種印象：

文振問：物者理之所在。人所必有而不能無者，何者為
切？曰：君臣、父子、夫婦、兄弟、朋友、皆人所不能無
者。但學者需要窮格得盡。事父母、則當盡其孝。處兄
弟、則當盡其友。如此之類，須是要見得盡。[46]

問：知，有聞見之知否？
曰：知，只是一樣知，但有真不真，爭這些子，不是後來
又別有一項知。所之異只是這個事，如君止於仁，臣止於
敬之類。人都知得此，只後來便是真知。[47]

朱子在此明白表達五倫乃理中最切要者，可見他最重視的還是道
德原則。而且真正要緊的知只是一種真知，亦即君仁臣敬等倫理

---

[45] 《語類》，卷 18。
[46] 《語類》，卷 15。
[47] 《語類》，卷 34。

規範的正當性。這樣看來，貫通應該是從遇事之不斷道德內省中體驗出這種應物的智慧見識，把道德法則作為自己的信念。事實上朱子正有此意，他說：

> 更宜於日用事物、經書指意、史傳得失上作工夫。即精粗表裡，融會貫通，而無一理之不盡矣。[48]

揆諸此解釋貫通的說法，在方向上是正確的，卻仍一間未達而有其困難存在。最明顯的就是朱子提到的「精粗大小，都要得格它。久後會通，粗底便是精，小底便是大。這便是理之一本處」這段話還是不能藉此得到確切澄清。道德原則或倫理規範具有定然性，基本上不能有模糊地帶，更不會有對立矛盾的概念並行不悖，是以無法套用來解釋這段話。此外，這種內省解釋模式所達到的實踐智慧雖是真知，卻尚未達到即知即行的境界，亦即，這種向內理會的工夫讓人具備了一種道德體認，卻不保證人有了這體認後亦能依以行之。知行合一卻是朱子一再強調的。朱子曾說：

> 孩提之童莫不知愛其親，及其長也，莫不知敬其兄。人皆有是知，而不能極盡其知者，人欲害之也。故學者必須先克人欲，以致其知，則無不明矣。[49]

---

[48] 《語類》，卷 9。

[49] 《語類》，卷 15。

此處之知乃指人心本有知理順理以成道德實踐的能力，如知愛親、敬兄。之所以做不到，是人欲害之，蒙蔽良知。所以在道德修養上，需要去人欲以恢復此知行合一之道德能力。職是之故，格致工夫到極至的貫通境界不只是要成為道德層面的智者，更要求是從心所欲不逾矩的聖賢。試看朱子這段話：

> 皆有是知而不能極盡其知者，人欲害之也。故學者必須先克人欲以推至其知，則無不明矣。[50]

極盡其知與無不明都是朱子用來描述脫然貫通的語詞，在此與去人欲聯系在一起，足證貫通乃與道德實踐密不可分，勢必要由內省進至踐履不可。

五、脫然貫通：一種異質的跳躍

（一）貫通即「物格」、「知至」與「明德」的道德意識狀態

　　朱子指出格物致知應是經驗知識與道德見識雙管齊下的方式，不可拘執一邊。當然，這兩層面活動皆不可或缺，但也都只是準備工夫而尚未完備。前者容易走向形上學與科學，追求道德見識則傾向於成為處世智慧或倫理學。這些「學」或智慧自然重要且必要，卻仍不可謂已足。作為一代大儒，他還是繼承儒家成德之教的精神，要由內省與外求之「學」的第一與第二層面再提

50　《文集》，卷 40，答江德功書。

升至第三個層面——知行合一之道德實踐層次。知識或道德見識都還不是作為實踐理性之道德意識，因此必須經由劉述先所謂「異質的跳躍」[51]才能轉換為道德行為之動力，由此角度切入，貫通的恰當詮釋也就呼之欲出了。朱子曾說：

> 致知，不是知那人不知底道理，只是人面前底。且如義利兩件，昨日雖看義當為，然而卻又說未做也無害；見得利不可做，卻又說做也無害；這便是物未格，知未至。今日見得義當為，決為之；利不可做，決定是不做，心下自肯自信得及，這便是物格，便是知得至了。[52]

在此朱子提醒我們即知即行的境界亦即所謂「物格」及「知至」，則格物以達貫通之理之際，也正是此心知功能發揮到極至的「知至」狀態：

> 知至則指吾心所有知處，不容更有未盡矣。程子曰一日一件者，格物工夫次第也；脫然貫通者，知至效驗極致也。[53]

物格、知至與貫通之同質性，在下面這段朱子說明積累貫通最常被引用的話中表現得最為明顯：

---

51 劉述先：《朱子哲學思想的發展與完成》（臺北：臺灣學生書局，1995年），頁 540。

52 《語類》，卷 15。

53 《文集》，卷 46，答黃商伯第四書。

> 所謂致知在格物者，言欲致吾之知，在即物而窮其理也。
> 蓋人心之靈，莫不有知；而天下之物，莫不有理；惟於理
> 有未窮，故其知有不盡也。是以大學始教，必使學者即凡
> 天下之物，莫不因其已知之理而益窮之，以求至乎其極。
> 至於用力之久，而一旦豁然貫通焉，則眾物之表裡精粗無
> 不到，而吾心之全體大用無不明矣。此謂物格，此謂知之
> 至也。[54]

朱子在此明白指出豁然貫通即是知至與物格，且這兩者是「吾心
之全體大用無不明」，如此一來，貫通就是一種「全體大用可以
盡明」的「明德」狀態，格物致知就成為「明明德」的工夫。

> 若人之明德，則未嘗不明。雖其昏蔽之極，而其善端之發
> 終不可絕。但當於其所發之端而接續光明之，令其不昧，
> 則其全體大用可以盡明。且明人知己德之不明，而欲明
> 之，只這「知其不明而欲明之」者，便是明德。就這裡便
> 明將去。[55]

> 問「明明德」。曰：人皆有個明處，但為物欲所蔽。剔撥
> 去了，只就明處漸明將去。然須致知格物，方有進步處，
> 識得本來是甚麼物。[56]

54　《大學章句》，格物補傳。
55　《語類》，卷14。
56　《大學章句》，格物補傳。

格物致知作為「明明德」的工夫，是要人在一呈現出道德意識而欲有所作為的「善端之發」或「明處」之際，保持此順性理而行的道德意識狀態，這也就是中和新說所謂：

> 按文集遺書諸說，似皆以思慮未萌、事物未至之時為喜怒哀樂之未發。當此之時。即是此心寂然不動之體，而天命之性當體具焉。以其無過不及、不偏不倚故謂之中。及其感而遂通天下之故，則喜怒哀樂之性發焉，而心之用可見。以其無不中節，無所乖戾，故謂之和。[57]

「明德」之狀態，是在心未發時不偏不倚、無過不及的具理狀態，也是心在已發時無不中節、無所乖戾的順理狀態。一言以蔽之，就是一片澄明、毫無雜念的中和境界。唯有以此心境去面對萬事萬物，才能消融物我之別，達到「眾物之表裡精粗無不到，吾心之全體大用無不明」的境界，也才能「粗便是精，小便是大」。可以說，格物致知是要逐漸將心之雜念、人欲之流不斷化除，使心達到清明如鏡的精神境界，故朱子又常以「磨鏡」來比喻「明明德」：

> 或以「明明德」譬之磨鏡。曰：鏡猶磨而後明。吾人之明德，則未嘗不明。[58]

57　與湖南諸公論中和第一書。
58　《語類》，卷 14。

「明德」謂本有此明德也。孩提之童無不知愛其親，及其長也，無不知敬其兄。其良知良能本具有之。只為私欲所蔽，故暗而不明。所謂「明明德」者，求所以明之也。譬如鏡焉，本是個明底物，緣為塵昏，故不能照。須是磨垢，然後鏡復明也。[59]

「知至」作為「明德」，猶如磨後之鏡。此時乃為無內容、無曲折的澄然的心靈狀態無疑。若都能以此清澄如鏡、光明不昧的心境去面對宇宙萬有，即是「脫然貫通」，即是「理之在物者既詣其極而無餘，則知之在我者亦隨所詣而無不盡矣」。

（二）貫通必須是一種異質的跳躍

　　說明貫通是順理如理的知至與明德境界後，筆者嘗試再進一步對其作概念上之分析與釐清。如前述，貫通是一種異質的跳躍，此異質是相對於外求與內省兩層面工夫所獲得之經驗知識與道德見識而言。這差異主要可分三點論之。

　　首先是形上形下之異。前已述及，貫通所格之理是存在之所以然的太極，這是形而上之理；相對來說，經驗知識與道德見識的對象自然是形而下之理，形而下之理雖然也是存在之所以然之理分殊的顯現，但根據朱子理氣不離不雜之思路，這兩層理雖具有連續性，還是不能渾同為一。劉述先指出，貫通並不是科學層面上找到一個統一的理論來說明事象的關連，而是隱指一異質的

---

[59] 《語類》，卷 14。

跳躍，為世間的萬事萬物找到一超越的形上學的根據。[60]

　　其次是概念內容有無之異。形上之理既然是無情意、無計度、無造作的淨潔空闊的世界，「脫然貫通」的「知至」境界自然亦為無思慮、無內容曲折的意識狀態。相較之下經驗知識與道德見識多少帶有思慮及概念內涵。

　　最後是具實踐性與否之異。貫通是知行合一、具有堅定道德修養之精神境界。隨時保有成就道德行為之行動力。就此而言，牟宗三以「心靜理明」一詞解釋朱子格物致知，認為貫通即在使吾人之心氣全凝聚於此潔淨空曠無跡無相之理上，一毫不使之纏夾於物氣之交引與糾結中，然後心氣之發動始能完全依其所以然之理而成為如理之存在。[61]實為的論。貫通之「知無不盡」、「周遍精切而無不盡」，正是要在應對事事物物之際皆能保持此狀態。以此來看經驗知識與道德見識，前者不能直接引發道德行為已甚顯，道德見識固有助於道德修養或人格之養成，卻不與其等同，這種意義上的知善知惡，無法直接轉換為好善惡惡之行為。貫通則正是要把道德見識落實於行為實踐當中。

　　在此可附帶提及的一點是：貫通既然與認知和道德見識有形上形下、概念內容與實踐性三項差異，而且這些差異皆指向質而非量之不同，那麼這種異質的跳躍又如何可能呢？朱子看起來只預設了有此異質之跳躍，而未思及其可能性問題。之前討論朱子「粗便是精、小便是大」一語時，曾提到和張載「不見乎小大之別」的誠明所知實指涉同樣的精神境界。從他對貫通的描述中也

60　劉述先：《朱子哲學思想的發展與完成》，頁540。

61　牟宗三：《心體與性體（一）》，頁104-106。

能看出他的確是要追求這種德性之知，只不過德性之知是要建立道德意識與修養，朱子外求與內省並重的工夫入路，獲得的是與其異質之經驗知識與道德見識。如此看來，要達到異質跳躍所需的工夫為一種逆覺，朱子預設此逆覺，卻不能正視此逆覺，是其不足處。[62]這一點也正是朱子與孟子陸王一系心學思想最大的歧異之一，是以不可將雙方混同。

　　質言之，貫通之所以可能就必須預設一種與理為一之道德意識，在心與理一的條件下貫通才有必然性，論者指出「朱子已先預設了象山所說的本心」[63]道理在此。若不一則成偶然之湊泊，成不成功就難以操之在己，才會令朱子感覺如此艱苦，少有活潑潑地愉悅。如此一來，貫通如何可能始終是朱子必須面對的難題之一。

（三）貫通乃理與事兩界之溝通

　　了解到貫通是經由一種異質的跳躍培養出「寂然不動、感而遂通」之清明如鏡的心境，「事物之表裡精粗無不到」就是能以此精神狀態去面對事事物物之後，我們就可藉以探討陳來對朱子提出的一點質疑。陳先生認為貫通原則因必須作為當然之則的基礎，故為道德性的天理，積累貫通也成了在具體事物上印證天理的過程。要在自然法則與道德原則之間建立某種直接聯繫，難免帶有主觀隨意、比附之性質。[64]筆者以為，若朱子如陳先生所說是以概念思考建立此聯繫的話，當然就必須承受這種指責。現在

62　劉述先：《朱子哲學思想的發展與完成》，頁 531。
63　同上，頁 527。
64　陳來：《朱熹哲學研究》，頁 273。

確定貫通乃是經由異質跳躍達成的無概念之精神境界與道德修養後，朱子自可對此免疫。不過陳先生指出貫通具有一種溝通的作用卻頗具啟發性，以下試申論之。

康德認為自由因果性之本體界並非直接表現於經驗因果性之現象界，因而為如何嫁接自然的經驗界與自由的本體界而困擾，於是他訴諸異於自然或道德領域的決定性判斷力中的反省性判斷力，以後者之審美意識溝通兩界。姑且不論要溝通的兩邊性質上的差異，單就另立一媒介來溝通先驗與經驗兩界之傾向來看，康德與朱子實不約而同。其一，作為溝通媒介的條件是與溝通對象雖合而不同。就與睿智界的關係而言，康德認為審美意識是一種無目的之目的性，是一種無概念與利害考量、無定向之目的性，因此與實踐理性之意志因果性這種有定向者相較，兩者之合在於同為目的性，不同在於定向性之有無；就聯繫經驗界而言，審美意識必落實於現實事物才能顯發，此為其合處，可是它又存在於主體而非事物中，此為其不同處。

類似的情況也發生在貫通上。貫通是一種具理順理之「心靜理明」境界，此種意識狀態雖合於理，仍非理之自知自證，而是對理的照察與順應，若具理順理是其與理之同，非理之自知自證則為其異；在未貫通前，事物是異質轉變之跳板，在貫通之際，事物為貫通之質具，要在待人接物上無不以此心境去面對，遂而事物是其印證之必要條件，這是兩者之合，然而貫通並非事物之性質，這可明白看出二者之不同。其二，兩者皆以主體的意識狀態，而非概念的思考來溝通先驗與經驗兩界。康德的審美意識乃想像力與理解能力合作之結果，貫通的意識狀態則由經驗知識與道德見識經歷異質的跳躍產生。

　　當然，也須要交代一下康德與朱子二者溝通方式之異，以免產生等同二者之誤解。他們至少表現出兩點差異。第一，康德藉審美意識以聯繫道德與自然，朱子則是直接以脫然貫通的道德意識狀態作此溝通。第二，在證成方式上，康德是以哲學探究的要求來證實此聯繫的必要性，故是「理論上必須有」；朱子則是在心靈狀態中證實之，故為「存在上體驗有」。綜合兩者溝通方式之同異處，我們不妨分別以「由踐履而溝通」與「由美感而溝通」二語來概括朱子與康德聯繫理與事的不同進路。

六、結語：
格物致知三層面與貫通所遺留之理論問題

　　若接受以上的論述，我們可以指出朱子所謂脫然貫通，在於從探究事物的性質以及對社會的道德規範箴言進行反省與體會此雙管齊下的方式，不斷化除心中的雜念、私欲、習氣、偏見，使心超升至一理平鋪，無情意、無計度的心靈狀態。於是我們可檢別出其格物致知說的三個層面。探究事物的性質是經驗認知的外求模式，這是格物致知的第一層面；對社會的道德規範箴言進行反省與體會，就是要藉由內省獲得道德上的見識，此為第二層面的工夫；心超升至一理平鋪，無情意、無計度的心靈狀態，就是充滿道德行為意識之知行合一的最高之第三層面，亦即貫通的精神境界。

　　至此我們已可瞭解朱子的用心：他優先處理的還是儒家傳統的成德之學，亦即道德實踐問題，此其所以為大儒。朱子追求貫通的目的，最主要不是在知識或道德見識的獲得（雖然這也是格

物致知過程中的重大收穫），而是要在不斷求知及內省的過程中，磨練心的功能，使心能作最大的發揮，這就是回歸使心不受人欲的影響，而能知理順理的知至、物格、明德之本然狀態。

當然，我們也可質問朱子這種貫通的工夫論是否顯得迂迴或是無實踐上的必然性？朱子最後目標亦如象山陽明，都是要達到一道德自覺的意識狀態，劉述先點出朱子已先預設了象山所說的本心，其因在此。差異在於朱子走漸悟，且心總為經驗性；而後者走頓悟，心兼具經驗與先驗雙重身分。朱子既以道德意識之呈現為目標，則道德見識自為助緣，因為兩者根本是異質之物，後者只能使人去構思或想像此一本心呈露的狀態，這仍只是對本心之摹畫與仿效，而非其自覺地呈現。故雖具強調之效，畢竟是間接而外在，不如陸王直接訴諸當下呈現之道德意識來得直接而內在。可是朱子必兼以外求與內省為本質工夫，就立本心而言，的確走了許多冤枉路。而且由於漸磨之習心能否如理合度並無必然性，只有悟了後才能如此，不但於磨之過程中全無法做主，最後是否能做到異質的跳躍亦在未定之天，「貫通如何可能」於是成為朱子難題所在。不過本文意在釐清其確義，為免離題，評定理論得失則須另撰文處理。[65]

最後，筆者想為朱子的理論詮釋提一建言。眾所皆知，牟宗三先生發揮了康德對自律他律之區分而對宋明理學做了縱貫系統與橫攝系統的判別，並將朱子劃歸於後者，在此我們看到的是康

---

[65] 就道德實踐來看，朱子的確有些虛歉，不過若以道德判斷的論述而言，朱子處理道德兩難卻有進於逆覺體證之處，因此最好是進行雙方之去兩短、合兩長的工作。關此詳情可參閱本書〈論道德與知識兩種辯證關係：再看朱子格物致知〉一文，其中有較詳盡之說明。

德與朱子之異，一為自律，另一為他律；本文則指出貫通乃是對理與事兩世界做一種「由踐履而溝通」的工作，這與康德「由美感而溝通」自由與自然兩界的方式有異曲同工之妙，這提醒我們是否也可藉以從事康德與朱子之同的探討？思及牟宗三曾提到縱貫系統對意志因果性的創生作用採取一種直貫的解說方式，由此來看康德以審美判斷之目的性原理溝通兩界是一種「技巧的湊泊」，未必真能溝通得起來」。[66] 這麼說來，牟宗三是以縱貫系統「由踐履而呈現」的特性同時批判康德與朱子的溝通進路。且不論此評是否成立，至少提醒我們這兩者有其同處。

　　此外，潘立勇在《朱子理學美學》一書中，亦曾對朱子與康德美學做了比較分析，並將朱子的「樂」視為一種踐履體驗，體現了複合性的倫理情感。[67] 依筆者之見，潘立勇對朱子理學美學的建構必須預設本文對貫通之解釋，蓋若貫通即是心靜理明之具理狀態，以此精神境界發之於行為則成道德之實事，以此觀照事物則能發現事物之美，此為朱子美學之所由立。當然，此中曲折需要龐大的思想工程才能有真正理論建樹，遠非一篇論文可至。筆者用意只在於：藉由本文之論述，推薦由審美溝通作用比較康德與朱子理論的可行性。

66　牟宗三：《心體與性體（一）》，頁 175-177。

67　潘立勇：《朱子理學美學》（北京：東方出版社，1999 年），頁 532-540。

王陽明良知說重探：
翻譯，音譯與詮釋[*]

一、引言：王陽明「良知」概念的翻譯與迷思

　　當代學界對於王陽明「良知」概念的探討，實已有汗牛充棟的大量英語文獻存在。而且在某種意義上，為我們提供了有關其學說的豐富洞見。而這些英語文獻當中有許多部分，出於翻譯的緣故，似乎不約而同地將良知與各種知識聯繫在一起，像是「本有的」（innate），「本源的」（original），「完美的」（perfect）或「道德的」（moral）知識。雖然這些學術探索對中國思想研究卓有功勳，且有助於學術積累的不斷推進，哲學的任務則始終是要檢視現有的做法，同時探索新的可能。

　　以陳榮捷的《傳習錄》英文翻譯為例，將「良知」譯為「本有的」或「本源的」知識（innate or original knowledge），「格物」譯作「對事物的調查」（the investigation of things），「致

[*]　本文乃筆者發表於英語學術期刊 Philosophy East and West 的一篇英語論文之中譯稿。參見 Chang, Tzuli. 2016. "Re-exploring Wang Yangming's Theory of Lianzhi: Translation, Transliteration and Interpretation." *Philosophy East and West*, (66) 4：1196-1218. 在內容上已因應中文語脈做出必要的修改。

知」譯作「知識之拓展」（the extension of knowledge），實際上背離了王陽明的原意。質言之，以上翻譯用來解釋朱熹的哲學思想，較用以解釋陽明，實更為恰當。而朱熹與王陽明的意見之所以相左，恰巧在於雙方對於格物與致知定義的差異。因此，以上翻譯構成了「知識相關的詮釋泥淖」（interpretative morass regarding knowledge）的一部分。所謂「知識相關的詮釋泥淖」，意即由於一些英文翻譯或詮釋的模糊性與認知性[1]意涵，它們可能會誤導研究者陷入一系列的相關難題，遂而使王陽明的理論顯得含混而令人困惑。「知識相關的詮釋泥淖」也包括另外三個相關但又各異的誤解，像是將「良知」理解為「完美知識」（perfect knowledge）、「知識與行動同一」（the identity of knowledge and action），以及良知作為「承認」（recognition）或「認可」（acknowledgment）。有鑑於此，本文的建議是：針對以上這些王陽明的理論術語，最好的處理方式乃是運用音譯，並在必要時，依據不同文本脈絡，做出相應的說明。

以上分析，對於闡明「為何道德實踐應當是探索良知的核心」之主張至關重要。一般來說，儒者們（王陽明自也包括在內）的志業，可以被定調為道德實踐。聚焦於此一面向，我們遂可輕而易舉地找到足夠證據，以證明上述這些翻譯的不當之處，與此同時澄清相關誤解。基於同樣理由，即便陳榮捷的出色譯作令筆者獲益良多，本文仍將使用以下幾個音譯：*"liangzhi"*，*"zhizhi"*，*"gewu"*，分別指涉「良知」，「致知」與「格物」，

---

[1] 此處所謂「認知」的定義是：屬於或關於感知，記憶，判斷和推論的心理過程，而有別於情感和意志過程。它通常與主體和客體的二分法聯繫在一起。以下使用的「認知性知識」則是指在這個過程中獲得的知識。

以避免不必要的理論聯想。加上進一步解釋「良知」與三種知識的關係，本文試圖使良知的意涵更加清晰。

　　另外值得注意的是，雖然避免將「良知」化約為認知一類的知識，可說是英文儒學研究的重大議題，但在中文世界的學術探討場景中卻並非如此。這個現象提醒我們，當涉及英文翻譯與詮釋的問題時，求助中文文本對於解開良知的詮釋糾結是一大助力。因此，本文中的英文引文皆已附上相應的中文原文以供核對。這樣對於解釋「良知」可能存在的諸多爭議，可以全然藉由檢驗相關原文而予以消弭。

二、「良知」的兩個層面與道德實踐

　　一般來說，「良知」同時具有本體論與道德的兩個面向，而且二者又相互交織為一。首先，「良知」具有形上意涵，這可說是王陽明整個宇宙觀的特色。根據王陽明的說法，心應當即是理，因為心即是人、物乃至於天理之本性[2]。因此，即便天理具有形上意涵，它也同時是道德規範性之基礎。所謂「這心之本體，原只是個天理。原無非禮。這個便是汝之真己，這個真己，

---

[2]　就王陽明而言，「心」是指涉人的意識狀態之總括性語詞。心既可以發用為「良知」，也可以作為「意」（另參見以下腳注 3 和「誤解 1」部分的最後一段）。而「理」通常與天理可以互換，表示道德原則或形上根據。「心」和「理」這兩個概念的確切含義，取決於它們在什麼脈絡下被使用，諸如道德或是形上學等等。隨著本文論述的開展，這一點將會更加突顯出來。

是軀殼的主宰」[3]。王陽明認為「良知自身」即是創生所有存在物的力量。他解釋道：

> 良知是造化的精靈。這些精靈，生天生地，成鬼成帝，皆從此出。真是與物無對。人若復得它，完完全全，無少虧欠，自不覺手舞足蹈。不知天地間更有何樂可代？[4]

設定「良知」為創生天地萬物的本源，王陽明聲稱良知生天生地，成鬼成帝。顯而易見，「良知自身」[5]是運作在宇宙中之動態的，無所不包的形上創生力量。在此，出現了一個英文翻譯問題：假設「良知」如陳榮捷所譯為「本有知識」[6]，其意必定與上述良知作為形上本體論原則相去甚遠。因為「本有知識」通常指涉的是認知或是知識論，而非本體論。由於陳榮捷著作的巨大影響，導致這種認知或知識論轉向大量存在於討論良知的英文文獻中。例如，Ivanhoe 在認知的意義上討論良知而表示：「我

---

[3] 陳榮捷：《王陽明傳習錄詳註集評》（臺北：臺灣學生書局，1998年），頁 146。此為筆者英文翻譯所依據的《傳習錄》中文版本。在筆者為王陽明原文進行英譯的過程中，筆者亦相當程度地參考了陳榮捷對《傳習錄》的英文翻譯。參見 Chan, Wing-tsit, trans. *Instructions for Practical Living and Other Neo-Confucian Writings*. New York: Columbia University Press, 1963.

[4] 陳榮捷：《王陽明傳習錄詳註集評》，頁 323。

[5] 「良知自身」一詞，專指良知作為形上的創造力量。這將在本文第四節第一部分進一步說明。

[6] Wing-tsit Chan: trans. *Instructions for Practical Living and Other Neo-Confucian Writings* (New York: Columbia University Press, 1963), p. 216.

們不僅有能力獲得世界是如何以及我們應如何行為的知識，而且
在我們遵循純粹知識（譯者注：pure knowing，此即 Ivanhoe 對
良知的翻譯）時，我們已經適當地知曉與行動了。完整且完美的
知識正是心靈的本性。當我們無法知道時，我們只是無法察覺到
我們事實上已經理解的事物。」[7]另外，雖然 Nivison 將良知翻
譯為「本有道德感」（innate moral sense）更貼近王陽明的說
法，他仍然斷言「對於良知，王陽明似乎提出了誇大的知識論主
張：我們所需要的只有良知。良知賦予我們所有重要的知識，而
且萬物之理即內在於我。」[8]

　　有別於知識論的詮釋，有學者提出異議而申論：王陽明專心
致力於如何成為聖人，而非解決知識論的問題。[9]進一步來看，
只要我們更深入地探究前所徵引的詞句，一個難題立即顯現：既
然知識論與存有論屬於完全不同的範疇，那麼不論是本有的還是
經驗的知識，又如何能成為萬物的創生力量呢？「本有知識」的

---

[7]　Philip J. Ivanhoe. *Ethics in the Confucian Tradition: The Thought of Mengzi and Wang Yangming* (Indianapolis: Hackett Publishing Company, 2002), p. 27.

[8]　David S. Nivison. *The Ways of Confucianism: Investigations in Chinese Philosophy* (Chicago and LaSalle: Open Court, 1996), pp. 225-226.

[9]　提出此類主張者有秦家懿（Ching, Julia. *To Acquire Wisdom: The Way of Wang Yang-ming*. New York: Columbia University Press, 1976.），杜維明（Tu Wei-ming. *Neo-Confucian Thought in Action: Wang Yang-ming's Youth (1472-1509)*. Berkeley: University of California Press, 1976.），以及楊曉梅（Yang Xiaomei. "How to Make Sense of the Claim 'True Knowledge Is What Constitutes Action': A New Interpretation of Wang Yangming's Doctrine of Unity of Knowledge and Action." *Dao: A Journal of Comparative Philosophy* 8, no. 2 : 173-188, 2009.）等等學者。

概念，易於使人聯想到由笛卡兒等理性主義哲學家所提出的「本有觀念」（innate ideas）。既然本有觀念的問題落在知識論的領域，「本有知識」一詞就可能偏離王陽明的論述脈絡，並使得他的論點令人費解。這也是為何良知須要使用音譯 "liangzhi" 的原因。

　　尤有甚者，在上述的引文中，王陽明讚揚能全盡且充分地遵循良知指引所達到的成就，這也將我們導向他對於致知的解釋。他對於致知的理解顯現出良知的道德意涵：

> 先生曰：亦是天地間活潑潑地無非此理。便是吾良知地流
> 行不息。致良知，便是必有事地工夫。此理非惟不可離，
> 實亦不得而離也。無往而非道，無往而非工夫。[10]

在這段引文中，王陽明指出良知的流行不息是使得整個宇宙生意盎然的本體論基礎，人可以通過致知的努力契接此形上的良知向度。此外，致知的本質是必有事焉地戮力以赴。在儒家背景下，我們立即可以明白，致知不是一種認知活動，而是一種自我轉化或自我實現的工夫。就這方面來看，Nivison 強調致知是使得良知在行為中生效[11]，正符合王陽明之意。一般而言，對包括王陽明的儒者來說，致力於使自己行事符合道德，即是通往形上領域之道。道德實踐正是形上世界和道德世界交會之處。對於王陽明來說，只有當我們自然而然地按照良知行動，我們才可以上升至

10　陳榮捷：《王陽明傳習錄詳註集評》，頁 378。

11　David S. Nivison. *The Ways of Confucianism: Investigations in Chinese Philosophy*, p. 225.

天人合一的理想境界。再一次地，筆者需要將陳榮捷對致良知的英譯「擴展本有知識」（to extend innate knowledge）[12]，替換為音譯 *zhi liangzhi*，因王陽明所提倡的，是必有事焉的道德任務（道德實踐），而非了解事物的理解任務（認知活動）。

三、「知識相關的詮釋泥淖」（Interpretative Morass Regarding Knowledge）

將良知不當地翻譯為某些特定知識的理論後果，可以稱之為「知識相關的詮釋泥淖」（Interpretative Morass Regarding Knowledge）。「知識相關的詮釋泥淖」意指關於詮釋良知的一系列難題，像是將良知詮釋為各式各樣的認知性知識，而這使得王陽明的論述語帶模糊，令人費解。嚴格來說，這主要包括以下四種誤解：

誤解 1：「擴展知識」（the extension of knowledge）與「探索事物」（the investigation of things）

對於王陽明而言，通向他所謂知行合一（體證良知與體現良知之合一）的途徑乃是致知，而這須要努力存養並遵循「良知」。也就是說，要挺身抵抗與「良知」對立的私欲和惡念：

> 良知者心之本體。即前所謂恒照者也。心之本體無起無不起。雖妄念之發，而良知未嘗不在。但人不知存，則有時

---

[12] Wing-tsit Chan: trans. *Instructions for Practical Living and Other Neo-Confucian Writings*, p. 255.

> 而或放耳。雖昏塞之極，而良知未嘗不明。但人不知察，
> 則有時而或蔽耳。雖有時而或放，其體實未嘗不在也。存
> 之而已耳。雖有時而或蔽，其體實未嘗不明也。察之而已
> 耳。若謂良知亦有起處，則是有時而不在也，非其本體之
> 謂也。[13]

「良知」常被王陽明稱作是「心之本體」或「心之體」，意指心
的原初狀態。[14]因此，它無起無不起，無須借助他力才能發用。
當「良知」展現為道德良能的時候，它可以時時檢視我們的惡
念。有時我們會發現自己思想的陰暗角落裡懷有自私或惡意，而
「良知」則對這些迫在眉睫的道德危機發出預警。儘管如此，
「良知」的警告依舊會因我們充耳不聞而被忽視。王陽明提出的
解決辦法在於致知：致力於正視良知並服從其命令。這與獲取或
擴展客觀知識或認知性知識無關。

　　此外，王陽明把服從「良知」的努力稱為誠意，這也就是格

---

[13] 陳榮捷：《王陽明傳習錄詳註集評》，頁214。

[14] 筆者在此將「心之本體」翻譯為「心的原初狀態」，而非陳榮捷翻譯的
「心的原初實體」（Wing-tsit Chan: trans. *Instructions for Practical
Living and Other Neo-Confucian Writings*, p. 126.）。因為在王陽明的學
說中，「心即理」意指心正是所有存在物的終極基礎，因此沒有任何事
物可以再做為其實體。除此之外，心也是對一個人的意識狀態的統稱，
它既可以作為良知，也可以作為意：「心者身之主也。而心之虛靈明
覺，即所謂本然之良知也。其虛靈明覺之良知應感而動者謂之意」（陳
榮捷：《王陽明傳習錄詳註集評》，頁 176）。因此，良知、天理和心
最終可以是同一個事物，而良知是心的原初狀態，而不是心的原初實
體。關此可另見下文第四部分第一小節。

物（誠意之功，只是個格物）[15]。假設我們將格物理解為「對事物的探索」（the investigation of things），那麼誠意和格物如何同一將令人十分費解。誠意，作為服從良知的努力，如何可能等同於探索事物？難道王陽明和蘇格拉底與柏拉圖同樣承認「知德合一說」（Knowledge is virtue）嗎？一旦我們理解王陽明理論中「物」的獨特意涵，上述問題的答案顯然是否定的。對於王陽明來說，人生而有「良知」，「良知」作為道德良能，可指引我們實際的意念，而意念所欲行之事即是「物」，以英語表述來說，王陽明之「物」不應當被解作 "things"，而應當被理解為 "action" 或 "behavior"。「物」字獲得解釋，即可釐清格物的意義，是對惡念保持警惕並做正確的事情，而非對事物的認知性探索。這也正是為何王陽明強調格物是「為善去惡」[16]的原因，而且指出格物是「去其心之不正，以全其本體之正。但意念所在，即要去其不正，以全其正」[17]。

　　在動機正確的情況下，誠意毫無疑問地會保證吾人執行道德行為。如果我們將誠意和格物視為從不同的角度審視道德實踐，二者能合二為一也就顯而易見。王陽明藉由以下陳述詳細說明此一觀點：

> 身之主宰便是心。心之所發便是意。意之本體便是知。意之所在便是物。如意在於事親，即事親便是一物。意在於事君，即事君便是一物。意在於仁民愛物，即仁民愛物便

---

[15]　陳榮捷：《王陽明傳習錄詳註集評》，頁 37。
[16]　陳榮捷：《王陽明傳習錄詳註集評》，頁 359。
[17]　陳榮捷：《王陽明傳習錄詳註集評》，頁 39。

> 是一物。意在於視聽言動，即視聽言動便是一物。所以某
> 說無心外之理，無心外之物。[18]

如果按照陳榮捷的翻譯，將物解釋為「事物」，將心解釋為「心靈」，那麼「無心外之理，無心外之物」將被解讀為一種唯我論的主張：沒有任何事物可以獨立於我的心靈而存在。然而，正如前述，在格物脈絡中的「物」應當詮釋為「行動」或「行為」，因而此處討論的應當是道德或實踐問題，而非知識論問題。顯而易見，唯我論的問題並不會對王陽明構成威脅。依據上述引文，當「意」指向於做某件事，各式各樣的行為於焉產生。因為「物」源自於「意」，「意」又源自於「心」，王陽明就可以合理聲稱：「心」是事親，仁民，愛物等行為或活動的起因，遂而也可順理而談「無心外之物」。有鑑於這個命題在闡明道德行為的起源，而非我們對於外在世界的知覺，它與那種認為所有事物存在於心靈之中的想法毫無關係，更違論 George Berkeley 的「主觀唯心主義」（subjective idealism）了。

此外，依據「意之本體便是知」來看，「意」乃可好可壞，然而「良知」作為「意」的原初狀態，能指引「意」而使「意」與其同化，因此「知」與「意」可以同一。[19]在這種意義上，「意」也可以被視為是良知的直接展現。所以王陽明說：「其虛

---

[18] 陳榮捷：《王陽明傳習錄詳註集評》，頁 37。

[19] 王陽明指出：「無善無惡是心之體，有善有惡是意之動，知善知惡是良知，為善去惡是格物」（下文第四部分第一節另有說明）。對王陽明而言，假設意不符合其判斷時，良知能夠檢查和糾正意。而當意和良知之間有完美的一致性時，我們可以說兩者是相互同化的。

明靈覺之良知應感而動者謂之意。有知而後有意，無知則無意矣」[20]。

在道德情境中，「良知」會直接將自身表現為「意」，再以「意」促發行為來回應外部世界。因此，「良知」是促使我們從事道德行為之道德動能。[21]此外，認知行為的要素，也就是視與聽，因其也是被「意」推動的行為，亦被稱之為「物」。王陽明的首要之務，一向在於如何使「良知」成為我們官能之主宰，以及如何克服私欲。[22]既然王陽明「意在於視聽言動，即視聽言動便是一物」的重點是：「意」作為視與聽等「知覺活動的動機」，而非「沒有任何事物能夠獨立於我們的知覺而存在」，那麼他的理論就與 George Berkeley 的主觀唯心主義相去甚遠，而且唯我論的聯想與其毫不相關這一事實，也就更加清楚明白。

---

[20] 陳榮捷：《王陽明傳習錄詳註集評》，頁 177。一般而言，將「意」解釋為「意念」（will）是恰當的，因為王陽明經常使用「意」來指涉我們實際的意願行為。然而，如果我們考慮到「意」的其它含義，像是上述作為良知的直接表現，"will" 一詞就難以傳達這種天人合一的觀念。

[21] 就王陽明所理解，良知是一種道德良能，它既可作為道德判斷能力，也可作為執行道德行為的動機。它可以被視為制定律則的真實自我，因此我們的真實同一性得以在從事道德行為中體現。對於良知作為道德主體的詮釋及其與當代康德主義者如 Christine Korsgaard 的比較分析，參見 Chang, Tzu-li. "Personal Identity, Moral Agency and *Liangzhi*: A Comparative Study of Korsgaard and Wang Yangming." *Comparative Philosophy* 6, no. 1 : 3-23, 2015.

[22] Bo Mou ed. *History of Chinese Philosophy* (New York: Routledge, 2009), p. 411.

誤解 2：「良知」作為「完美知識」（Perfect Knowledge）

　　有一種對「良知」的解釋，是將其視為「完美知識」（perfect knowledge）。楊曉梅主張：「對於王陽明而言，良知包括全部的道德原則，是既不能被精煉也無法被增益的完美知識。它既是認知的，也是感性的能力，可以瞭解什麼是對或錯，也能被驅動而發之於行為。」[23]對於這種解釋，我們可以提出這樣一個問題：何種知識，如果有這種知識的話，可以是一種能力？說知覺是一種能力是合理的，但是將知識歸結為一種能力，則需要更進一步的論證或闡釋。這說法似乎蘊含了知識與道德判斷能力以及道德動機乃同一事物。對此疑問的一個可能回應是：訴諸「能力之知」（knowledge-how）的概念，指出在某些層面，知識可以成為一種能力。然而，楊曉梅已堅定地拒絕這個選項，根據她的說法，這是因為良知具有認知或知性的內容。[24]

　　另一個問題是：知識──無論何種知識──如何是完美的？當我們談論完美的知識時，我們所要表達的是什麼？為了回答這

---

[23] Yang Xiaomei. 2009. "How to Make Sense of the Claim 'True Knowledge Is What Constitutes Action': A New Interpretation of Wang Yangming's Doctrine of Unity of Knowledge and Action." *Dao: A Journal of Comparative Philosophy* 8, no. 2 : 177.

[24] 楊氏反對柯雄文（Antonio Cua）將作為實踐知識的良知視為一種能力之知的觀點，她指出「道德知識（對於楊氏而言，這代表良知）具有認知或知性內容，並且具備良知不代表具備技巧或技能」。Yang Xiaomei. 2009. "How to Make Sense of the Claim 'True Knowledge Is What Constitutes Action': A New Interpretation of Wang Yangming's Doctrine of Unity of Knowledge and Action." *Dao: A Journal of Comparative Philosophy* 8, no. 2 : 175.

個問題，楊氏進一步解釋：

> 王陽明的良知是一本有的辨別對錯的能力，也是一種人人
> 生而具有的本有道德知識，它已經完全發展，不需要任何
> 滋養或培育以成長、成熟。王陽明說「內在知識是思維的
> 原初本體。這就是所謂的人性的善。」[25]

在以上引文中，楊氏斷言「良知」是一種本有的能力和道德知
識。完美的知識意味著完全發展的，並不需要任何培育以成長、
成熟的知識，是我們心靈的原初實體。然而這無意間又陷入了上
述的困惑，知識何以能夠不依靠任何努力而完全發展成熟？這種
描述適用於能力或天賦，而不是知識。似乎在沒有任何相關解釋
的情況下，這種令人費解的說法又再次出現了。此外，我們還可
以提問：是何種知識，如果有這種知識的話，可以成為一種實
體？本有的或完美的知識何以可能作為一種形上觀念而成為實
體？這種從知識論到形上學的轉化，在理論上又如何發生？此
外，「本有的知識」一詞也會導致令人困惑的陳述，包括「人性
中的善」（the goodness of human nature）或「沒有不善的本有知
識」（there is no innate knowledge that is not good）。[26]知識本身

---

[25] Yang Xiaomei. 2009. "How to Make Sense of the Claim 'True Knowledge Is What Constitutes Action': A New Interpretation of Wang Yangming's Doctrine of Unity of Knowledge and Action." *Dao: A Journal of Comparative Philosophy* 8, no. 2 : 185.

[26] Wing-tsit Chan: trans. *Instructions for Practical Living and Other Neo-Confucian Writings*, p. 134.

如何可能是善的或惡的，或甚至是人性中的善？我們如何可將評價性判斷應用在像知識這樣的價值中立事物上？解決所有這些問題的最後手段，就是不得不聲稱「良知」是一種自成一格的（sui generis）獨特知識，一種具有形上意涵的特殊知識。然而，由於這個做法導致不必要的對英文字詞的新解，因此是否足以闡明「良知」的含義，仍然令人懷疑。使用完美的或本有的知識等概念之本意，是要使「良知」對非中文使用者而言更容易理解，然而，由於上述知識概念在達成其使命之前，已先製造了更多的問題，以致本身陷入了適得其反（self-defeating）的境地。

　　除了令人困惑之外，上述解釋也無法符合王陽明的表述。說良知是本有的判斷正誤之情感能力是正確的。所謂「良知只是個是非之心。是非只是個好惡，只好惡，就盡了是非。只是非，就盡了萬事萬變」[27]。王陽明指出，不僅道德情感（判斷對錯的道德感）與道德動機（好善惡惡）相容，而且這兩者作為良知的兩個要素合而為一。質言之，我們道德能力的感性面正是提供道德動機的機制。正如休謨的著名解釋，理性並不能導致行動，而是道德情感或熱情激發我們的行為。此外，康德也聲稱對於道德法則的敬重之情扮演了道德行為的動機。一方面，就作為道德行為的動機而言，「良知」的情感面表現為意；在另一方面，當「良知」明辨對錯時，它也履行了自身作為道德感的角色。然而，「良知」的情感面與認知內容並不相容。情感與認知各自處於兩個不同的範疇。道德感或道德情感本身並無認知內容，然而卻能夠評估任何發生在我們身上的情境、作出判斷，而這些情境才具

27　陳榮捷：《王陽明傳習錄詳註集評》，頁 341。

有認知內容。正因如此，王陽明才會說「只是非，就盡了萬事萬變」。因此，良知絕非包含認知內容在內的完美的或本具的知識。另一個類似證據也同樣可以在下文中找到：

> 聖人無所不知，只是知個天理；無所不能，只是能個天理。聖人本體明白。故事事知個天理所在，便去盡個天理。不是本體明白後，卻於天下事物，便都知得，便做得來也。天下事物，如名物度數，草木鳥獸之類，不勝其煩。聖人便是本體明瞭，亦何緣能盡知得？但不必知的，聖人自不消求知；其所當知的，聖人自能問人〔……〕聖人於禮樂名物不必盡知。然他知得一個盡天理，便自有許多節文度數出來。不知能問，亦即是天理節文所在。[28]

在這段引文中，王陽明試圖解決兩個相關問題：一個是兩種知之間的關聯，即知天理與經驗知識如關於禮樂以及草木鳥獸的知識；[29]另一個則是有關於禮儀法制的來源。眾所周知，陸王心學提倡「心即理」；也就是說，我們的道德意識即是天理的展現。根據這個前提，知天理意味著聖人可以察覺到良知的指示並且能夠充分地將這些指示付諸實行。知天理乃聚焦在道德判斷和道德實踐，而不是認知上。以上分析解釋了為何王陽明將知天理和能天理，盡天理結合在一起，以表述聖人復其本心之原初狀態時，能充其極地依循天理的指令。至於經驗知識，就道德實踐而言，

---

[28] 陳榮捷：《王陽明傳習錄詳註集評》，頁 303-304。

[29] 經驗知識及其與良知的關係將在下文第四部分第 2 小節中予以說明。

是聖人不一定要知道的。因此，本具於聖人的是天理（道德上而言，亦即良知的判斷與指示），而不是具有認知內容的知識。

　　就第二個問題而言，有鑒於聖人能體證並且訴諸其「良知」（按照王陽明的說法，「良知」即天理），禮儀、規範以及道德準則都可以從這個過程中導出。正如王陽明所指出：「故有孝親之心，即有孝親之理。無孝親之心，即無孝之理矣。有忠君之心，即有忠君之理。無忠君之心，即無忠之理矣。理豈外於吾心邪？」[30]當道德意識之心驅策我們對父母盡孝的時候，孝親的原則於焉產生。否則就不會有孝親的原則。忠君原則的來源也是如此。可見道德法則來自我們的道德意識。我們可以推論，對於王陽明而言，禮節、法制以及道德原則的終極基礎正是我們的「良知」。他清楚地指出，「良知」不僅僅只是一種認知或擁有道德原則的能力，而且是所有諸如孝親此類道德原則的來源或根源。[31]

誤解 3：「知識與行動同一」（the Identity of Knowledge and Action）

　　「知識與行動同一」（identity of knowledge and action）的表述，是衍生自「知識與行動合一」（unity of knowledge and action）的英譯，兩者都是用來翻譯「知行合一」，也同樣落入

---

[30]　陳榮捷：《王陽明傳習錄詳註集評》，頁 166-167。有鑒於「理」具有道德原則和形上根據的雙重意涵，每當「理」涉及特定的道德規範如孝之理時，「理」字將在本文中被英譯為 "principle"（原則）。

[31]　為了進一步充實筆者對這個問題的看法，請交互參考下文第四部分第 3 小節。

了「知識相關的詮釋泥淖」。一位值得注意的「知識與行動合一」詮釋支持者是 Warren Frisina。他強調：如果我們在王陽明的形上學體系內理解「良知」的話，則顯然在知識和行為，理論和實踐的論述之間並無界限。此形上學框架可以被視為一種歷程本體論（process ontology），天地萬物在宇宙中形成連續不斷的存在階序。心靈活動是最基礎的人類行為樣式，而且與物理活動絕不能分離，也沒有差異。[32]

這種解釋的一個優點，在於它凸顯了良知的形上學維度，而這一點經常被研究者所忽視。然而就像柯雄文（Antonio Cua）所指出，王陽明學說闡述的是在知與行之間的一種合一關係，這清楚表明了知行二者有所不同但又緊密相連。[33]此外，楊曉梅也認為中國哲學傳統的本質是要超越二元對立，而非全然拒絕任何區別。擁有王陽明這樣的形上學視角，並不必然使人抱持以下觀點：心靈活動與物理活動同一，遂而知識與行動亦混同。[34]楊氏取而代之地提出了另一種「知識與行動同一」的版本，其論點清楚地表現在以下說明中：

---

[32] Warren G. Frisina. *The Unity of Knowledge and Action: Toward a Nonrepresentational Theory of Knowledge* (Albany: State University of New York Press, 2002), p. 99.

[33] Antonio Cua. *The Unity of Knowledge and Action: A Study in Wang Yangming's Moral Psychology* (Honolulu: University of Hawaii Press, 1982.), p. 8.

[34] Yang Xiaomei. 2009. "How to Make Sense of the Claim 'True Knowledge Is What Constitutes Action': A New Interpretation of Wang Yangming's Doctrine of Unity of Knowledge and Action." *Dao: A Journal of Comparative Philosophy* 8, no. 2 : 182.

> 雖然「合一」（unity）在英文中並不意味著「同一」
> （identity），但王陽明的學說並不僅僅聲稱知識與行
> 動、或是被驅使去行動，兩者之間存在一種概念上的聯
> 繫；而且他也聲稱知識與動機／行為是同一的，或是（以
> 較弱的意義表達）知識蘊含了動機／行為。[35]

楊氏的理解主要是基於陳榮捷對《傳習錄》的兩段英文翻譯。一段是："The fact that knowledge and action form a unity and proceed simultaneously is as a matter of course absolutely beyond any doubt."（則知行之為合一並進，亦自斷無可疑矣）另一個是："True knowledge is what constitutes action, and unless it is acted on it cannot be called knowledge."（真知即所以為行，不行不足謂之知）[36]為有助於釐清問題，首先要指出：「真知即所以為行，不行不足謂之知」這句話，並非王陽明所說，而是源自顧東橋。[37]除此之外，在前述兩段話中蘊涵的觀點，應是知與行之合一而非同一。在他答覆顧東橋的提問時（以上楊曉梅所引兩段話正是從

---

[35] Yang Xiaomei. 2009. "How to Make Sense of the Claim 'True Knowledge Is What Constitutes Action': A New Interpretation of Wang Yangming's Doctrine of Unity of Knowledge and Action." *Dao: A Journal of Comparative Philosophy* 8, no. 2 : 174.

[36] Yang Xiaomei. 2009. "How to Make Sense of the Claim 'True Knowledge Is What Constitutes Action': A New Interpretation of Wang Yangming's Doctrine of Unity of Knowledge and Action." *Dao: A Journal of Comparative Philosophy* 8, no. 2 : 174.

[37] 陳榮捷：《王陽明傳習錄詳註集評》，頁 166。「來書云：真知即所以為行，不行不足謂之知。」

此答覆內容中擷取），王陽明解釋了他提倡知行合一的原因是：「只為後世學者分作兩截用功，失卻知行本體，故有合一並進之說。」[38]他實際上要表達的意思是「知行功夫本不可離」[39]。顯而易見，對於王陽明來說，知和行與其說是同一的，不如說是不可分的。他是出於教化目的而提倡知與行的合一，以矯正將心與理二分，以及將知置於行之前的錯誤。因此，他堅稱「外心以求理，此知行所以二也」[40]。

　　對於王陽明而言，知行的同一僅能體現在達到最高等級道德人格者的身上。因此他區分了兩種人：利根之人和其次之人。並且他指出，其學說對上述兩種人都適用，因此四無與四有的工夫入路應該被視作同等重要。然而王陽明又做了如下補充：利根之人在現實世界中是如此難尋，即便是顏回和程明道也不敢自認得以列入其中。到頭來，王陽明還是對四無工夫保持警惕，並持續強調致良知的重要性。[41]

　　有一度楊曉梅似乎也注意到「知行同一」詮釋可能存在的風險，並支持「知行合一」詮釋，她說：

> 王陽明當然不認為只要心中存有孝心，就算做到了孝順這樣的行為，或者說孝的想法等同於孝的行為。他只是意指，當人有孝心並依以實行時，思想、孝心和孝行形成了

38　陳榮捷：《王陽明傳習錄詳註集評》，頁 166。
39　陳榮捷：《王陽明傳習錄詳註集評》，頁 166。
40　陳榮捷：《王陽明傳習錄詳註集評》，頁 166。
41　王陽明在對王龍溪與錢德宏之間的爭議進行裁決時，明確表達了此一立場。陳榮捷：《王陽明傳習錄詳註集評》，頁 359-360。

　　單一的連續體；而且僅當人反求諸己，反思自身人性時，
　　才能發現孝親原則和孝親動機。[42]

　　然而，為了強化知行同一的詮釋，楊氏隨後重申「王陽明並
不只是主張人應該遵從良知而行，而當人這樣做時，知識和行動
合而為一，他還名符其實地表示，如果人不按照其自認獲得的知
識（道德知識；moral knowledge）去行動，則便是不知」[43]。對
楊氏而言，此處所謂「不知」意味著雖然人人都具有「良知」，
但是它可以被物質欲望遮蔽或佔據。因此，當人心被私欲所阻隔
時，就如同人已經失其（道德）心而且是無知的。[44]

　　楊氏很有可能是被將**良知的知**翻譯為**知識的知**的方式所誤
導，因此才抱持以下觀點：知行合一意味著，如果人不按照自認
獲得的知識而行，便是不知。對於王陽明而言，如果人無法知行
合一，則純粹會被視為是不能致知。本質上，知行合一應該被當
作道德實踐的問題，而非對於無知一詞的譬喻性解釋。當一個人

---

[42] Yang Xiaomei. 2009. "How to Make Sense of the Claim 'True Knowledge Is What Constitutes Action': A New Interpretation of Wang Yangming's Doctrine of Unity of Knowledge and Action." *Dao: A Journal of Comparative Philosophy* 8, no. 2 : 182-183.

[43] Yang Xiaomei. 2009. "How to Make Sense of the Claim 'True Knowledge Is What Constitutes Action': A New Interpretation of Wang Yangming's Doctrine of Unity of Knowledge and Action." *Dao: A Journal of Comparative Philosophy* 8, no. 2 : 184.

[44] Yang Xiaomei. 2009. "How to Make Sense of the Claim 'True Knowledge Is What Constitutes Action': A New Interpretation of Wang Yangming's Doctrine of Unity of Knowledge and Action." *Dao: A Journal of Comparative Philosophy* 8, no. 2 : 185.

被私欲佔據因而不能遵從良知而行時，這不是無知的問題，而是道德軟弱或敗壞的問題。因此，王陽明明確地將知行不一的情況歸結為無法致知。[45]有鑒於此，他將「行」定義為「以求履其實而言，謂之行」[46]。根據楊氏的解釋，擁有道德知識，與致知和克服私欲是相同的，而無知意味著被私慾所阻隔——這兩者在語意上都發展出新的意義。再一次地，對儒家術語的解釋，似乎又以對英文語詞意義進行不必要的新解為代價。

那麼，在王陽明學說中「知」和「行」的關係究竟是什麼呢？當被問及他對於知行合一的看法時，王陽明的回應是：

> 今人學問，只因知行分作兩件，故有一念發動，雖是不善，然卻未曾行，卻不去禁止。我今說個知行合一，正要人曉得一念發動處，便即是行了。發動處有不善，就將著不善的念頭克倒了。需要徹根徹底，不使那一念不善潛伏在胸中。[47]

王陽明強調「知」和「行」應該合而為一。他提倡這種進路，是因為人們常常對邪惡動機太過輕忽。基於他的解釋，「知」是指我們對動機是否為善的判斷。另一方面，當他宣稱動機可以被視為是一種行為時，他實際上想要表達的是，邪惡的動機可以引發相應的行為，因此我們必須克服或根除這類動機。王陽明遂而屢

45　陳榮捷：《王陽明傳習錄詳註集評》，頁372。

46　陳榮捷：《王陽明傳習錄詳註集評》，頁173。

47　陳榮捷：《王陽明傳習錄詳註集評》，頁302-303。

次重申「知是行之始，行是知之成」[48]。相反地，每當我們出現行善的動機時，這就是良知萌蘖的呈現。只有當人將此善的動機轉化為行為時，他才能被稱為獲得真知。王陽明聲稱「真知即所以為行，不行不足以謂之知」[49]。對於王陽明而言，真知是良知的真實展現，而真知體現在我們將良知的指示落實於行為中。基於良知可以展現為內在的道德行為推動力，王陽明「知而不行只是未知」的說法，最好被理解為：如果人沒有遵照良知而行，則是被私欲所佔據，因此無法致知。在這一脈絡中，「知」[50]代表我們對於事物的道德判斷以及道德行為的內在推動力；而「未知」意指「未致良知」，也就是未依良知而行。這顯然與所謂「無知」（ignorance）沒有任何關係。更進一步來說，在王陽明的學說中也不存在「知識與行動的分離問題」（the problem of separation of knowledge and action / motivation）[51]，因為這僅僅

---

[48]　陳榮捷：《王陽明傳習錄詳註集評》，頁 33，頁 65。

[49]　陳榮捷：《王陽明傳習錄詳註集評》，頁 166。

[50]　在中文用法裡，「知」不僅意味著認知或知識，還意味著判斷是非，以及判斷何者應為，何者不應為的能力。後一種用法在日常生活中很常見，例如「知恥」。「知善知惡」和「知孝知悌」等表述亦屬於同一類別。

[51]　楊曉梅對此問題的說明如下：我知道有些昆蟲具有營養，這知識卻不會導致我食用它們，但我確實知道有些昆蟲是有營養的。讓我們把這個困難稱為「知識與行動／動機分離問題」。這不僅對非道德知識形成問題，也是道德知識要面對的問題。人們知道撒謊是錯誤的，但他們的確會撒謊。因為人們撒謊，所以人們不知道撒謊是錯的，這命題顯然為假。Yang Xiaomei. 2009. "How to Make Sense of the Claim 'True Knowledge Is What Constitutes Action': A New Interpretation of Wang Yangming's Doctrine of Unity of Knowledge and Action." *Dao: A Journal of Comparative Philosophy* 8, no. 2 : 174.

存在於「知識與行動同一」的詮譯之中。

誤解4：良知作為「承認」（Recognition）
或「認可」（Acknowledgement）

現在我們來看看柯雄文（Antonio Cua）如何將「知行合一」解釋為「知識與行動合一」（the unity of knowledge and action）。他探討了王陽明所謂「如好好色，如惡惡臭」以及「知孝知弟」兩個例子，並將它們貼上「審美類比」（aesthetic analogy）的標籤。柯氏指出：

> 正如看到某對象x是美麗的，就已經對x產生了喜愛的反應；而知道孝弟，就已經是在實行孝弟。如果我們將注意力限定在認知層面，在這兩個例子中似乎都涉及到某種「親歷之知」（knowledge by acquaintance）。如同在審美的例子中，當我直接意識到或是承認（recognize）某人A是我的父親或兄弟，我可以說已經以孝或弟的方式對A做出了反應，也就是我已經對A行孝弟。但如上所強調，此處所謂「反應」概念是一種行為，而且也有異於純粹的「反身性反應」（reflexive response）。於是我們只有一個片面的類比。只當我們認同王陽明對於「行」的含糊概念，亦即作為純粹的「反身性反應」和做為行動時，我們才能具有完全的類比。而且，在道德實例中，僅僅具有「親歷之知」是不夠的。這情況中所包含的「承認」（recognize）更可說是一種「認可」（acknowledgement）感。恰當的說，只有在表明：在規範意義上認可A作為父親，與對

A 行孝之間沒有隔閡這一點上，這種類比才具有啟發意義。[52]

顯然，此處柯雄文的討論也是基於陳榮捷對「知行合一」的英文翻譯：「知識與行動合一」（the unity of knowledge and action）而展開。而其評論之基礎，是將「審美類比」作為共同標準來看待「如好好色，如惡惡臭」與「知孝知悌」兩個案例。至於將二者歸為同類的判準，是這兩個案例都涉及到「親歷之知」和以「承認」為基礎的反應。而他指出王陽明的「行」概念具有模糊性，因為它涉及到「反身性反應」與人類行為。為了評估柯氏的評論是否合理，我們來檢視王陽明在那場對話中究竟說了什麼：

見好色屬知，好好色屬行。只見那好色時，已自好了。不是見了後，又立個心去好。聞惡臭屬知，惡惡臭屬行。只聞那惡臭時，已自惡了。不是聞了後，別立個心去惡。……就如稱某人知孝，某人知弟。必是其人已曾行孝行弟，方可稱他知孝知弟。不成只是曉得說些孝弟的話，便可稱為知孝弟。[53]

根據以上引文，實難以將這兩個例子歸為同一類。首先，即便有理由將「好好色，惡惡臭」之例比作「親歷之知」與「承認」，

---

[52] Antonio Cua. *The Unity of Knowledge and Action: A Study in Wang Yangming's Moral Psychology*, p. 11.

[53] 陳榮捷：《王陽明傳習錄詳註集評》，頁33。

亦即：「直接意識到某對象具有某特定性質」[54]，這種類比卻不適用於「知孝知弟」的例子，因為其主旨與「承認」沒有任何關係。「知孝知弟」所討論的重點，與意識到、承認、或甚至認可某人 A 作為父親或兄弟無關，而是要指出知孝或知弟並不單純只是坐而言，更在於起而行。王陽明運用這些例子實際上是為了解釋道德動機和道德實踐之合一，以回應徐愛以下這個問題：為什麼有人明知他們應當行孝行弟，但是卻不能依以行之？[55]他對於這個問題的回答是：這些人因「知」和「行」被私欲或私意所

---

[54] Antonio Cua. *The Unity of Knowledge and Action: A Study in Wang Yangming's Moral Psychology*, p. 11.

[55] 從某個層面上看，我們可以批評王陽明自己提供的說明有誤導之嫌。將「好好色，惡惡臭」與「知孝知弟」予以類比就是一個例子。這種做法誘使研究者將良知與感官知覺，以及「親歷之知」聯想在一起，從而模糊了良知的真正意涵。儘管如此，安靖如（Stephen Angle）嘗試訴諸「投入」（commitment）和「體證」（realize）這兩個概念，而讓王陽明免於遭受此種批評。他的主張是：王陽明提出了一種「投入」的工夫。其含意是：通過一種積極努力以實現「體證」概念在認知與實現的雙重意義上之和諧一致。看看良知如何能從諸如當前的人群，人際關係等等結構中浮現出來，包括一個人在事件網絡中，與構成情境的種種關係中的地位，並且藉由人體認到自己動態地位的方式，以行動實現內在於此的和諧可能性。當「投入」的程度成熟時，吾人不僅僅會注意到世界可以從道德的觀點來看待；人也將積極地看待世界，尋求事情可以自行解決的適當結構。由於這種遇事積極看待的觀點，它解釋了知覺與行動如何能以王陽明所聲稱的方式予以聯繫。根據這種解釋，這兩個例子可以被看作是「體證」概念在認知與實現兩個意義上大致和諧一致時的互補譬喻。Stephen C. Angle. *Sagehood: The Contemporary Significance of Neo-Confucian Philosophy* (New York: Oxford University Press, 2009), pp. 125-130.

隔斷，兩者才會無法處於合一的關係中。[56]正如上文中所提到，當「知」在「知行合一」的脈絡中被使用時，它擁有兩重含義：良知對於某事物的道德判斷，以及依照此判斷而行的動機。

正因如此，道德動機和道德實踐可以在良知中予以統合，這種情況被描述為「知善知惡且好善惡惡」。當人按照良知的指示行動時，如孝親，其行動被稱為「行」，而良知的指令則叫做「知」。在這種情況下，知行二者應當一起發生。正是這種知與行，或是判斷和行動之間的同步性，作為知行合一的指導方針。因此，王陽明繼而提出了比喻性的例子如：疼痛，寒冷，饑餓以說明這種同步性。[57]「好好色，惡惡臭」的例子也是一樣。他將感覺和體驗之間的同步性比擬為判斷和行為之間的同步性。所以王陽明在提出這些例子之後，強調的是：「知行如何分得開？此便是知行的本體，不曾有私意隔斷的。」[58]如此看來，「知孝知弟」的例子可以說是對「知而不行只是未知」的進一步闡釋。因此，為了避免誤解，就像在「知孝知弟」的例子中，我們最好以 "zhi" 音譯王陽明所謂「知」，來取代以 "knowing" 翻譯「知」的方式。

基於上述討論，顯然王陽明在「知孝知弟」的例子並未將反應與行為予以混淆。的確，若說當我直接意識到，或是承認某人A是我父親或兄長，我已經以孝弟的方式予以回應，或做出孝弟的行為，這種主張是很奇怪的。只要我們參考王陽明本人的解釋，即顯然易見這並非是他所謂「知孝知弟」的原意。我們僅僅

56　陳榮捷：《王陽明傳習錄詳註集評》，頁33。
57　陳榮捷：《王陽明傳習錄詳註集評》，頁33。
58　陳榮捷：《王陽明傳習錄詳註集評》，頁33。

只能在「好好色，惡惡臭」，而非「知孝知弟」的例子中找到「反身性反應」的線索。王陽明運用後者為例，全然是為了點出以下道理：在人可以被稱為體現了孝或弟之前，必先實行了孝或弟。對王陽明而言，真正的重點，不是要問反應（無論是「承認」或「認可」的反應）與行動是否為同一，而是要指出，所謂知孝或知弟，並非僅僅是坐而言孝弟乃是我們的責任，而是要起而行孝弟。因為即使當我直接意識到了，「承認」甚或「認可」某人 A 是我的父親或兄長，我仍然可能不以孝弟之道待之。

四、「良知」與三種「知」

行文至此，進一步探索「良知」與「知」之間的關係應該是適當的。在王陽明的學說中，有三種知需要在此釐清其意，分別是：知善知惡，見聞之知，以及道德知識。

（一）知善知惡：我們對於善惡的道德判斷

一般來說，王陽明在兩個層面上討論「良知」，試看其四句教：

> 無善無惡是心之體，有善有惡是意之動，知善知惡是良知，為善去惡是格物。[59]

此名句清楚區分出「良知」的兩個面向：一是超越善惡之二元對

---

[59]　陳榮捷：《王陽明傳習錄詳註集評》，頁 359。

立的形上創生動力；另一個是明辨善惡的道德良能。形上的創生
動力是所有存在物的存在基礎，可以被稱為「良知自身」
（*liangzhi* itself）。「心」這一統稱詞指涉人的意識狀態，可以
表現為「良知自身」的呈現和人的意念。可以說，「良知」就是
心的原初狀態。[60]由此可見如「心之體」，「心之本體」這些經
常出現在《傳習錄》中的語詞，實際指的就是「良知自身」。有
鑑於其形上地位，經驗層面上的善惡二分並不適用於「良知自
身」。當良知施加影響於人身上時，就顯現為道德良能或道德感
以明辨善惡，正如在知善知惡的例子中一樣。如前述，這就是我
們對於「良知」的自覺，作為「知天理」特色的道德判斷能力。
必須注意的是，每當王陽明使用「知」字以代替「良知」的時
候，這主要意指我們的道德判斷能力，或是內在道德行為推動
力，或是二者兼而有之（如「知行合一」之例）。

（二）見聞之知：道德實踐中的良知助力

如果知識是經驗的，那麼它是來自調查，觀察，試驗或經
驗。考慮到我們只能通過感官知覺，像是視覺和聽覺來獲得經驗
知識，那麼視和聽就不是經驗知識本身，而是獲取它們的方式。
在王陽明，也包括整個宋明儒學的論述中，經驗知識通常被稱之
為見聞。因此，如陳榮捷將見聞直接翻譯為 seeing（視）和

---

[60] 陳榮捷：《王陽明傳習錄詳註集評》，頁 214。王陽明曰「良知者心之
本體」。亦請參見上文第三部分「知識相關的詮釋泥淖」中誤解 1 的引
文。

hearing（聽）也是不恰當的。[61]王陽明對「良知」和經驗知識之間的關係定位如下：

> 良知不由見聞而有，而見聞莫非良知之用。故良知不滯於見聞，而亦不離於見聞。〔……〕良知之外，別無有知。故致良知是學問大頭腦，是聖人教人第一義。今云專求之見聞之末，則是失卻頭腦，而已落在第二義矣。[62]

有鑒於「良知不由見聞而有，而見聞莫非良知之用」，毫無疑問，「良知」和經驗知識各自屬於不同的類別，而後者可以為「良知」在道德實踐上提供支援。可以說，經驗知識的角色是為我們提供所需要的資訊，以完成根據「良知」指示而應履行的義務。王陽明舉例說明致知的精確意義如下：

> 知如何而為溫清之節，知如何而為奉養之宜者，所謂知也。而未可謂之致知。必致其知如何為溫清之節者之知，而實之以溫清；致其知如何為奉養之宜者之知，而實之以奉養，然後謂之致知。[63]

知道如何為父母提供舒適的生活環境，以及如何適宜地奉養他們正是經驗知識的範圍。從王陽明的角度來看，獲得這種知識還不

61　Wing-tsit Chan: trans. *Instructions for Practical Living and Other Neo-Confucian Writings*, p. 150.
62　陳榮捷：《王陽明傳習錄詳註集評》，頁 239。
63　陳榮捷：《王陽明傳習錄詳註集評》，頁 180。

符合致知的要求。只當人們將這種知識應用到孝親的行為中，包括照顧以及奉養雙親，才可以被稱為致知。基於見聞或經驗知識的這種角色，則應該被視為「良知」在道德實踐中的助力。黃勇通過強調實際的知識並非生而有之，並在必要時須通過學習而獲得，準確地描繪了「良知」與經驗知識的分工。當經驗知識有益於「良知」的運作之際，即是道德實踐所必需。[64]當「良知」命令我們對雙親展示孝心時，其中一個指標就是盡己所能地幫助父母保持健康。而經驗知識，像是什麼對身體是有益的，是保持健康所不可或缺。憑藉這樣的知識，我們可以善加照顧父母，因此履行「良知」所要求的道德行為。就這一點而言，經驗知識確實協助良知實現了其設定目標。王陽明的觀點是，尋求經驗知識對致知而言始終是意義重大的，因為經驗知識有益於實現「良知」的要求。

　　由於其作為道德良能的角色，「良知」並非來自見聞或經驗知識，但必須經由致知的方式予以存養和強化。在道德實踐的脈絡中，僅只關注於見聞，則是「失卻頭腦，而已落在第二義」。王陽明清楚地指出，要達到致知，只能通過依照「良知」指令而行動的方式，採取獲取經驗知識的進路是難以成功的。

（三）道德知識：其含義為何？

　　道德知識（moral knowledge）此概念經常被用來解釋「良知」。假設我們進一步檢驗其含義，就會出現多采多姿的解釋。

---

[64] Huang, Yong. 2006. "A Neo-Confucian Conception of Wisdom: Wang Yangming on the Innate Moral Knowledge." *Journal of Chinese Philosophy* 33, no. 3 : 394-395.

其中一個例子，是將道德知識定義為「人所本有的對道德原則的知識」[65]。這種特色說明基本上聚焦於道德知識的認知或知性內容。另一方面，柯雄文認為道德知識是一種實踐性的知識。道德知識雖然擁有認知內容，但我們也應該注意到道德知識的驅動力或驅動意涵，特別是在處理王陽明學說中「知行合一」的理論基礎問題時。[66]

　　經由本文的分析，可以明確斷定「良知」是吾人本有的道德良能，既作為道德判斷的能力，也驅使我們依道德判斷而行。本質上，良知是禮節，規範和道德原則的來源或基礎。因為只有在反思我們的道德判斷與道德行為等實踐經驗後，人們才能提出各式各樣的概念為這些經驗命名。這些概念包括仁，義，孝等等不一而足。當被問到仁義禮智等概念的來源時，王陽明的回答是：「心之發也，遇父便謂之孝，遇君便謂之忠。自此以往，名至於無窮。」[67]

　　既然「良知」實際上是道德概念以及道德原則的來源與基礎，那它就肯定不是任何有關道德原則的知識。在王陽明看來，有關道德原則的這種知識也被歸類於見聞。除此之外，認知內容預設了主客二分，而這正是良知所要突破並超越的界限。如此看

---

[65]　Yang Xiaomei. 2009. "How to Make Sense of the Claim 'True Knowledge Is What Constitutes Action': A New Interpretation of Wang Yangming's Doctrine of Unity of Knowledge and Action." *Dao: A Journal of Comparative Philosophy* 8, no. 2 : 175-176.

[66]　Antonio Cua. *The Unity of Knowledge and Action: A Study in Wang Yangming's Moral Psychology*, pp. 4-5.

[67]　陳榮捷：《王陽明傳習錄詳註集評》，頁 74。

來，將對於道德原則的知識與良知混淆在一起，事實上偏離了王陽明自己的解釋。

現在我們將注意力轉到道德知識的驅動力或驅策意涵。這種詮釋隱含兩個理論問題。首先，它強調良知也應該被視為人從事道德行為的內在推動力或驅使力。在本文對知行合一的討論中已經指出，這其實就是指良知作為道德良能，可以激發吾人從事道德行為。換句話說，我們可以純粹視其為一種道德良能而無須採納道德知識這種迂迴的解釋。另外，僅僅強調道德知識同時具有認知內容和驅動力或驅策意涵也在理論上行不通。因為這種對良知的解釋不可避免地要應付以下難題：知識本身如何被定義為具有驅動力或驅使力？或者簡單來說：知識究竟如何能夠驅使我們從事道德行為？[68]對於任何想要將道德知識與良知嫁接在一起的常識，這是始終需要充分處理的開放性問題（open question）。

五、結論

「良知」概念普遍被視為王陽明學說之基石。然而，此理論並非如表面看來那麼容易理解。更重要的是，由於在英文語詞中並無可和「良知」精確對應的概念，將其直譯為英文的努力，容易遭遇各種詮釋上的困擾。通過「知識相關的詮釋泥淖」之分析，我們可以清楚地發現，將「良知」直譯為英文中的「本有知識」，從一開始就走錯了方向。因為對於王陽明而言，人生而有

---

[68] 關於此問題的討論，亦可參看本書〈論道德與知識兩種辯證關係：聚焦朱子格物致知〉文中的討論，特別是頁 200-202 以及附註 9 的說明。

之的是道德良能，而非任何本有或本源的知識。因此，致知和格物的重點，是在於道德實踐和實現人的美德，而非「知識的擴展」或「對於事物的探求」。事實上，這些翻譯無法忠於中文文本。

此外，欲從認知性知識獲得詮釋上的支持，也導致了令人困惑的特色說明或甚至是對「良知」的誤解。在本文中，我們檢視並澄清了三種此類相關誤解：作為完美知識的「良知」，知識與行動同一，以及作為承認或認可的「良知」。這也為隨後分析「良知」與三種「知」之間的關係預先鋪路。我們可以看到，「良知自身」即為形上的創造力量。我們的道德良能，作為道德判斷能力和內在的道德行為驅動力，是「良知自身」在人身上的具體展現。知天理實際上就是我們對於是非對錯的判斷。見聞或經驗知識在吾人踐行「良知」的指令中扮演著輔助角色。至於道德知識的情況是：將其刻劃為關於道德原則的知識看來已與「良知」背離，至於藉由強調其驅使力或驅使意涵時，它指的無非就是我們的道德良能。

然而，筆者並非試圖提倡一種徹頭徹尾的音譯方式。換個方式來說，本文之目的是要表明：要解釋像是諸如良知等等中國哲學中具關鍵性但又深奧的術語，音譯（搭配進一步的闡釋）相較於直譯（literal translation）會更好。正如「道」（Dao）或「陰／陽」（yin/yang）等概念的情況一樣。通過這種方式，我們可以減少因中英文之間的一些語言障礙而導致的誤解，並以更佳方式傳達中國哲學的真正價值。

同時，為了便於說明，我們應當繼續尋找對中文術語的合適翻譯。一個範例是將（道德良能意義上的）「知」翻譯為／詮釋

為 "realize"（在此脈絡下，中文意義接近體證或體悟）。一些知名的外籍中國哲學研究者，包括 David Hall 和 Roger Ames [69]，以及 Stephen Angle [70]等人已是此做法之先驅，而且成效卓著。有鑒於他們在此領域的突出貢獻，我們應該有所增益地指出：" realize" 此概念可以超出任何詮釋框架下的特殊用法之外，而純粹以其字典意義予以運用。"realize" 之定義一般包含了「意識到某事物」（be aware of something）以及「使成為具體存在」（bring into concrete existence），這與王陽明所謂「知」的道德良能涵義若合符節。它可以用來涵蓋我們對於良知發用（例如，當良知顯現為我們的道德感或對於是非對錯的道德判斷）的意識，以及將良知指令付諸實行的內在驅動力。這個翻譯可以說是一種對於「知」的潛在詮釋可能性，這也提醒我們，尚有豐富的概念資源正等待吾人予以發掘。[71]

---

[69] David L. Hall and Roger T. Ames. *Thinking Through Confucius* (Albany: State University of New York Press, 1987), pp.50-61.

[70] Stephen C. Angle. *Sagehood: The Contemporary Significance of Neo-Confucian Philosophy* (New York: Oxford University Press, 2009), pp.125-130. 如上文注釋 17 所提到，在 Angle 的解釋中，「知」可以被視作一種積極努力，以體現 "realize"（注釋 17 之中譯為「體證」）概念在認知與實現的雙重意義上之和諧一致。根據本文的分析，這可說是一個有啟發意義的解釋，儘管仍可以指出，以引導（guiding）或辨別（discerning）意義看 "realize" 會比認知意義更加貼切。如此既可展現出 "realize" 的道德感或道德判斷面向，同時又可避免認知意義所隱含的一些難題。

[71] 雖然將良知解釋為本具的，原初的或認知的知識存在明顯的問題，但排除任何此類嘗試的可能性則為時尚早。有鑒於良知在我們身上表現為一種內在固有的道德能力，可以說，它仍為引進「能力之知」（knowledge-how）留下空間。柯雄文一度將良知解釋為一種「能力之知」。（Antonio

Cua. *The Unity of Knowledge and Action: A Study in Wang Yangming's Moral Psychology*, p. 4.）儘管如此，他並沒有將這個初步的解釋接續予以發展，卻繼而專注於將良知解釋為道德知識。除此之外，郁振華深入挖掘了 Ryle 關於「能力之知」的構想，以及海德格思想中所隱含用來打破主客二分模式的存在性「能力之知」。在這方面，其研究可以被視為闡明「能力之知」的形上意涵之嘗試。（郁振華：《人類知識的默會維度》北京：北京大學出版社，2012 年。第 3、4 兩章）。另一方面，儘管對於王陽明而言，「知」作為專業術語的意義，與西方知識論中一般所理解的知識有所不同，但很可能我們能夠提出一個更豐富的術語來闡述良知的要旨。本文的一位匿名評審指出，「知」可以被視為一種「理解」（understanding），而帶有較少理性主義的包袱。這樣的例子有 Neil Cooper 的《理解認識論》（Cooper, Neil. 1995. "The Epistemology of Understanding." *Inquiry* 38, no. 3 : 205-215.）與 Catherine Elgin 的《理解與事實》（Elgin, Catherine. 2007. "Understanding and the Facts." *Philosophical Studies* 132, no. 1 : 33-42.）。根據他們的說法，「理解」比僅僅是命題的，或是認知的知識更具整全性。以上這些例子可以為良知相關研究的翻譯與詮釋工作，提供新的方向與靈感。

「本體宇宙論的創生」與「實現物自身的創生」：試析「道德的形上學」兩種創生型態

一、前言：「道德的形上學」中兩種創生之意涵

在儒家學說中，「生」字表述的即是所謂存在，而非個體生命。牟宗三先生認為：「中國人從『生』這個地方說存在。儒家講『生生不息』，也是從『生』講存在。」[1]依牟宗三的詮釋，儒家生生的宇宙觀，並非西方重視自然因果法則的機械宇宙觀，亦非從無生有的上帝創世觀，更與適者生存、優勝劣敗的進化論大異其趣，而是走向生成化育的生成性的宇宙觀。且此中「生成」乃是「使存在之事永遠生息下去而不至於梏亡，這便是對於存在之創造。這就是中庸所謂天道之誠之『生物不測』也。」[2]如此一來，作為天道內容之「生生」，其涵義應為存在之不斷創

---

[1]　牟宗三：《四因說演講錄》（臺北：鵝湖出版社，1997 年），頁 8。

[2]　牟宗三：《心體與性體（一）》（臺北：正中書局，1996 年），頁 367。

生與實現，並無永遠維持個體生命之意。[3]而在牟宗三對道德的
形上學之論述中，其實可以發現對「生生」的兩種詮釋理路，二
者未必可相互涵蓋，皆能自成一種說法。他曾如此解釋天道之創
生：

> 我們可以籠綜天地萬物而肯定一超越的實體（上帝或天
> 道）以創造之或創生之，**這乃完全由人之道德的心靈，**
> **人之道德的創造性之真性，而決定成的。**此即是說：天
> 之所以有如此之意義，即創生萬物之意義，完全由吾人之
> 道德的創造性之真性而證實。外乎此，我們絕不能有別法
> 以證實其為有如此之意義者。是以盡吾人之心即知吾人之
> 性，盡心知性即知天之所以為天。[4]

這段話是牟宗三在解釋孟子盡心知性知天之「盡」與「知」為印
證義時所說。指出道德的形上學是要藉由逆覺之體證，而對天地
萬物進行一種價值上的解釋。在他看來，天道創生萬物，是「對
於天地萬物所作的道德理性上的價值的解釋」，孟子所謂萬物皆
備於我，此中天之創生萬物之創造性完全由心之道德的創造性來

---

[3]　將易傳中的「生」字解釋為個體生命，「生生不息」為個體生命之不斷
　　維持，是對儒學常見的誤解。勞思光先生提出「生」與「生之破壞」的
　　背反問題以及「本性實現中之衝突問題」，即源自此種對「生」或「生
　　生」概念之誤讀。因篇幅所限，無法在本文中多做交代。較詳細的討論
　　請參張子立：《從逆覺體證到理一分殊新釋──試析現代新儒學之內在
　　發展》，第一章第二節，國立政治大學哲學研究所博士論文（2008 年 7
　　月）。

[4]　牟宗三：《圓善論》（臺北：臺灣學生書局，1996 年），頁 133。

證實。儘管天是一超越的實體，但「天所以為天之具體而真實的意義完全由心之道德的創造性而見也」[5]。細究之，在這段說明中，牟宗三同時運用了兩個詞語表述此道德理性上的價值的解釋，其一是以吾人之道德的創造性「證實」天之創生萬物之創造性，或是更進一步，以心之道德的創造性「決定」天之創生萬物之創造性，這可分別指涉兩種不同的創生理論型態。

首先，牟宗三曾提出「道德的形上學」（moral metaphysics）與「道德底形上學」（the metaphysics of morals）之區分，他對兩者的說明是：

> 「道德底形上學」與「道德的形上學」這兩個名稱是不同的。〔……〕前者是關於「道德」的一種形上學的研究，以形上地討論道德本身之基本原理為主，其所研究的題材是道德，而不是「形上學」本身，形上學是借用。後者則是以形上學本身為主，（包含本體論與宇宙論），而從「道德的進路」入，以由「道德性當身」所見的本源（心性）滲透至宇宙之本源，此就是由道德而進至形上學了，但卻是由「道德的進路」入，故曰「道德的形上學」。〔……〕。[6]

「道德底形上學」與「道德的形上學」之差異，在於前者乃是對道德的形上解析，要找出道德的先驗形式與原理，康德倫理學正

5　同上，頁134。
6　《心體與性體（一）》，頁139-140。

是一種「道德底形上學」；後者則以道德為進路，目的在通往形上學實體，這是儒學之特色。其中道德與存在得以貫通之關鍵，是由仁心之無外，以明「本心性體不但只是吾人道德實踐之本體（根據），且亦須是宇宙生化之本體，一切存在之本體（根據）」。[7]亦即由「道德性當身」所見的本源（心性）滲透至宇宙之本源，其中所謂「滲透」，乃比喻立足道德界同時又涉入存在界而突破此兩界之範域。其進路是一種契接式的「證實」，基於人秉於天之本心性體，以道德實踐契接天之創生，藉以投入整個大化之流行中，使道德界與存在界相通而無隔閡。牟氏亦以「相應」、「形著」等詞語交互補充類似意義，為免辭贅，此將留待後面做進一步解釋。

　　另外，在牟宗三嘗試以智的直覺說明逆覺體證之後，又曾這樣解釋道德的形上學：

> 〔……〕良知明覺是實現原理也。就成己言，它是道德創造之原理，即引生德行之「純亦不已」。就成物言，它是宇宙生化之原理，亦即道德形上學中的存有論的原理，使物物皆如如地得其所而然其然，即良知明覺之同於天命實體而「於穆不已」也。在圓教下，道德創造與宇宙生化是一，一是皆在明覺之感應中一體朗現。〔……〕。蓋物之存有必在吾之行事中存有，吾之行事亦必在成物中完成也。[8]

7　《心體與性體（一）》，頁 8-9。

8　牟宗三：《現象與物自身》（臺北：臺灣學生書局，2004 年），頁 444。

良知明覺作為人的道德意識，同於天命實體而為實現原理，既是
道德創造之原理，亦為宇宙生化之原理，道德形上學中存有論的
原理。當牟宗三在前面引文中強調，超越的實體（上帝或天道）
乃完全由人之道德的心靈，人之道德的創造性之真性而「決
定」，就在突顯這種道德心靈具有智的直覺之論點。所以說道德
創造與宇宙生化是一，人與天非但於道德創造上，也在萬物之生
化上可有相同的作用，天人之貫通就不必再藉由道德「滲透」至
存在這種契接式的「證實」方式。

此種詮釋中的雙重性，肇因於在牟宗三的說明中，創造原則
既為「心」也為「性」之雙重身分。由於著重點之不同，遂可以
發展出兩種走向。一種是以道德的創造性「證實」天創生萬物之
創造性，而由性體或天道作存有論意義的現象之創造，呈現出本
體宇宙論的創生模式；至於以心之道德的創造性「決定」天之創
生萬物之創造性，則為一種實現物自身之價值的創造、現象只有
認知意義而無存有論意義。在此前言部分，筆者僅大致點出這兩
種創生型態之分野，在下文即正式展開論述。

二、「本體宇宙論的創生」型態

（一）「性體」作為創造實體

依據牟宗三在《心體與性體》一系列書中對「道德的形上
學」之說明，本心性體同時是道德實踐與宇宙生化之本體。此作
為創生實體、「於穆不已」的實體之乾道，「自身無所謂『變
化』，『變化』者是帶著氣化以行，故假氣化以顯耳，變化之實

在氣，不在此實體自身也」[9]。此說明同時涉及存有論（天道、乾道）與宇宙論（氣化）兩個面向，氣化流行雖不等於天道，卻是天道的表現，天道作為即存有即活動之本體宇宙論的實體，是氣化流行之根據。氣化流行之現象界在存有論上仍是真實意義的存在。

此外，天道亦即「性體」，是人道德實踐所以可能的超越根據，同時即通「於穆不已」之實體而為一，由之以開道德行為之純亦不已，以洞澈宇宙生化之不息。性體就成為通道德與存在而一之的關鍵。其方式即是所謂道德理性三義中之第一、二兩義：

> 〔……〕在形而上（本體宇宙論）方面與在道德方面都是根據踐仁盡性，或更具體一點說，都是對應一個聖者的生命或人格而一起頓時即接觸到道德性當身之嚴整而純粹的意義，（此是第一義），同時亦充其極，因宇宙的情懷，而達至其形而上的意義，（此是第二義），〔……〕[10]

在形而上（本體宇宙論）與在道德這兩方面都是根據踐仁盡性，而可見道德性當身之嚴整而純粹的意義以及其形上學的意義，就是在說明依據性體而起的道德實踐或道德創造，即為貫通道德與存在之樞紐。「這為定然地真實的性體心體不只是人的性，不只是成就嚴整而純正的道德行為，而且直透至其形而上的宇宙論的意義，而為天地之性，而為宇宙萬物底實體本體，為寂感真幾、

9　《心體與性體（一）》，頁33。

10　同上，頁117。

生化之理」[11]。

　　如此看來，性體無外，宇宙秩序即是道德秩序，道德秩序即是宇宙秩序。故成德之極必是「與天地合其德，與日月合其明，與四時合其序，與鬼神合其吉凶，先天而天弗違，後天而奉天時」，而以聖者仁心無外之「天地氣象」以證實之。此中「性體」一觀念居關鍵之地位，最為特出。[12]在這個階段，是以「性體」觀念為主，因為牟宗三強調「性」才是能起宇宙生化與道德創造之「創造實體」[13]，本心是人在道德實踐中對此性體之自覺。所以「宋明儒所言之天道、天命、太極、太虛，其結穴只在性體。性體具五義是客觀地說；從天道、天命、太極、太虛而結穴於性體，所謂性與天道，性天之旨，亦皆是客觀地說。至心能盡性，心具五義，則是主觀地、實踐地說」[14]。此時既說天道乃結穴於性，所以客觀地創生萬物之作用亦落於性，並無本心仁體可實現對象之物自身的說法，而且心與性的關係是主觀與客觀、「對其自己」與「在其自己」對言，而無「智的直覺」一語出現。牟宗三指出：

　　　　客觀地言之曰性，主觀地言之曰心。自「在其自己」而言，曰性；自其通過「對其自己」之自覺而有真實而具體的彰顯呈現而言則曰心。心而性，則堯舜性之也。性而心，則湯武反之也。心性為一而不二。

11　《心體與性體（一）》，頁138。
12　同上，頁34-37。
13　同上，頁40。
14　同上，頁569。

> 客觀地自「於穆不已」之天命實體言性，其「心」義首先
> 是形而上的，自誠體、神體、寂感真幾而表示。若更為形
> 式地言之，此「心」義即為「活動」義（activity），是
> 「動而無動」之動。**此實體、性體、本是「即活動即存**
> **有」者，故能妙運萬物而起宇宙生化與道德創造之大**
> **用。**[15]

心性為一而不二，是就心正是性對本身之自覺，或心是性之活動
而為言。性體作為起宇宙生化與道德創造之「創造實體」，創造
且引發了宇宙之氣化流行，現象界於是取得在存有論上存在的意
義。再者，牟氏強調「心性是一之宇宙論的模型以性為主，道德
實踐之證實而貞定此模型，則須以心為主」[16]。在宇宙論的模型
上須以性為主導概念，而性作為客觀性原則可建立天地萬物之自
性，故能妙運萬物而起宇宙生化與道德創造之大用。可見創生天
地萬物之實義落在性，而非心。此時「心」義著重在「活動」義
（activity），是「動而無動」之動。[17]此形上之心可顯用於道德
實踐上，以證實與貞定宇宙論的模型，就是說心之特性在於相應
天道，從道德實踐中形著性之創造，成為性或天道之具體化。這
即是前述由道德性當身所見的本源（心性）「滲透」至宇宙之本
源。「滲透」代表由道德領域貫通至形上領域。道德意識之應物

15　同上，頁 40-42。

16　同上，頁 532。

17　必須注意的是，所謂「動而無動」之「心」，在明此「心」為形上的道
　　德本心，非實然性的心理學之心。因此，形上的動態自是動而無實然層
　　或經驗層的動態相對之「動相」。

而當機顯發（此即易傳所謂「寂然不動、感而遂通」），即為性
體或天道之當機顯發。形著天道就是使天道具體化，此具體化的
方式即表現在人的道德行為、或對天地萬物顯現之仁心上。心之
實在創生道德行為，而非天地萬物，但這種道德的創造可呼應或
契合於性或天道之創造，成為其創生的一種表現或範例，故是證
實與貞定性。所以牟宗三在解釋張載「氣聚，則離明得施而有
形」以及「盈天地之間者，法象而已。文理之察，非離不相睹
也」兩句時，才宣示這些皆是「本體、宇宙論的」陳述，非認識
論的陳述[18]。我們可以稱以上思路為「本體宇宙論的創生」型
態。

（二）天人關係：「內容的意義」相同

在「本體宇宙論的創生」型態中，天與人的關係表現為「內
容的意義」相同。試看以下這段話：

> 「盡心知性知天」是自體上言。在此，心性天是一。「存
> 心養性事天」是自人為一現實存在言，天亦是帶著氣化
> 說。在此，心性因現實存在之拘限與氣化之廣大，而與天
> 不即是一。自「一體而化」言，則此分別即泯。從體上說
> 是一，帶著用說亦是一也。「立命」則是就現實存在與氣
> 化之相順相違言，此不是說心性與天的事，而是說帶著氣
> 化的天與吾人之現實存在間之相順相違的事。至「一體而

18　《心體與性體（一）》，頁 468-469。

化」之境，則一切皆如如之當然，亦無所謂「命」也。[19]

　　這段話可以從三方面予以解析：

　　1.就存有論而言，講的是本體，亦即「盡心知性知天」一語。吾人之心性與實體義的天，以理言的天「內容的意義」相同，「此所謂『內容的意義』相同實即同一創生實體也」[20]。故心性天是一，人在「體」上「同於無限」。

　　2.就帶著氣化的天而言，即「存心養性事天」一語。此時心性天不即是一，從人道德修養的歷程來看，基於人為一種現實存在，「則不能不有一步謙退，因此顯出一層退處之『事天』義」[21]。此帶著氣化的天與吾人現實存在之相順相違，亦形成吾人「命」的限制，而須「夭壽不貳，修身以俟之」的「立命」態度。凡此皆在強調現實存在的有限性。

　　3.就理想境界言。講的是「一體而化」之聖人境界，由人從心所欲而不踰矩，體現出純亦不已之德行，進入從體上說是一，帶著用說亦是一之「同於」無限的境界。質言之，此處所謂「同於無限」，首先是指在存有論上，人之心性與以理言的天「內容的意義」相同，同為創生實體，故心性天從「體」上說是一。因此牟氏詮釋「盡心知性知天」為：「此時天全部內在化，吾之性體即是天，天地亦不能違背此性體。此時天與人不但拉近，而且根本是同一，同一於性體。」[22]這是強調天可以純內在化，「純

19　同上，頁 28-29。

20　同上，頁 27。

21　同上，頁 28。

22　同上，頁 527。

內在化者是以理言的天，與性體意義同、質同、化境同的天」[23]。其次，落在人的道德實踐上講，「同於無限」則為天人相即合一的工夫語、境界語，表述在聖人境界中天人之分別即泯，而可充分體現天道之狀態。聖人也是人，故不能不受到氣命之限制，就此帶著現實存在的有限性而言，人與天不即是一；然而在一體而化的境界中，由於能充分體現天道，即使不得不帶著氣化之「用」，亦不礙其同於無限。

　　要注意的是，就「本體宇宙論的創生」而言，人之性體雖與天意義同、質同，這只代表人之道德創造與天道之一致性，可將人之道德行為視作天道之體現。同者在於道德創造，而非實現萬物之存在，「於穆不已」的創造仍歸之於天：

> 故盡心即是知性，知即在盡中知。而知性即是盡性，「知」處並無曲折的工夫。工夫全在「盡」字。所謂「知」者，只是在「盡心」中更具體地、真切地了解了此性體而已，此性體更彰著於人之面前而已。在「盡心」中了解了人之真正的本源（性體），真正的主體，則即可以「知天」矣。因為天亦不過就是這「於穆不已」之創造，即生化之理也。故中庸曰：「天地之道可一言而盡也。其為物不貳，則其生物不測」。在天，說「生物不測」；在性，則說道德創造（道德行為之純亦不已）之「沛然莫之能禦」。故天之正面函義與心、性之函義為同一也。[24]

23　《心體與性體（一）》，頁 526。
24　同上，頁 538。

盡心即是知性，這是就人之道德創造、道德實踐而言。在「盡心」中了解人真正的本源（性體），真正的主體，則即可以「知天」，意指以道德創造之「沛然莫之能禦」，呼應天之「生物不測」，依性體而有之道德行為正是天道透過人而表現，故曰天之正面函義與心、性之函義為同一。但萬物存在之理、生化之理並非人力所能及，只能歸之於天。才會強調在天，說「生物不測」；在性，則說道德創造之「沛然莫之能禦」。這種思路還可證諸牟氏對橫渠「心知廓之」一語之解釋：

> 超見聞之「心知」遍體天下之物而不遺，自然開朗無外。以其開朗無外，故能相應「天之不禦」而知其為無窮盡。相應其「不禦」之無盡即是郭廓而範圍之。「廓之」以「相應」定。此如「範圍天地之化而不過」之範圍，此範圍亦是「相應」義。故此範圍是比擬說，並非有形之一定範圍也。故其實義即是「形著」，言心知相應其無盡而證實之，證實之即形著之。容（客）觀自如者須待主觀之形著而得其真實義與具體義。故「心知廓之」之廓本於超越的道德本心之無外，而落實於對天道之形著。心之作用即在形著，故橫渠言「心能盡性」也。而孟子亦言「盡心知性知天」也。[25]

所謂「廓之」，猶如「範圍天地之化而不過」之範圍，兩者皆是「相應」義，而其實義即是「形著」。「心知廓之」表示心知相

25　同上，頁 550。

應天道之無盡而證實之，證實之即形著之。心之作用即在形著，橫渠言「心能盡性」，孟子言「盡心知性知天」，都在說明這形著義。「盡心知性知天實不只是遙遙地知天，實足以證實天之所以為天，而在本質上實同於其所說之心性」[26]。心可證實、形著天道，成為天道落實於人的行為之具體化，所以說心性天在本質上同，不過這是就道德實踐之本質而言，而未涉及萬物之生化。

　　總的來說，「本體宇宙論的創生」所表現之「內容的意義」相同，可藉以下這段話予以概括：

> 心即是體，故曰心體。此是主觀地、存在地言之，由其體物不遺而見其為體。天道篇：「天體物不遺猶仁體事無不在」，俱是由體物體事而見其為體。天道之「體物不遺」是客觀地、本體宇宙論地說；仁之「體事無不在」是主觀地、實踐地說。主觀地、實踐地說，即所以明「心能盡性」之超越的、形上的普遍本心也。故「天大無外」，性大無外，心亦大而無外。此即函心性天之主觀地、實踐地說之之合一，而亦竟直是一也。[27]

心性天可以是一，但這是「仁體事無不在」方面的一，在人主觀地實踐地說之合一，乃是本質上、實踐上與天道或無限者之「合一」，並以此「內容的意義」同於天道而言「是一」。但就萬物之存在，宇宙之生化的層面，則須歸之於天道。故客觀地、本體

26　同上，頁 552。

27　《心體與性體（一）》，頁 557。

宇宙論地說，必須是「天體物不遺」。故「天體物不遺猶仁體事無不在」，正在強調心可相應、證實、形著天道，成為天道落實在道德領域之具體化。

三、「實現物自身的創生」型態

（一）智的直覺之提出

　　但在《智的直覺與中國哲學》及《現象與物自身》二書中，創生之意涵已逐漸產生變化。先就《智的直覺與中國哲學》來看，此書重點在從康德所謂智的直覺切入，討論儒家實現或創生存在的方式。他將智的直覺詮釋為本心仁體的明覺活動。在此活動中，「自知自證其自己，如其為一『在其自己』者而知之證之，此在中國以前即名曰逆覺體證。此種逆覺即是智的直覺」[28]。而且本心仁體「不但特顯於道德行為，它亦遍潤一切存在而為其體。前者是它的道德實踐的意義，後者是它的存有論的意義；前者是它的道德創造，引生道德行為之『純亦不已』，孟子所謂『沛然莫之能禦』，後者是它的生物不測，引發宇宙之秩序，易傳所謂『以言乎遠，則不禦』。總之，它是個創造原則」[29]。

　　本心仁體之所以能成就宇宙生化，是由仁心感通之無外而說的。就此感通之無外說，一切存在皆在此感潤中而生化，而有其

---

[28] 牟宗三：《智的直覺與中國哲學》（臺北：臺灣商務印書館，1993年），頁 196。

[29] 同上，頁 199。

存在。仁心的感通無外就是仁心之覺潤無方，即為智的直覺，本身即給出它的對象之存在。在這種智的直覺中，一切存在都是「在其自己」之自在自得物，所謂萬物靜觀皆自得，都不是一現象的對象。「同一物，對智的直覺說，它是一物之在其自己（物自體），此即康德所說『物自體』一詞的積極意義，（唯彼不取此意義而已），對感觸的直覺與辨解的知性說，它是現象，因而也就是一對象。智的直覺直覺地認知之，同時即實現之，此並無通常認知的意義，此毋寧只著重其創生義」。[30]可見同一事物，在德性之知與經驗知識中有不同的樣貌。在前者是呈現其物自體，在後者是展露出經驗內容與特性。也就是說，一切事物，經由此智的直覺而呈現出其物自體，也可說是實現了其物自體，因此有了真實的存在。在此意義上，說一切存在皆在此感潤中而生化，而有其存在。基於人有智的直覺之肯定，其創造已不僅限於道德行為，更可於存在層面實現物自體。

到了《現象與物自身》問世的階段，則進一步發展了《智的直覺與中國哲學》中的論點。牟宗三以「知體明覺」為儒家存有論的代表，而以陽明「意之所在為物」與「明覺之感應」兩句話解釋智的直覺之創造。當陽明說「意之所在為物」，此語中之物乃行為物，亦即事，也就是道德行為；當他說「明覺之感應」為物時，則是事物雙彰，行為物（如事親）與存在物（如親）俱是在其自己者。就明覺之感應而言，牟先生指出：「就事言，良知明覺是吾實踐德行之道德的根據；就物言，良知明覺是天地萬物之存有論的根據。故主觀地說，是由仁心之感通而與天地萬物為

30　同上，頁 200。

一體；而客觀地說，則此一體之仁心頓時即是天地萬物之生化之理。」[31] 此亦即中庸合內外之道中成己成物的性之德。成己乃事；成物就物言，成己是道德實踐，成物是自我實踐之功化，此功化含有一道德的形上學，無執的存有論。「就成己言，它是道德創造的原理，引生德行之純亦不已；就成物言，它是宇宙生化之原理，亦即道德形上學中的存有論的原理。」[32] 其中所謂成物之成乃實現義，所成之事是在其自己之事，是實事，亦是德行；所成之物是在其自己之物，其自身即是目的。

依這種詮釋，儒家所謂體用已類似於上帝與物自身之關係。因為就知體明覺之感應無外而言，其所感應的物，與由此應物而引來的事（德行），俱是用，而物與事俱是在其自己者。因此牟宗三強調物與事之「用」，「並不是現象，而是『在其自己』之如相。因此，此所謂體用倒有點類康德所說的上帝與物自身之關係（上帝只創造物自身，不創造現象）。只是知體明覺之為體與上帝不同而已」[33]。

若細究牟宗三之用字遣詞，在《心體與性體》中，「性體」概念為核心，故天道、天命、太極、太虛，皆結穴於性，客觀地妙運萬物而起宇宙生化是性體之神用；《智的直覺與中國哲學》一書中，「性體」與「本心仁體」常並舉；到了《現象與物自身》問世的階段，可發覺牟宗三已不再以性體概念為首出，才會在主客觀面皆主要以良知明覺或仁心作解釋。心已不再只是藉道

---

[31] 牟宗三：《現象與物自身》（臺北：臺灣學生書局，2004 年），頁 442-443。

[32] 同上，頁 444。

[33] 同上，頁 445。

德實踐來證實或形著性或天道，其智的直覺即可實現物自身之創生作用，統道德與存在而一之。而且談現象只能有認知意義的現象，不能有存有論意義之現象。他特別做出如下澄清：「平常依存有論的方式說本體現象，或依中國傳統說體用時亦把用視為現象，那是不檢之辭，忘記了『認知度向』之插入。現象（依康德此詞之嚴格的意義）只在『認知度向』之介入上而起，即只對認知主體而起。」[34]可見由知體明覺為體所起之用並非現象，而是非現象之實事、實理、實物。亦即康德所謂物自身。由於知體明覺之為萬物存有論的根據是就其實現天地萬物之物自身而言，經驗事物並非知體明覺所直接產生，乃是對感性與知性而顯的認識論意義的現象。遂而是一種「實現物自身的創生」型態。天道成為「此直覺自身就能給出它的對象之存在」之智的直覺，不再是《心體與性體》中本體宇宙論之原理，因為宇宙論之原理並非物自身之實現原理，而是萬物生長、運動、變化之所以然之理，就哲學概念之分梳而言，這正代表兩種創生詮釋之差異。

（二）對明道與陽明評價之轉變

　　這種差異也反映在牟宗三對陽明學評價的轉變。在《心體與性體》中，牟氏視明道為圓教之模型，在主客觀兩面皆飽滿而無遺：

> 明道直從「於穆不已」、「純亦不已」言道體、性體、誠體、敬體。首挺立仁體之無外，首言「只心便是天，盡之

34　《現象與物自身》，頁128。

> 便知性，知性便知天，當下便認取，更不可外求」，而成
> 其「一本」之義。是則道體、性體、誠體、敬體、神體、
> 仁體、乃至心體、一切皆一。故真相應先秦儒家之呼應而
> 直下通而為一者是明道。明道是此「通而一之」之造型
> 者，故明道之「一本」義乃是圓教之模型。[35]

從這段話來看，牟宗三對明道可謂推崇備至。他視儒家為圓教，
明道之「一本」義為此圓教之模型，評價之高不言而喻。原因在
於明道對客觀的天道與主觀的本心皆很重視，不但體證到可識仁
之本心，更強調中庸與易傳盛言的客觀而超越之「天」，因為即
使連孔孟也重視此客觀而超越地言之之「天」。他接著強調，如
果成德之教中必函有一「道德的形上學」，此「天」字之尊嚴是
不應減殺或抹去者，陽明正是因為不夠正視此客觀超越之「天」
而有所虛歉，才會有「虛玄而蕩」或「情識而肆」之王學流弊，
劉蕺山即於此著眼而「歸顯於密」也。此為內聖之學自救之所應
有者。[36]因此牟宗三對明道的評價高於陽明，他的解釋是：

> 象山與陽明既只是一心之朗現，一心之申展，一心之遍
> 潤，故對於客觀地自「於穆不已」之體言道體性體者無甚
> 興趣，對於自客觀面根據「於穆不已」之體而有本體宇宙
> 論的展示者尤無多大興趣。此方面之功力學力皆差。雖其
> 一心之遍潤，充其極，已申展至此境，此亦是一圓滿，但

35　《心體與性體（一）》，頁44。
36　同上，頁48。

卻是純從主觀面申展之圓滿，客觀面究不甚能挺立，不免
使人有虛歉之感。自此而言，似不如明道主客觀面皆飽滿
之「一本」義所顯之圓教模型為更為圓滿而無憾。蓋孔子
與孟子皆總有一客觀而超越地言之之天也。此「天」字如
不能被擯除，而又不能被吸納進來，即不能算有真實的飽
滿與圓滿。[37]

顯而易見，依牟宗三之意，明道因為主客觀面皆飽滿，而在陽明
之上。甚至在明道的一本論中，「象山陽明之一心遍潤，一心申
展，始真有客觀的落實處，而客觀地挺立矣」[38]。

　　但在牟宗三提出智的直覺之創生性後，以上說法皆已少提或
根本不提，他在《現象與物自身》中表示，此書開始由道德的進
路展露本體，本即是依陽明而言。言及儒家的無執的存有論，則
當集中於陽明所言之「知體明覺」而言之。[39]可見此時牟宗三是
以陽明良知之教為核心。他接著解釋說：

直接由道德意識所呈露的道德實體有種種名。依孔子所言
的仁，可曰仁體。依孟子所言的心，可曰心體。而此本心
即性，因而亦可曰性體。依中庸所言的誠，可曰誠體。依
其與客觀方面言的天道合一而為一形而上的實體而言，亦
可曰道體，神體，寂感真幾，於穆不已之體。依陽明，則
曰知體明覺。依劉蕺山，則曰獨體，涉指心體（意體）與

37　同上，頁 47-48。

38　《心體與性體（一）》，頁 48。

39　《現象與物自身》，頁 435。

　　　性體兩者而言者。雖有種種名，而今特願就陽明所言之知
　　　體明覺而言之，何以故？因良知特顯內在的決斷故，與具
　　　體的道德生活能密切地相連接故。[40]

在這一段整理儒家講道德意識所呈露的道德實體之說明中，牟宗
三並未提及明道。而且他認為陽明所說的知體明覺，最能突顯內
在的道德決斷而與具體道德生活密切相關，是以堪為代表。尤有
甚者，牟宗三又在別處指出，陸王一系由本心即性即理這一思路
展示心體之道德意義與絕對意義，即可使道德界與存在界一時同
彰，不須有主客觀兩面的迴環：

　　　本心即是一自由無限心，它既是主觀的，亦是客觀的，復
　　　是絕對的。主觀的，自其知是知非言；客觀的，自其為理
　　　言；絕對的，自其「體物而不可移」，因而為之體言。由
　　　其主觀性與客觀性開道德界，由其絕對性開存在界。既有
　　　其絕對性，則絕對地客觀地自道體說性體亦無過，蓋此即
　　　已預設本心之絕對性而與本心為一也。然既是絕對地客觀
　　　地由道體說性體，其所預設者不顯，故如此所說之性體與
　　　道體初只是有形式的意義，此只能大之、尊之、奧之、密
　　　之，而不能知其具體而真實的意義究如何。此所以橫渠，
　　　五峰，蕺山，必言以心成性或著性，而仍歸於論孟也，亦
　　　即是將其所預設者再回頭以彰顯之也，故道體，性體，心
　　　體，並不對立也。惟先說道體性體者，是重在先說存在

界，而道體性體非空懸者，故須有一步迴環，由心體之道
德意義與絕對意義（存有論的意義）以著成之也。陸王一
系由本心即性即理這一心體之道德意義與絕對意義兩界一
時同彰，故無須這一步迴環也。[41]

在這段引文中，牟宗三以本心為自由無限心之絕對者，理或性體
道體只是其中客觀面，於是為首要的不再是性體、而是本心，甚
至道體性體之客觀性就在於預設了本心之絕對性。既以本心為立
論根據，主客觀兩面之迴環即無必要，陽明亦不再因為不夠正視
客觀超越之「天」而有所虛歉，本心即性即理這一心體之道德意
義與絕對意義即可使兩界一時同彰，陽明學說被引用與進一步詮
釋的分量也日益吃重。更可看出在牟宗三提出智的直覺之創生性
後，他對「道德的形上學」之理論建構，已走向「實現物自身的
創生」型態。

（三）天人關係：「作用的意義」相同

此「實現物自身的創生」型態，在存有論上，基於人有智的
直覺之前提，吾人之心性與實體義的天，以理言的天非僅「內容
的意義」相同，即使在「作用的意義」上亦同。「內容的意義」
相同，代表人之性體雖同於天道，但人實際創造的乃道德行為，
此中「內容的意義」亦即感通無隔之仁心，之所以相同是由於人
能推己及人，正可呼應天道之誠，在道德實踐之本質上合一。道
德行為自然是天道之展現與落實，但這只是天道的一個面向，尚

---

[41]　同上，〈序〉，頁 12。

未涵蓋宇宙之生化。

　　但若人擁有智的直覺，此直覺即可實現物自身，這種事物雙彰的成己成物，就不只表現在道德實踐上，而亦具存有論之功化，人與天道不但在內容的意義上，就連在創生作用上也可同一，此即「作用的意義」上相同之意。職是之故，在《智的直覺與中國哲學》中，相對於《心體與性體》，牟宗三對張載「心知廓之」的解釋有了微妙變化，而不只是形著：

> 「心知廓之，莫究其極」，此是主觀地說，是以「心知」之誠明形著此「不禦」而證實之，亦即具體而真實化之。「莫究其極」是如其「不禦」而證實其為不禦。「廓之」即相應如如範圍而形著之之意。「範圍」不是圈限之，而是如如相應而印定之之意，即如其「不禦」而印定之。此種如如相應而印定之的「心知之廓之」即是一種智的直覺。既是智的直覺，則不但如如相應而印定之，即不只如如相應而認知地呈現之，形著之，且同時亦即能客觀地豎立起來與那天道生德之創生之不禦為同一而其自身即是一不禦的創造。客觀說的天道生德之創生之不禦究竟落實處即在此主觀說的「心知之誠明」之創生之不禦。[42]

上面引文的前半段，一直到「即如其『不禦』而印定之」為止，意思與前引《心體與性體》那段話可謂一致，似同樣在說明「心知廓之」表示心可證實、形著天道，成為天道落實於人的行為之

---

[42]　《智的直覺與中國哲學》，頁186。

具體化。但隨後即補充「心知廓之」為一種智的直覺，而不只是
形著天道，則表現出一種「作用的意義」相同之思路。如此一
來，不但客觀說的天道生德之創生之不禦，其究竟落實處即在主
觀說的心知之誠明之創生之不禦，並且人之智的直覺即與天道生
德創生之不禦為同一而其自身即是一不禦的創造，而可以實現一
物之在其自己。「『心知廓之』不只是印證（形著）太虛神體創
生之不禦，而且其本身即與之為同一而亦為一創生不禦之實體，
落實說，實只此一本也」[43]。

再將焦點轉到《現象與物自身》。在此，牟宗三強調儒家立
教本就是一個道德意識，直接由吾人的道德意識呈露那內在的道
德實體，他特別從陽明所言之良知明覺來說明此道德實體，而其
不但具有道德的意義，可從事道德創造；也同時具備存有論的意
義，可實現物之在其自己，於是智的直覺在作用上與天道已合二
為一。這就是所謂的「事物雙彰」：

> 真誠惻怛之良知，良知之天理，不能只限於事，而不可通
> 於物。心外無事，心外亦無物。一切蓋皆在吾良知明覺之
> 感應的貫徹與涵潤中。事在良知之感應的貫徹中而為合天
> 理之事，一是皆為吾之德行之純亦不已。而物亦在良知之
> 感應的涵潤中而如如地成其為物，一是皆得其位育而無失
> 所之差。此即所謂事物雙彰也。[44]

43　《智的直覺與中國哲學》，頁 188。
44　同上，頁 442。

心外無事，心外亦無物。因為事與物皆在吾良知明覺之感應的貫徹與涵潤中。所以說：「就事言，良知明覺是吾實踐德行之道德的根據；就物言，良知明覺是天地萬物之存有論的根據。故主觀地說，是由仁心之感通而與天地萬物為一體，而客觀地說，則此一體之仁心頓時即是天地萬物之生化之理。」[45]

相對於「本體宇宙論的創生」強調主客兩面的迴環，將萬物之存在與生化委諸天道，內在化是指人直接參與道德創造而與天內容的意義相同；「實現物自身的創生」則不需此迴環，主張人之良知明覺可使事物雙彰，兼為道德創造及宇宙生化之原理。此時人之道德實踐上的體用，已類似於上帝與物自身之關係。可以說，由於「實現物自身的創生」型態主張良知明覺在「作用的意義」上亦與天同，人在「體」上「同於無限」的特性，實較「本體宇宙論的創生」型態更為凸顯。

四、結語：兩種創生型態之理論整合

本文藉由大量引用牟宗三解釋創生的論述，簡別出其於不同時期與著作中表現的兩種思路。一個哲學家在理論建構的歷程中，因其著重點或焦點之微調，有時會衍生出前後期論點的差異，這在哲學史上屢見不鮮。不論當事人是否清楚地意識到此現象，基於思想一致性的內在要求，往往又會出現一些可藉以統合二者的線索。在結語的部分，筆者嘗試找出這個線索，說明牟宗三整合兩種不同創生型態的理論發展。

45　同上，頁 442-443。

　　這個理論發展亦即「心即理」之徹底化。這是將天人合一之
證實方式，由道德主體面的印證推進至理論推導之邏輯結論，而
以「實現物自身的創生」融攝「本體宇宙論的創生」的進路。

　　就「本體宇宙論的創生」而言，創生之關鍵在於「性體」，
性體在人表現出道德創造，至於就實現或創生存在而言，則顯發
為天道、乾道、寂感真幾及其神用。要注意的是，在此人所真正
創造的是道德行為，以此印證天道創生之大德，此可再證諸以下
這段話：

　　　　意志之因果性，康德亦說它是一種特種因果性。我們已指
　　　出，依儒者觀之，這「特種因果性」就是「承體起用」的
　　　一種因果性。自由、自主、自律的意志是體，由它直接所
　　　指導，不參雜以任何感性的成分，而生的行為、德業、或
　　　事業、便是用。「應當發生什麼」是自由意志所直接決定
　　　的。意志所直接決定的「應當」，因心、情感、興趣，即
　　　因心之悅理義發理義，而成為「實然」，此即是「是什
　　　麼」或「發生什麼」之必然性。由應當之「當然」而至現
　　　實之「實然」，這本是直貫的。這種體用因果之直貫是在
　　　道德踐履中必然地呈現的。其初，這本是直接地只就道德
　　　行為講：體是道德實踐上的體，用是道德實踐上的用。但
　　　在踐仁盡性底無限擴大中，因著一種宇宙的情懷，這種體
　　　用因果也就是本體宇宙論上的體用因果，兩者並無二致。
　　　必貫至此境，「道德的形上學」（不是「道德之形上的解

析」）始能出現。[46]

由道德踐履所呈現的體用因果之直貫作用，本是直接地只就道德行為講：體是道德實踐上的體，用是道德實踐上的用。但由於性體除了創生萬物之外，也可顯發於人的動心起念之中，使人得以經由踐仁盡性底無限擴大，因著一種宇宙的情懷，意志的體用因果也就成為本體宇宙論上的體用因果，兩者並無二致。此中所謂「擴大」、「宇宙的情懷」、以及前述由道德性當身所見的本源「滲透」至宇宙之本源，乃至「相應」、「形著」等詞語，都在說明人可透過其仁心或良知與天道發生感應，將生生之德落實於道德行為中，成為天道之具體表現。由於性體涵括天道與良知，天與人的關係乃是「內容的意義」相同，這是天與人在主體面道德實踐上說之一，人真正直接創造的是道德行為，卻可藉由性體而在本質上、實踐上與天道或無限者「合一」。這種感而遂通的境界，是主體道德實踐上的印證，並不算是理論推導上的邏輯結論。

　　若以天人關係上人可同於天道為出發點，就理論說明而言，「實現物自身的創生」會較「本體宇宙論的創生」型態來得順適，更有利於解釋天人之所以同的理據何在。理由在於：「實現物自身的創生」雖然亦是道德主體實踐之工夫，天與人之同卻可以是理論推導上的邏輯結論。因為道德實踐的根據與存有論的根據都收於「良知明覺」之中，這種作用上的同，意味著人除了道德行為的創造之外，還因具有智的直覺而可實現事物之在其自

---

[46]　《心體與性體（一）》，頁 172-173。

己，亦即物自身，道德之事與存在之物即通過良知明覺而一時同
彰，客觀面的天道與主觀面的本心皆統合於此自由無限心之中，
天與人之同就無須性體之中介，不必透過道德意識的「擴大」、
「滲透」、「形著」天道予以印證。道德實踐中仁心之遍潤即同
時完成道德創造與物自身之實現，千變萬化的經驗性質則對應人
之感性與知性而顯。

順是，在以人可同於天道為核心命題的情況下，「實現物自
身的創生」因為可直接以概念內涵說明人與天、道德與存在之所
以同的理據，無須迂迴地以主體道德實踐之「擴大」、「滲
透」、乃至「形著」天道予以印證，在理論解釋上的確優於「本
體宇宙論的創生」。因為知體明覺之概念內涵已將道德創造與實
現存在通而一之，成為前提推導下之邏輯結論。證實天人合一的
方式，已不只是道德主體實踐上的印證，同時兼為哲學思辨上的
論證。或許此即牟宗三逐漸發展出「實現物自身的創生」詮釋之
因。[47]

正因如此，就理論發展而言，在「實現物自身的創生」型態
出現之後，牟宗三詮解宋明儒學、乃至道德的形上學之焦點就不
放在內容意義上的同，而在作用意義上的同，強調心即理之絕對

---

[47] 另外必須附帶說明的是，哲學理論之效應往往利弊互見，就人雖有限而
亦可無限的儒家主張來看，「實現物自身的創生」確有理論推導上較順
適的優點，但由於蘊涵天人之作用的同，無疑更凸顯了人之無限性的一
面，這個理論前提與注重人之有限性的哲學或宗教理論之對話、交流
或會通上，無疑會遭遇不小的阻力。在這方面，「本體宇宙論的創生」
因為僅表現出內容的意義上之同，更留意於人之有限性，對照於「實現
物自身的創生」，反而在對立性上不致那麼尖銳。

普遍性。此可證諸《從陸象山到劉蕺山》一書對道德的形上學之詮釋：

> 近人習於西方概念式的局限之思考，必謂道德自道德，宇宙自宇宙，心即理只限於道德之應然，不涉及存在域，此種局限非儒教之本質。心外有物，物交代給何處？古人無道德界，存在界，本體論（存有論），宇宙論等名言，然而豈不可相應孔孟之教之本質而有以疏通之，而立一儒教式的（亦即中國式的）道德界，存在界，本體論，宇宙論通而為一之圓教乎？此則繫於「心即理」之絕對普遍性之洞悟，何必依西方式的概念之局限單把此「心即理」局限於道德而不准涉及存在乎？[48]

在這段說明中，牟先生認為在討論中國哲學之特性時，要跳脫西方概念式思考，以辯證性的理解建立一種儒教式的（亦即中國式的）道德界，存在界，本體論，宇宙論通而為一之圓教，其依據則是孟子陸王一系「心即理」之絕對普遍性。此即是以心之道德的創造性「決定」天之創生萬物之創造性，藉以貫通道德界與存在界。儒家意義上的圓教亦可藉此予以解釋：

> 心外無理，心外無物。此即佛家所謂圓教。必如此，方能圓滿。由此，良知不但是道德實踐之根據，而且亦是一切

---

[48] 牟宗三：《從陸象山到劉蕺山》（臺北：臺灣學生書局，1993 年），頁 20。

存在之存有論的根據。由此，良知亦有其形而上的實體之
意義。在此，吾人說「道德的形上學」。這不是西方哲學
傳統中客觀分解的以及觀解的形上學，乃是實踐的形上
學，亦可曰圓教下的實踐形上學。因為陽明由「明覺之感
應」說物（「以其明覺之感應而言，則曰物」，見上）。
道德實踐中良知所及之物與存有論的存在之物兩者之間並
無距離。[49]

這段討論圓教的話正是一種作用上的同之論點。良知不但是道德
實踐之根據，亦是一切存在之存有論的根據，道德創造亦即實現
物自身的表現，良知作為形而上的實體將道德創造與創生存在涵
括在內。

　　在這樣的思路之下，牟宗三自然不再訴諸本體宇宙論的創生
之論點，以主客兩面的迴環解釋明道，以之為儒家圓教的模型。
反倒是轉而以智的直覺融攝明道的說法，在萬物一體的解釋上，
指出明覺之感應同於明道所謂仁心之感通：

陽明從良知（明覺）之感應說萬物一體，與明道從仁心之
感通說萬物一體完全相同，這是儒家所共同承認，無人能
有異議。從明覺感應說物，這個「物」同時是道德實踐
的，同時也是存有論的，兩者間並無距離，亦並非兩個路
頭。這個物當該不是康德所謂現象，乃是其所謂物自身。
從明覺感應說萬物一體，仁心無外，我們不能原則上說仁

49　《從陸象山到劉蕺山》，頁223。

心之感通或明覺之感應到何處為止，我們不能從原則上給它畫一個界線，其極必是以天地萬物為一體。這個一體同時是道德實踐的，同時也是存有論的——圓教下的存有論的。〔……〕這必是康德所說的人類所不能有的「智的直覺」之感應（康德不承認人類能有此種直覺，但良知之明覺，仁心之感通就含有這種直覺，這是中西哲學之最大而又最本質的差異點）。[50]

　　《從陸象山到劉蕺山》是牟宗三在完成《智的直覺與中國哲學》及《現象與物自身》之後，再度以宋明儒學為主題發表的著作。其中和以上這些引文類似的說法為數不少，與《心體與性體》中表現的思路已有微妙的差異。若以此推斷他在形成上述兩種創生型態的詮釋後，表現得較明顯的理論走向，則可以表述為：將性體與天道之客觀性收攝於良知或智的直覺之絕對性，而以「實現物自身的創生」為主軸，融攝「本體宇宙論的創生」之論點，作為詮釋道德的形上學之思想資具。

50　同上，頁 225。

第二部分　對　比

再論朱子歸入
自律倫理學的可能性

一、引言

　　在朱子，其工夫論聚焦格物窮理，而以所窮之理為標準，以定吾人之心氣情用。這種方式能否建立真正的道德主體性一向具有爭議。其在世時，就曾面臨問學者「恐有外馳之病」及象山「支離事業竟浮沉」的挑戰。當代新儒家的牟宗三與劉述先二先生也作如是觀。劉述先認為朱子格物「積累的乃是經驗見聞之知。在這裡找到條貫，翻上一層，成就的也只能是物理、化學、生物的系統科學知識，並不是朱子心目中所想的超越的性理之知」。「在經驗科學知識的層次上，無法建立起道德的本心，也無法建立起超越的形而上學」[1]。

　　依筆者之見，若說朱學缺乏孟子義的本心可，但朱子應會同意劉述先經驗科學知識無法建立道德本心的觀點。朱子雖不強調心與理一，所以偏向心覺知理、而非心即是理的道路。可是會成就經驗科學的只是朱子外求方面的步驟，這只是格物窮理的一部

---

[1]　劉述先：《朱子哲學思想的發展與完成》（臺北：臺灣學生書局，1995年），頁 526-527。

分，此外尚有內省之工夫。故朱子曰：「要之內事外事都是自己合當理會底，但須是六、七分去裡面體會，三、四分去外面理會方可。」[2]就內省工夫而言，是要人在應事接物或反躬自省之際反思「此心還是如何」[3]。探討此心之所以必惻隱、必羞惡、必辭讓的本質規律。而且在「脫然貫通」的「物格知至」階段，此心凝聚在清明如鏡、不偏不倚、無過不及的「明德」狀態，成就的絕非物理、化學、生物的系統知識。所謂「格物所以明此心」[4]，只要我們把格致工夫理解為：主要在使心與雜念、激情隔離，而不僅限於知識內容之累積，就更能突顯此意。[5]

至於牟宗三雖也將朱子工夫冠上「認知」或「順取」之名，仍肯定朱子所成就的是「德性之知」。因為其所格之理仍為一超越的、形上的所以然之「存在之理」。只不過這「理」是「但理」，無「心」、「神」之義的「只存有而不活動」之理，而非縱貫系統心神理是一的「即存有即活動」之理。牟宗三指出：「此種知雖須即物以致，卻並不成經驗知識。因其所窮之理無跡無相，為一為遍為常故，故曰德性之知。」[6]其稱朱學為「認知」或「順取」之路，當是針對後者分心與理為能所、為對與所對而言。據是，牟宗三對朱子的批評集中在其所謂心理二分、心

---

[2]　《語類》，卷18。

[3]　《語類》，卷15。

[4]　《語類》，卷118。

[5]　關於朱子內省與脫然貫通工夫的討論，請參見本書〈釋朱子脫然貫通說〉一文，特別是頁28-37的部分。

[6]　牟宗三：《心體與性體（一）》（臺北：正中書局，1968年），頁104。

性情三分的特性上，認為如此一來，朱子之心無法成為康德所謂自定自發律則的自律主體，而落入從對象中求取道德基準的他律型態中。此論點經過其高弟李明輝先生的發展，已更為詳盡。[7]儘管如此，這在新儒學內部仍有歧見，如李瑞全先生就持異議而倡言：朱學不但無法列入康德他律倫理學的任何一種型態中，並與後者同屬於牟宗三所謂「尊性卑心而賤情」的主體架構。遂而試圖為朱子在康德自律系統中找到一席之地。不論所持立場為何，可以肯定的是，「朱子是否可歸入自律倫理學」此論題，已成為朱學乃至儒學研究中不可輕忽過去的一環。

　　歷經考察此一論辯的過程後，本文所得的結論是：朱學與康德自律概念確實有所出入，而為康德意義下的他律系統。但卻意外發現其與謝勒「人格的自律」精神相近，同為以知定行的自律型態。而謝勒正是以此反對康德的自律概念。學者欲在某種意義下肯定朱子也可具備自律向度，若在「人格的自律」架構下做出說明，將更為順適妥貼。以下本文即對此論斷形成的來龍去脈作一交代。

二、自律與他律：朱子學之定位

　　眾所皆知，牟宗三在其鉅著《心體與性體》中，主要是以康德自由意志之「自律」概念來詮釋儒學。而康德所謂「自律」是

---

[7]　李明輝先生曾遠赴德國專攻康德倫理學，學成歸國後，致力於康德與儒家，尤其是孟子，王陽明的比較研究，其有關儒家與康德自律倫理學融通之論點，主要收錄在氏著：《儒家與康德》（臺北：聯經出版事業公司，1990 年）一書中。

指：

> 意志之自律是意志的特性，由此特性意志對自身即為律則
> （而獨立於意欲對象的任何特性）。因此自律的原則是以
> 如下方式做選擇：當你的意欲在做選擇時，其據以選擇之
> 格準（maxims），是作為普遍原則而包含在該意欲活動
> 中。[8]

對康德而言，意志的自律使意志自身成為發出普遍規律的能力，
它本身就是每個理性存在者的在道德上的唯一準則，不需要設想
任何其它動機或興趣作為其基礎。簡言之，「自律」即是意志依
自己所發的律則去行為，而非從任何對象中去尋求自身行事的規
則。若是如此，則成為「他律」。所以康德說：

> 如果意志在格準適宜成為意志自己所給予的普遍律則情況
> 之外，尋求對它具有決定作用的律則，因此如果它走出自
> 己，在任何它的對象之特性中尋求這個律則，他律總會因
> 而產生。[9]

職是之故，若人處於「自律」狀態下，就會宣稱「具有一種
意志，決不會僅僅屬於欲望和愛好，相反地，他會認為藉由此意
志，行動能以不顧及慾望與感性騷動的方式完成，而這是可能

---

[8]　Immanuel Kant: *Groundwork of the Metaphysic of Morals*. Trans. by Mary
　　Gregor. (Cambridge: Cambridge University Press, 1998), p. 47.

[9]　*Ibid.*, p. 47.

的，確切來說，這是必然的」[10]。在道德上，作主的只能是作為
實踐理性的意志自身，而非任何感性的需求乃至一般的「圓滿」
（perfection，或譯為「完美」）概念。牟宗三認為此「自律」
概念接觸到了「道德性當身之嚴整（莊嚴）而純粹的意義」[11]而
這正與儒學不謀而合。只不過康德是從「自由意志」講，中國傳
統則喜歡從「性體」講。「自由意志經由其自律性所先驗提供的
普遍法則是道德行為底準繩，而依中國傳統，則是主張先驗的普
遍的道德法則是性體之所展現」[12]。也就是說，儒家傳統所謂
「性」是指人之能自覺地作道德實踐之「道德的性能」或「道德
的自發自律性」。亦即作為「內在道德性」看的「道德的性能」
或「道德的自發性」，而「心之自律（autonomy of mind），康
德所謂『意志的自律』（autonomy of will），即是此種『性』」
[13]。像孔子說「有殺身以成仁，無求生以害仁」，孟子說「所欲
有甚於生，所惡有甚於死」以及「君子所性，雖大行不加焉，雖
窮居不損焉」，還有明道「得此義理在此，甚事不盡？更有甚事
出得？」都是表示一以內在之心性為標準，不以任何經驗存在的
利害考量為基礎，與康德同樣表現出「截斷眾流」的道德純粹
性。[14]

　　但在朱子，其「性」之內容與上述所謂「性體」有異。後者
之「性」是心性理為一者，「性」即是「理」即是「心」，故為

10　*Ibid.*, p. 61.

11　牟宗三：《心體與性體（一）》，頁 118。

12　同上，頁 119。

13　同上，頁 40-41。

14　同上，頁 119-121。

「即存有即活動」者；朱子雖亦言「性即理」，但反對心性為一，則仁義禮智之「性」無「心」之活動義，就成了「只存有而不活動」者。「性體」就不能「實踐地、自我作主地、道德自覺地挺立起（提挈起）以為道德實踐之先天根據，道德創造之超越實體」。因為朱子所謂「性」雖也是先天的、超越的，卻只是為心之所對，由心涵攝之以為標準，再發動成行為。這落實在道德實踐之工夫上，則是「由性體轉移至對於心氣之涵養以及由心氣而發之察識（格物窮理以致知），而性理自身則是無能為力的，只是擺在那裡以為心氣所依照之標準，此即為性體道德性道德力之滅殺，而亦是所以為他律道德之故」[15]。

換言之，牟宗三認為，由於朱子以心性為二，主體的心變成要接受外在的性之規範，以康德的話來說，人的意志無法自定自發律則，而只能以其對象──理──為標準，故為「他律」道德甚顯。

三、爭議的產生：朱學能否歸入自律型態？

（一）朱學為「關聯合一式」自律型態

針對牟宗三將朱子學劃歸為「他律」的做法，產生了不同的意見。如李瑞全先生在其〈朱子道德學型態重檢〉[16]（以下簡稱〈重檢〉）一文中，力陳朱學也可以是一種「自律」型態。他提

15　牟宗三：《心體與性體（三）》，頁478。

16　李瑞全：《當代新儒學之哲學開拓》（臺北：文津出版社，1993年），頁206-241。

出以下兩個主要論點：一是「依康德的自律道德與他律道德的原則上的區分來說，朱子應當屬於他律道德的一種，但是，就康德所謂窮盡一切他律道德型態的區域來看，朱子的系統也很難納入其中任何一種。由此可見，康德的這個區分，中間似乎有一個含糊的地帶，而朱子的系統也許正是落入這個未界定的地帶之中。」[17]其二，「朱子與康德在心性情的評價上實有相似的表現」，兩者都是牟宗三所謂「尊性卑心而賤情」的境界。[18]也就是說，二者對主體架構有相似的見解。基於這兩點，李瑞全嘗試將朱學列入康德的自律型態。以下我們就進一步探討這兩個論點。

　　首先要檢視的是朱子與他律型態的相符性問題。康德認為一切他律道德所依據的原則，可分為經驗的與理性的兩類，每一類之下又可包括兩子類。就經驗的原則而言，其基礎為「幸福原則」。這是根據人性的特殊構造或是所處的偶然環境而來的原則。又可分為「個人幸福」與「道德感」兩種。理性的他律來自「圓滿原則」。這是一種理性所設想的「理念」，故為超越於經驗的。也包括「存有論的圓滿概念」與「神學的圓滿概念」兩種。前者把道德寄托於理性所設想的最圓滿存有，後者則寄托於一最高存有的意志上。依康德之意，這四種原則可說涵蓋了一切他律道德的型態。[19]

　　李瑞全認為，從這四種他律的原則中，我們都難以發現朱學適合的類型。在朱子，道德標準是所謂「理」。這「理」：

17　李瑞全：《當代新儒學之哲學開拓》，頁 209-210。

18　同上，頁 207。

19　Immanuel Kant: *Groundwork of the Metaphysic of Morals*, pp. 47-50.

> 不是康德所指的依於人類感性的特殊構造而有的原則、因
> 為，性理正是要對治那只求私利，好利惡害的情欲。而
> 且，朱子雖然不像康德那樣排斥道德情感，但仁義禮智也
> 不即是道德情感，而是惻隱、羞惡、辭讓、是非諸情之所
> 以然之理。[20]

由這段話來看，李瑞全已排除了兩種經驗原則——「個人幸福」
與「道德感」——與朱學的關係。而在下一段話中，他進而否決
了朱子屬於兩種「圓滿原則」之可能性：

> 性理也明顯地不是指人之外或之上的存有或上帝。在朱子
> 的系統中，道德實踐自然要從事上磨鍊，要在人倫的日常
> 生活中格物致知，但卻也是無須外求於人性之外的存有
> 界。[21]

　　為慎重起見，李瑞全又特別挑出最容易與朱子混為一談的
「存有論的圓滿概念」，進行較詳細的討論。在康德，此概念是
指意志所可能達到的一個結果。是理性對人的能力之最高表現設
定出的一個「理念」，一種人可能達到的完美性。但正由於其只
是意志之可能結果，在吾人之能力做出最大的發揮與表現之前，
並無真實性，不能提供任何內容，故是空洞的。要避免此空洞
性，有兩種解決方式：一則將「圓滿性」與某種目的結合起來。

20　李瑞全：《當代新儒學之哲學開拓》，頁 209。
21　同上，頁 209。

但此舉將使道德行為只具有工具價值，而減損其絕對性；二則是把它關連著道德意識來說明，作為其內容。可是如此則形成循環論證，無助說明道德。所以康德說「在試圖從每個其它實在性與我們現在特別要討論的實在性做出區分時，它不可避免地會陷於循環論證，而難免會暗中把要解釋的道德概念作為前提」[22]。

基於朱子的性理既是道德的也是存有論的實在之特性，存有論的圓滿概念比其它原則更接近朱子。但李瑞全認為仍有兩個差別：

> 首先，依朱子的系統，性理固然是道德實踐的目標，但卻不是由道德實踐決定，反之，性理決定道德實踐的指向與實質內涵；其次，性理也不是如康德之理念那樣只投向一可能經驗之外的虛構的點，性理是可依於道德實踐而體現人生經驗之中的道德實在，如見於父慈子孝的行為中。[23]

如此看來，朱子之性理仍不能安置於存有論的圓滿概念之中。而且，為求完備，李瑞全又補充討論了康德在《實踐理性批判》中新提出的「理論意義的圓滿」概念。這概念可以意指「每一物在其自己種類中的完整性」（超越的圓滿）或是「一物只當作一物而觀之」之完整性（形而上的圓滿）。而前者意指一物種的理念或理型，後者則指任一物之物自身式的身分。兩者皆是超越而不內在的實體。但由於這兩者都是中性的，不具道德意義，要對道

---

[22] *Groundwork of the Metaphysic of Morals*, p. 49.
[23] 《當代新儒學之哲學開拓》，頁 212。

德有所決定，必待實踐理性以實之，故康德不欲多談此兩種圓滿性概念。有鑑於此，李瑞全指出，朱子之性理是道德的，而非中性的，也並非只是純「外於人的存有論的實體，性理即同時是人的本性，本所內具的道德原則。並不是理性向外求取的對象或原則。」[24]因此，朱學還是無法歸入這兩種他律型態中。

其次，我們要討論的是〈重檢〉中對朱子與康德二者之主體架構的說明，亦即二者同為「尊性卑心而賤情」的論點。將朱子之「性理」對照於康德之「意志」，李瑞全認為二者在功能上「同是純理而無任何感性成素混雜」，而且從兩者所決定的道德法則來說，性理與意志都是「純粹至善而無所謂不善者」。在存有論的身分方面，「意志」可再分為「意志」（法則的制定者，即自由意志）與「意念」（法則的抉擇者）兩者。前者作為自由意志，兼具物自身的身分，故與朱子之性理在存有論的地位上相應。且朱子之性理是「人性中所根本自有，是性所自具本具的。在這一點上，朱子與孟子陸王並無差異。孟子陸王也是以仁義禮智為心性所本具自具，不待外求的。」[25]套用康德的用語，可說朱子之性理「乃性所自發自立的道德原則」[26]。

就心性關係而言，朱子之「心」在經由涵養察識之後，方可

---

[24] 同上，頁 214。

[25] 就心自具本具理這一點，以強調朱子論心與性、理的關係雖與陸王「心即理」有所不同，但也關係密切，不見得可以截然分為二。除了李瑞全先生之外，楊祖漢先生也有類似主張。參見楊祖漢：〈牟宗三先生的朱子學詮釋之反省〉，《鵝湖學誌》第 49 期（2012 年 12 月），頁 186-187。

[26] 《當代新儒學之哲學開拓》，頁 219-220。

具性之理而依之發為行動，性理本身不能直接發動道德行為。而康德的自由意志也只是法則的訂立者，而非執行者，執行的機能落在道德情感與意念上。在這點上，二者有異曲同工之妙。故李瑞全斷言「朱子之心與康德之意念均為中性的，均有待外於它的道德原則作為完成道德行為的根據。」[27]就「情」而言，儘管在朱子與康德二者系統中功能各異，朱子之情可作為道德抉擇的知是知非的良知，但在後者，道德情感則只能發動意念，作出道德的選擇，而不直接具選擇功能，但二者之情同為經驗層則無疑。綜合以上三點，朱子與康德在主體架構上的主要差異在於：「朱子把行動的樞紐與行動的法則分隸兩個機能，即心與性，而康德則把這兩種功能統屬於一個機能，即意志機能之內。」[28]但這種差異是表面的，因為「衡諸意志與意念之差距，例如立法與選取的功能差異，意志之為純善的，只提出道德的法則，而意念則為中性的，是行動的中心等等，強名之為同一個機能之兩個面向，實無異於朱子之心與性之差距。」[29]

　　總括朱子之不能劃為康德列舉的一切他律型態，以及朱子與康德在主體架構中的相似之處，李瑞全判斷朱子的型態實較接近於康德自律型態的一端，而與他律道德不符，故稱朱子康德為「關聯合一式」自律型態，而異於孟子陸王的「自體同一式」的自律型態。[30]

---

[27]　同上，頁 221。
[28]　同上，頁 221。
[29]　同上，頁 222。
[30]　同上，頁 223。

（二）朱學為「客觀的內在原則」之他律道德

　　對〈重檢〉所提出的論點，李明輝先生也於〈朱子的倫理學可歸入自律倫理學嗎？〉[31]（以下簡稱〈李文〉）一文中予以回應。就〈重檢〉根據朱子不能劃分為康德他律中任一型態，所以主張在自律他律之間有一「含糊地帶」，進而提議修改康德自律概念的作法，〈李文〉指出：第一，就算康德對他律的劃分並未窮盡一切可能性，也不足以證明自律他律之間有一「含糊地帶」。因為「在康德哲學中，自律與他律底區分是基本的區分，而他律原則底區分則是次級的區分。」可以說，〈重檢〉一文頂多只證明了康德在「他律」的劃分上有「含糊地帶」。但這不能影響到自律他律的基本區分。第二，康德的自律他律之分，係基於嚴格的二分法，決不容有中間的「含糊地帶」。康德所謂「自律」是道德主體（意志）之「自我立法」。以自律為根據的實踐原則必不預設任何目的或對象，故又稱為「形式原則」，相反地，若是在對象中尋求根據，則是「他律」，故又稱為「實質原則」。如此一來，「一切倫理學若不歸於自律型態，即歸於他律型態」，並無第三種可能性。[32]〈重檢〉重新界定自律概念的作法，可以是個人的創見，但「並無理由據此反對康德底區分。他只能考慮要不要採納康德的區分，而無理由要求康德重新釐定其區分。」[33]質言之，〈李文〉強調「改造」與「詮釋」之間要有所簡別，不能以「詮釋」之名，行「改造」之實。

31　此文亦收入《當代新儒學之哲學開拓》一書中，頁 226-233。

32　《當代新儒學之哲學開拓》，頁 227。

33　《當代新儒學之哲學開拓》，頁 228。

　　在朱子康德同為「尊性卑心而賤情」這一點上，〈李文〉指出，這是屬於哲學人類學的範疇，但康德講「自律」是以「倫理學的原則論」（ethische Prinzipienlehre）之層面而言。[34]依〈李文〉之見，要判斷朱學是否屬自律型態，只要考慮「在朱子系統中的道德主體是否為道德法則（理）底制定者？」就康德而言，道德主體是嚴格意義的「意志」（相對於「意念」而言）。但朱子之「心」與「性」兩概念皆不足以擔當道德主體的任務。就「心」而言，其乃屬於經驗的、中性的、可善可惡之氣之靈者。故不可能是立法者。而後者則「只是理」，而且「非道德主體所制定之理，而是存在之形上根據；它落在個體上，即為其性。甚至仁義禮智等道德之理，他也如此去理解。」但是與「意念」相對而言的「意志」是「以理體或物自身底身分立法的道德主體」，並非如〈重檢〉所謂「康德之意志則介乎現象與物自身之間，其身分是游疑不定的。」[35]故康德所謂「意志」既不同於朱子之「性」（因性不具主體之能動性）也異於「心」（因理對心而言是外在的、超越的）。

　　其次，〈重檢〉依據朱子「心本具理」的說法，認定性理即是人本所內具的道德原則，因而「性即理」與孟子陸王並無差異，這也不能成立。因二者所肯定的「仁義禮智皆心性所本具自具，不待外求」之意義不同。在後者，「性即理」意指「本心即性即理」，故涵道德主體之自我立法，亦即自律之義。可是在朱子，「心」「性」皆無立法者之功能，故不能與孟子陸王混為一

34　同上，頁 228。

35　同上，頁 230。

談。[36]

最後，〈李文〉提出如下論點：朱子與吳爾夫為同一型態，因而可歸於康德所謂「客觀的內在原則」的他律道德。所謂「客觀的內在原則」，亦即前面提到的「圓滿性」概念。誠如上述，這概念本身並無內容，故陷於空洞。欲除此弊，不是要關連一目的或對象（但這樣道德只具有附屬的工具價值），就是訴諸吾人的道德意識（但如此又陷於循環）。〈重檢〉認為朱子與這種型態不同，而〈李文〉認為「朱子底『太極』與吳爾夫底『圓滿性』有異曲同工之妙，均是以形上原則充當道德原則，形上之理與道德之理不分。」[37]故二者具有相同的困難。〈李文〉指出：

> 如果說朱子底性理並非由道德實踐所決定，而毋寧可決定道德的指向和實質內涵（此所以避免循環論證），則我們要問：這種決定如何可能？〔……〕在朱子心、性二分的間架中，心只能認知地賅攝性理，而無法創造地決定其實質內涵，故須另謀解決之道。然而，朱子也不能像吳爾夫那樣，由一項特定目的推衍出性理底實質內涵，因而犧牲道德底絕對性。膡下的唯一出路只有像李（瑞全）先生所說，「依於道德實踐而體現於人生的經驗之中」。但這樣一來，豈非又使朱子陷於原先所要避免的循環論證？[38]

經由以上這幾點反駁，〈李文〉認為〈重檢〉修訂康德自律

36　同上，頁 229。

37　《當代新儒學之哲學開拓》，頁 229。

38　同上，頁 233。

概念來為朱子定位的用心是白費了。

四、兩造意見之平議

　　現在筆者嘗試對〈重檢〉與〈李文〉雙方之論點作進一步析論。首先，就朱子是否能歸入康德「圓滿性」他律型態問題，〈李文〉認為朱子與吳爾夫一樣以形上之理充當道德之理，故同樣空洞，無法決定道德的實質內涵；而〈重檢〉指出，二者雖在形上與道德之理不分這一點上相同，但性質仍有異。康德「圓滿性」他律型態之內涵須由道德實踐決定，朱子之性理卻可決定道德內涵。因性理即是人的仁義禮智之性，本當具備道德內涵。衡之朱子的說法，〈重檢〉顯然較具說服力。朱子之「性」，就其為「理」言，自然是形上的所以然之理，在此自是具有形上意涵；但其也有作為仁義禮智之性的面向，是人之道德行為之所以然之理。所謂：「如事親當孝，事兄當弟之類，便是當然之則。然事親如何卻須要孝，從兄如何卻須要弟，此即所以然之故。」[39]就朱子而言，若無此性，絕無道德行為之產生，所以此「性」不但不是由道德實踐決定，反而作為道德實踐之依據。

　　〈李文〉的切入點可能是：朱子之「理」既為一無跡無相淨潔空闊的世界[40]，那麼，對理的體認自然也是不能有內容的（吾人自可質問達到此認識的「工夫」之優劣，但現下的問題是此認識本身的「性質」為何）。但所謂「內容」可從兩方面來看。一

39　《語類》，卷 18。
40　《語類》，卷 1。

種是概念內容，一種是意識或心靈內容。對朱子之「理」的認識自然不是前者，因其有曲折、有增減故。但在意識或心靈狀態中掌握「理」，才是朱子所強調的。故朱子嘗言「格物致知」為「明明德」之工夫，而「明德」正是一種如鏡般清明澄淨的心靈狀態。所謂「鏡猶磨而後明。吾人之明德，則未嘗不明。」[41]而這也就是仁義禮智之「性」的實質內容。能常貞定在此心境，則發之為情、為行動，則必是道德行為。故朱子強調「明德是自家心中具許多道理在這裡，本是個明底物事，初無暗昧。人得之則為德，如惻隱、羞惡、辭讓、是非，皆從自家心裡出來」[42]。四端之情皆從此明德之「心裡出來」。可見朱子之性理，雖無概念內容，但具道德意識之內容，故可作為道德標準則無疑，與吳爾夫之「圓滿性」概念不同亦可定，此種他律原則實不適用於朱子。

　　但是，誠如〈李文〉中所言，由於四種他律道德在康德只是次級的區分，即使朱子不能歸入其中，也不足以影響其更基本的自律他律之分。而李瑞全的回應是：他之所以重訂康德之自律，一則基於朱子與他律原則相左，二則也由於朱子與康德在主體架構之類似。[43]所以我們還要再檢視這一主體架構問題。而且，由

---

[41]　《語類》，卷 14。

[42]　《語類》，卷 14。關於朱子之理為無跡無相，以及不能由概念內容，而須由意識內容體證朱子之理，請參見本書〈釋朱子脫然貫通說〉頁 18-28 的相關討論。

[43]　此乃李瑞全先生在〈敬答李明輝先生對「朱子道德學型態之重檢」之批評〉一文所特別強調的。此文亦收入《當代新儒學之哲學開拓》，頁 234-241。

於在心與情兩者上並無爭議，故我們將集中討論朱子之性理與康德之意志的異同。

在〈重檢〉一文中，李瑞全提出朱子之性理與康德之意志有諸多相似之處。在功能上，兩者同為「純粹至善而無所謂不善者」，「同是純理而無任何感性成素混雜」。在存有論的身分上，自由意志與性理亦同屬先驗層。而且在心性關係上，性理與意志同為法則之訂立者，而非執行者。所以就性理與意志而言，兩者實在非常類似。雖然康德把意志與意念視為同一機能之兩面向，但與朱子之判性與心為兩個機能實只有表面上的差異。而且，〈重檢〉指出，朱子將性心分屬形而上下的作法，實較康德把意志說得介乎現象與物自身之間來得明確。儘管〈李文〉指出，在康德《道德底形上學》一書之初稿中，是將意志與意念底關係理解為「理體」（Noumenon）與「事相」（Phenomenon），所以也是形而上下二分的。但是：首先，「此說只見於初稿而不見於定稿中」[44]，故不能代表康德最後的意見；同時，「意志又是實踐理性，與純粹理性是同一個理性的不同表現而已，而純粹理性明顯地是在現象界活動的一個機能。」[45]那麼，若實踐理性屬於物自身界，則《實踐理性批判》之名就不適當，因在康德，物自身是不能批判的。其次，如果康德真把意志與意念截然二分。其形態就與朱子更接近，更有利於〈重檢〉一文的主題。[46]

依筆者之見，在意志的存有論身分上，李明輝的解釋實較符合康德文本。首先，就康德而言，每個理性存有者的意志是必須

---

[44]　《當代新儒學之哲學開拓》，頁 237。
[45]　《當代新儒學之哲學開拓》，頁 238。
[46]　《當代新儒學之哲學開拓》，頁 238。

被視為制定普遍法則的意志。[47]，此足為意志之形上面向的佐證。因康德承接休姆（David Hume）的思路，認為普遍性是在先驗而非經驗中存在的性質，意志之普遍性正反映了其先驗的形上性格，即使康德並未明言意志具形上身分亦無妨。其次，意志雖也具有實踐理性之身分，而不可避免地作為在現象中活動的理性面向。但康德在《實踐理性批判》之導論〈關於實踐理性批判的觀念〉中提到：理性在實踐方面的運用，有「純粹的」與「被經驗制約的」之分，前者單憑自身就能決定意志，後者則是在經驗條件影響下才成為決定意志的動機。而批判的對象應是後者，而非前者。康德指出：

> 如果此時我們能夠找到根據來證明，這一特性（譯者註：自由）事實上屬於人類意志（當然也屬於所有理性存有者的意志），那麼，我們不但能夠揭露「純粹理性可以是實踐的」此一道理，而且唯獨純粹理性在實踐上不受任何限制，而被經驗制約的理性則並非如此。這表明，我們批判的對象不必再是純粹實踐理性，只須針對受經驗制約的實踐理性即可。[48]

在現象中活動的理性面向，事實上只涉及「被經驗制約的」的理性意志，而這並非作為物自身的純粹理性。透過康德以上的說明，可以肯定批判並不會及於作為物自身之純粹實踐理性，亦不

---

[47] *Groundwork of the Metaphysic of Morals*, p. 41.

[48] Immanuel Kant: *Critique of Practical Reason*. Trans. by Mary Gregor. (Cambridge: Cambridge University Press), 2015), p. 12.

致使《實踐理性批判》之名不當。

　　再來，李瑞全認為就算〈李文〉所說為真，這正突顯了康德之意志與意念為不同機能，則更近於朱子，也更加強了〈重檢〉論點的說服力。是否如此，則須進而討論朱子性理之內涵。質言之，〈重檢〉討論主體架構的核心，是以朱子之心性為人之兩個不同的機能，故心性雖二，但就人之整體而言，心仍是遵行自己所自由訂定的道德法則，故所成就的行為仍然是自律的道德。當然，如果朱子之「性」是道德法則的制定者，則即使心性情不一，仍近於康德所完成的哲學體系。李瑞全以上論斷是基於「性自具本具性理」的前提，此當是依據朱子「性是太極渾然之體，本不可以名字言。但其中含具萬理，而綱理之大者有四，故名之曰仁義禮智」[49]這類說法而來。但朱子在這種情況中論「性」，是強調其為「太極渾然之體」的身分，用意在藉由「含具萬理」以解釋「理一分殊」的概念。類似的說法還有所謂「性即太極之全體」。是要討論性理之一與多的關係，以解釋周濂溪「五行之生也，各一其性」的命題[50]。所謂「萬一各正，小大有定，言萬個是一個，一個是萬個。蓋統體是一太極，然又一物各具一太極」[51]。凡當朱子將性理與太極聯繫在一起討論時，都是在發揮這種「理一分殊」的思路，而非理乃由心所自定之論點。

　　此外，朱子說「性只是此理」[52]，而非「性」可發出理，並無「性」具備主體之能動性的說法。「理搭在陰陽上，如人跨馬

49　《文集》，卷 58，答陳器之書。

50　《文集》，卷 61，答嚴時亨書。

51　《語類》，卷 94。

52　《語類》，卷 5。

相似」告訴我們真正在動的是氣化層面的心，而非理。「動處是心，動底是性」[53]在強調「性」是心得以存在發用的所以然之理，並非「性」如陸王之本心可自定自發理。至於「性只是理，情是流出運用處。心之知覺即所以具此理而行此情也。」[54]在說明性理是吾人的道德標準，心可知覺理並依以行之而發為情。這解釋了朱子為何說「合如此是性，動處是情」[55]。可見「性」並不能充當立法之道德主體。李明輝據此斷定朱子系統中並無相應於道德主體的概念。以及牟宗三指出朱子之性理是「存有的性理」，「性不是人之機能」[56]等等，就朱子文本來看，實為站得住腳的論斷。朱子的「性」與康德的意志並不相同，二者理論在哲學人類學的架構上還是具有差異的。

可以說，〈重檢〉與〈李文〉雙方的基本立場並不相同。前者是要以康德實際完成的理論架構來重訂其自律概念，以收納朱子於康德之自律系統中；後者是要貫徹康德的自律概念，保持自律他律的嚴格二分性，並點出朱子與自律系統的差異所在。在檢視雙方的論述內容之後，發現〈重檢〉前提之一的「朱子不屬於康德任何他律型態」雖成立，卻因朱子與康德二者主體架構的差異，導致〈重檢〉的第二個前提無效。只要朱子之「性」不能成為道德原則之立法者，則與康德之自律型態亦必扞格不入。因不論是就自律原則，或是康德實際完成的體系而言，意志之為立法

53　《語類》，卷5。

54　《文集》，卷55，答潘謙之書一。

55　《語類》，卷5。

56　〈「朱子道德學型態重檢」後記〉，《當代新儒學之哲學開拓》，頁241。

者是無庸置疑的。所以即使李瑞全在接受牟宗三「朱子之性不是機能」的意見之後，修正朱子之「性」只為「行動機能所依以行之道德法則」，僅就其作為心之活動的道德原則，而與心為同屬於一身的條件下，定朱學最薄弱的一種自律型態。也終究是對康德自律概念的一種改造，而與康德原意有所出入。

五、朱學作為另一種自律型態的可能性：
謝勒論「人格的自律」

經由以上的分析，可知要把朱子納入康德之自律型態是困難重重的。其中之關鍵為：朱子說統中並無相當於康德道德主體之概念，然而，不論是就「倫理學的原則論」下的自律他律之基本區分，還是就康德實際完成的哲學人類學架構，皆無不肯定自由意志為道德立法之主體，這乃〈重檢〉論點難以在此突破之主因。而且在承認朱子之「性」並非人之「機能」的更動下，李瑞全視朱子性理為與心同屬一身的道德原則，而為最薄弱的一種自律型態，但這已不是康德義的「自律」型態，頂多只能算「自願」型態，故筆者稱此為一種改造。而這種走向，事實上已接近謝勒（Max Scheler, 1874-1928）對自律的另一種詮釋，亦即其「人格的自律」（the ethical autonomy of the person）概念。康德的自律強調真正的道德應是意志之自我立法，這不禁令人有主觀主義之聯想。因這說法似乎蘊涵「他人的道德原則或意見不能作為自己的道德標準」。謝勒正是如此理解而稱康德之自律為「主

觀主義的解釋」[57]（subjectivistic interpretation），並以其「人格的自律」取而代之。

　　所謂「人格的自律」又可分為兩種，分別是「道德洞見的自律」（the autonomy of moral insight）及「意願行善的自律」（the autonomy of a person's willing the evidently good）。前者是「直下對何者為善的完全適當之洞見」（相對於他律的一無所知的意願）；後者是「自願依既有的善惡概念去做的意願行為」（相對於他律的受感染或左右的被迫意願）。[58]依謝勒之意，由於康德未分辨這兩種自律，使善惡只由某個理性人格的自我立法決定，排除了對其它人格體現的自律行為之價值內容的服從，故為「主觀主義」。因為在謝勒看來，具有「自律的意願」的人格並不一定有「自律的洞見」。有些人格具有直接當下的、充分適當的自律洞見，有些人格只有間接的、不充分的善惡概念，此時後者就要服從具有自律洞見的前者。但只要「服從的人並非只因別人意願什麼，他就跟著意願什麼」，則在「自律的洞見」方面雖是他律，但在「意願」上仍是自律的。所以謝勒說：「服從在意願上可以是自律的，只要他明白地根據要服從的意志。」然而在康德，這只是他律。謝勒的立場是：我們常能發現到「其它人格具有道德上優於我的個人特質」，故對其服從也具有道德價

---

[57]　誠如前述，既然康德認為每個理性存有者的意志是必須被視為制定普遍法則的意志，就不再是主觀、殊異與相對的經驗性個別主體。謝勒在此對康德顯有誤解。

[58]　Max Scheler: *Formalism in Ethics and Non-Formal Ethics of Values*, Trans. by Manfred S. Frings and Roger L. Funk. (Evanston: Northwest University Press, 1973), pp. 495-499.

值。可是依康德的自律概念，「將會排除所有道德教育和指示，道德服從的觀念，遵循善人所立之典範，以及在與上帝『愛的結合』中的意願之統一，而皆視之為他律。」[59]

　　事實上，謝勒對康德的這些批評實包含不少誤解。首先，康德之自律要求自由意志充當道德之立法者，這立法者作為實踐理性自然具有「人格」（person，或譯「位格」）的身分。但在同樣的「人格」之名下，康德設想的與謝勒卻是兩樣東西。後者的「人格」，正如弗林斯所說，是「獨一無二的、作為所有精神行為（包括情感與意願行為）中心的具體統一體，其中貫注了個體特有的性向。」[60]因而是有個別差異性的，所以在道德的洞見上有高低之分。而人格在康德的理解中與道德洞見無關。它只是立法者，所立的也只是形式的無上律令，沒有任何內容上的差異，因此也無高低之分。而且，如上述，立法者必是「普遍的立法意志」，其性質異於謝勒的「個別人格」，反倒接近其「在團體中的每個人之同一人格性」[61]概念。因此康德不是未分辨兩種自律，而是在其架構中，自由意志是立法者不是認識者，遂無法說「道德洞見的自律」。

　　康德之「意念」作為抉擇者與執行者，則能做到謝勒所謂「意願行善的自律」。在這意義下，康德一樣可以談服從，而且只要服從的是合乎無上律令的普遍法則，亦不失自律。關鍵只在

---

[59]　Max Scheler: *Formalism in Ethics and Non-Formal Ethics of Values*, pp. 499-501.

[60]　Manfred S.Frings, *Max Scheler: A Concise Introduction into the World of a Great Thinker* (Milwaukee: Marquette University Press,1996), p. 94.

[61]　*Formalism in Ethics and Non-Formal Ethics of Values*, pp. 497.

意念依之而行的格準是否為普遍的道德法則，答案若是肯定的，就是自律。與此格準來自現實世界中的我或他人無涉，也不會排除道德教育與典範的示範作用。

質言之，康德和謝勒所提的是兩種不同的自律。前者的自律是「自願依先驗主體所立之普遍道德法則而行」，後者則是「自願去做被視為（不論是我或他人）有道德價值的行為」。而這種歧異實來自於對價值性質的不同理解。謝勒認為價值是客觀自存的，故只能認識，遂有道德洞見上的差異；康德以意志之立法為善惡標準，自律只能立基於對普遍法則的遵循。就謝勒來講，康德為主觀主義者；以康德而言，謝勒主張的仍是他律道德。由於基本立場不同，互相的批評不啻請君入甕，不見得相應。

儘管如此，我們還是能從謝勒的自律概念上得到靈感，亦即：如果一定要將朱學歸入「自律」型態，則謝勒「人格的自律」概念應當是最適宜的選擇。雖然在主體架構上，謝勒賦予某些情感先天的地位，而朱子一律視之為經驗性質，但撇開此哲學人類學的差異不談，雙方在「倫理學的原則論」方面實相近。謝勒以價值為客觀的獨立自存者，而由精神性的情感來察知。這與朱子同樣屬牟宗三所謂「以知定行」的倫理學。故謝勒能為「道德洞見的自律」留下一席之地，且正與講「心具眾理」的朱子遙相呼應，這種說法在主體自定自發律則的康德及牟宗三的自律系統中是不需要的。至於「意願的自律」則一向是儒學，包括朱子所強調的重點，孟子所謂「沛然莫之能禦」，明道所謂「活潑潑地」，朱子所謂「理不是面前別為一物，即在吾心。人須體察得

此物誠實在我方可。」[62]都可表現這種自律。李瑞全對朱子的自律定位嘗試，如果落在謝勒的架構中討論，情況勢必將完全改觀。

六、結語

　　牟宗三先生判定儒家倫理學屬於康德意義下的自律倫理學型態，其核心要點在於儒家論心，乃可自定自發普遍道德律則的道德主體。但朱子以心具理知理的工夫論，將心與性理劃分為二，而與陸王心即理的入路有所不同，被判定為以知定行的型態，因此無法歸入自律倫理學之中。依本文所做的分析，朱學雖然不能被納入康德所舉例的四種他律型態中，但也的確因為心是依理發為情，而理既非心、也非性所定所發，遂而系統中並無可自定自發普遍律則的道德主體，故不能視為康德的自律倫理學。但在謝勒的「人格的自律」概念中，朱子學則可找到一席之地。雖然雙方對情感是否為先天普遍的看法不一致，但都屬於「以知定行」的倫理學。謝勒以價值感直觀到的客觀價值為行事標準，朱子格物致知所得之理，藉由誠敬存之，成為吾人修身行事之依據。這在謝勒兩種自律型態：「道德洞見的自律」與「意願行善的自律」中皆可得到共鳴。如果要將朱子歸入自律倫理學，理想的對應理論應是謝勒「人格的自律」，而非康德意義下的自律倫理學。

---

62 《語類》，卷九。

「同一性」、「道德動能」與「良知」：中西倫理學對話之一例

一、引言

　　中國哲學之主要論題為引導人生之實踐問題，而在實踐過程中，對自我之主宰性及超越性有深刻的領悟與體會，勞思光對此表示：「道德哲學中這一部分成績也代表中國哲學中最有價值的一部分，我們看未來中國哲學的發展，可以很有把握地說，這一方面的成績稍加清理，必可成為未來世界哲學中的重要部分。」[1]勞氏認為首要之務則須建構一種後設哲學的理論，將西方哲學把一個理論之「理論效力」（theoretical power）僅限於「解釋效力」（explanatory power）的框架予以擴充，加上「指引效力」（orientative power）的概念，並在指引效力觀念下，發展一「心靈哲學」──包括道德哲學及文化哲學，使中國傳統的心性論轉為現代化的型態。則中國哲學的精要，即可作為一種指引的哲學而在世界哲學中佔有一席之地。[2]

---

[1] 勞思光：《虛境與希望》（香港：香港中文大學出版社，2003 年），頁 21。

[2] 同上。依勞氏之說明，「解釋效力」是指知道甚麼以尋求確定知識之有

　　揆諸勞氏之意，在於對中國哲學從事一後設思考，強調可以藉由其中有關道德自我之洞見，參與西方倫理學與心靈哲學之對話，藉以在世界哲學中找到確切的定位。若視此論點為值得努力的方向，接下來的問題就是：如何找到一個適當的切入點，一個可以在此著力的議題。筆者以為，「道德動能」（moral agency）概念，可以作為一個適當的選項。

　　近年來西方康德哲學研究逐漸擴及新的論域。具代表性者如美國學者 Christine Korsgaard 著重以道德行動者（moral agent）概念詮釋康德倫理學，進而探索結合其與亞理斯多德對德性（virtue）的理論說明之可能性，並將行動能力（agency）概念應用於心靈哲學之討論，以此為論據反駁 Derek Parfit 解消自我同一性（personal identity）[3]的觀點。本文將分別從四個角度：何謂自我同一性？意識之分隔或統合，外力介入或自我選擇，從理論或實踐立場看待人，藉以分析這場論辯。究其要，Korsgaard 發揮的是康德從理論理性與實踐理性雙重面向來看人的進路，指出要同時從理論與實踐兩種立場對人進行分析。從理論面來看，行為可以被視為經驗，注重的是對人的自然面之解釋與預測；就實踐面而言，行為必須有行動者，所謂同一性，正表現在人的意識統一性，以及身為道德行動者之行動能力[4]與選擇自由上，而

效性；「指引效力」則是成為甚麼以作為立身處世引導的有效性。

[3]　除自我同一性之外，personal identity 亦可譯為人格同一性。筆者在此之所以採用前一中譯，主要由於在本文的論述脈絡中，personal identity 乃針對個別主體或個別自我而言，以自我同一性的譯名貫串全文，較能突顯與呼應本文之主旨。

[4]　"agency" 一語乃表述「行動或運用力量之能力、條件或狀態」（the

不必涉及任何形上學自我實體之討論。而且同一性並非先天的既定存在，而是經由這種選擇與行動過程自我建構而成。

質言之，儒學入世的化成精神，實已肯認某種主動實現理想的道德動能與行動者，並在此層面上提出諸多說明，其中不乏可與 Korsgaard 互通有無之處。王陽明的「良知」之說即是其中一例。良知正是一種可進行選擇、判斷與實踐的道德動能，可以檢視人自身的動機、欲望與行為，表現出道德上的統合與主宰力，提供一種道德實踐層面的自我同一性解釋。[5]

不過必須注意的是，在陽明對良知的討論中，道德自我同時具有倫理學與形上學的雙重角色，Korsgaard 則極力避免涉入形上學之論證爭議。這導致雙方對道德動能界定上的存有論差異，也成為彼此對話交流中必須予以正視的問題。

---

capacity, condition, or state of acting or of exerting power; cf. Merriam-Webster Dictionary）中文可譯為能動性，主動性等。筆者在此採取「行動能力」或「動能」兩種譯法而交替使用。當 "agency" 單獨出現時，譯為「行動能力」；而將 "moral agency" 譯為「道德動能」，以免譯名過度冗長。兩者在本文中意義並無差別，皆指涉人藉以行動、選擇、判斷的統合能力。這也是 Korsgaard 討論 agency 時使用的主要意義。

[5] 必須附帶說明的是：本文從道德層面論證自我同一性，用意只在點出其為可訴諸的進路之一，並非斷然排除從其它層面說明自我同一性之可能性。且基於筆者研究方向乃在倫理學領域，出於專業分工之考量，只能將焦點鎖定在倫理學及道德層面立論。依筆者之見，論者實可對從藝術或認知等其它層面揭示自我同一性保持開放態度。然而這項工作則有待與此相關專業研究者之投入，方可竟其功。

二、道德動能與自我同一性

（一）論辯一：何謂自我同一性？

效益主義者（utilitarian）Derek Parfit 藉由對自我同一性（personal identity）的化約論（reductionism）觀點，論證效益主義（utilitarianism）之合理性。[6]根據這種化約論觀點，人是由大腦與身體以及一連串的物理及心理事件組成。若主張人是與這些物理或心理事件「有所區隔的存在實體」（separately existing entities），自我同一性不只是物理或心理的連續性，而是與其有所區隔的進一步事實（a separate, further fact），則為非化約論者（Non-Reductionist）。Parfit 的立場是反對這種非化約論，並指出：

> 關於個別自我（person）可以區分出兩種觀點。就非化約論者而言，自我是有所區隔的存在實體，有別於其大腦、身體與經驗。此觀點最為人所知的版本，是指自我即為「笛卡兒式的自我」（Cartesian Ego）。從我所辯護的化

---

[6] Derek Parfit: *Reasons and Persons* (N. Y.: Oxford University Press, 1984), pp. 313-335. 例如 Parfit 認為依據化約論觀點，自利理論（self-interest theory）的「同等關切要求」（對未來一切應同等關切，不能只在乎眼前）有其盲點，因為隨著時間流逝，心理連結會日益薄弱，對未來之關心度於是減少。接受化約主義的效益主義者也會認為義務論所在乎的分配正義原則不具重要性，因為「生命之內」（within lives）與「生命之間」（between lives）已無差異，從這種「中立於行動者」（agent-neutral）的立場出發，人我之分已失去意義，分配也就無關緊要了。

約論觀點來看，自我是存在的，自我也有異於其大腦、身
體與經驗。但自我卻不是有所區隔的存在實體。歷經任何
時段之自我的存在，乃包含其大腦與身體之存在，其思想
之運用，其行動之作為，乃至許多其他物理與心理事件之
發生。[7]

嚴格來說，Parfit 可以同意所謂的「自我」（person）之存
在，但反對自我乃非化約論者意義下的自我，尤其是「笛卡兒式
的自我」。若要說「自我」，其確義則是：

1.人並非有所區隔的存在實體，而是大腦與身體以及物理、
心理事件之存在。

2.所謂「自我同一性」包含的乃是一種關係（Relation-
R）。這種關係是在沒有其他人與我們具有相同的過去經驗連結
的情況下，經由正常起因或任何起因所導致的心理連結或心理連
續性。[8]

整體來看，Parfit 的論據主要建立在對心理現象的描述、說
明與預測上，並未進而追溯這些現象的可能性條件或依據，方據
此斷言經驗主體只是一連串的物理及心理事件，而非任何實物。
[9] Korsgaard 則認為，要是我們繼續探問這些心理現象的可能性
條件或依據，就會知道行動能力正表現出一種「自我」的特性：

〔……〕從道德的觀點來看，行動能力不可化約為純粹經

---

[7]　*Ibid.*, p. 275.

[8]　*Ibid.*, pp. 216-217.

[9]　*Ibid.*, p. 223.

驗形式，這一點實屬重要。其重要性在於，我們對什麼是
自我的觀念，係牢牢建立在我們對自己作為行動者的觀念
上。關於自我同一性問題，我的論證與 Parfit 在「理性與自
我」一書中的觀點相對立。我相信 Parfit 的論證主要建立
在，將自我視為經驗的發生現場（a locus of experience），
將行動能力當作經驗的一種形式。若是我們把人主要當作
行動者，在有關自我同一性的本質與其道德意涵這兩點
上，就會獲致截然不同的結論。[10]

從這段話可得知，Korsgaard 特別從道德的角度出發，反對 Parfit
只從經驗角度看人的觀點，並指出人作為行動者，其行動能力不
可以被化約為純粹的經驗形式，所謂自我同一性，正要從人作為
道德的行動者而論。進一步來看，Korsgaard 認為對自我同一性
的論證，其理由不必牽涉到形上學或存有論的實體，而可以是一
種實踐上的（practical）理由。「對自己作為統一的行動者之概
念，並非基於形上理論或所知覺到的統一性，其根據是實踐上的
理由」[11]。

（二）論辯二：意識之分隔或統合

就常識觀點而言，Parfit 的論斷似乎顯得牽強附會。不過他
提出大量而繁瑣的論證以證成其主張。首先，他從目前的醫學成
就出發，以思想實驗的方式申論人的心理連續性不必預設自我同

---

[10] Christine Korsgaard: *Creating the Kingdom of ends* (New York: Cambridge University Press, 1996), p. 364.

[11] *Ibid.*, p. 369.

一性或有所區隔的實體。他指出，現有的醫學成就，已可做到將連接左右兩邊大腦的神經網路切斷，這兩邊大腦仍可各自獨立運作。在某些實驗結果中，兩者並不一起合作，也幾乎完全意識不到彼此各自的活動。也就是說，一個個體又可切割為兩條各自獨立的意識流，這種「被分隔的心靈」（divided minds），依常識語言來說，就代表在一個我中又可以有兩個自我。[12] Parfit 將這種案例藉思想實驗予以擴展，認為可以藉由手術將我兩邊大腦移植入其它兩個軀體中，手術後這兩個人將分別擁有我一半的大腦，我的意識也會在他們身上延續，就此而言，若問是否有所謂「自我」根本是無意義的，因為我已與擁有我各半大腦的另外兩個人不可區分。[13]此外，Parfit 是以分割意識流的現有醫學成就為依據，推斷可以在這種成就上進一步利用醫學技術，將某人的心理連結在其他人身上延續，因此他強調這只是「技術上不可能」（merely technically impossible）、而非「極度不可能」（deeply impossible）。[14]

---

[12] Derek Parfit: *Reasons and Persons*, pp. 245-247.

[13] *Ibid.*, pp. 276-278.

[14] *Ibid.*, p. 219. 質言之，Parfit 由個人意識的可分割，推論出個人的心理連續性將可藉由大腦移植，而在另外兩個人的意識中延續，因此原來的人並不算死亡。除非這個論斷已成為事實而可驗證，否則此人的心理連續性無法在被移植的另外兩個人的意識中延續，在邏輯與經驗上都是一種不能被排除的可能性。而且 Parfit 實際上已經預設、而非證明無自我同一性，否則即使心理連續性的移植成功，人們幾乎都會認為失去大腦的那個人實際上已等同於死亡。一個軀體內的兩條意識流與兩個軀體的不同意識流，情況絕不相同而不可一概論之，說我已與擁有我各半大腦的另外兩個人不可區分，亦未必符合大多數人對自我之認知。

以上述 Parfit 所提意識分隔為二的例子來看，對此總是可以提出一個問題：為何我們可以察覺這些意識流？儘管他可以指出有心理連結、類記憶（quasi-memory）、類意向（quasi-intention）、乃至意識在其他人身上之延續，卻未思考這些意識活動所以產生、以及我們可以察覺這些意識內容的根據何在。重點不在數量上意識流可以被劃分或衍生出多少，而是何以這些被劃分的意識流能夠被察覺？難道它們不是被某個具統一作用而與各自獨立的意識活動有所區隔的能力所察覺嗎？我們在討論自我同一性時，可以把焦點放在這種意識的統一能力，亦即人的行動能力（agency）問題上。Korsgaard 一再強調自我同一性可以是實踐問題，而不一定是形上學問題，這種實踐問題亦即「行動能力統一性」（the unity of agency）問題。依其見解，人的溝通與各種功能之整合，並不必要預設「意識經驗的共同主體」（a common subject of conscious experience），真正必要的是一種行動能力之統一性，並指出此統一性有兩個面向：

> 其一，是一個概略的實踐上必然性。由於分享共同的身體，我的兩邊大腦，或是不同的心理功能，必須協同作用。意識統一性的現象，不過是指在心理活動的合作上，不會知覺到任何困難。可以確定的是，當我審慎地從事心理活動之際，我將自己視為這些活動之主體。我思考、我觀看、我試著記得。但這只是行動能力統一性的第二個要素，內在於審慎立場的統一性。我將自己視為心理能力之運用者，就如同我把自己當作本身欲望衝突之際的仲裁者

一般。[15]

如此看來，「意識的統一性」（the unity of consciousness）是協
調整合知覺活動的能力，是內在於知覺活動的察知，並統一協調
不同知覺活動的進行。這種統一作用也被用來解釋 Korsgaard 所
謂的「隨時同一性」（identity at any given time）。「隨時同一
性」乃從兩個要素來看統一的行動者。其一是消除不同動機之矛
盾衝突。從 Parfit 意識分隔為二的例子來看，就算我們承認左右
大腦可以分別獨立運作，但是當這兩半邊大腦執行互相抵觸的指
令時，還是需要有一統合者。「在任何時間，你都是統一的個別
自我，因為你必須進行活動，而你只有一個身體可供你行動。」
[16]其二是在深思熟慮與選擇時所持的立場或理由，此立場或理由
表達了一個人的意志或自我。當你在做審慎考慮之際，就好像有
一個君臨欲望之上的你自己，從中選擇依照何者而行事。你可以
從互相抵觸的欲望中從事選擇，而非只是等著看哪一個欲望在競
爭中勝出，這說明了你有理由支持或反對依照這些欲望去做，正
是這些理由表達了你的意志。而這同樣是出於實踐上的必然性
（practical necessity），與形上學事實或有所區隔的存在實體無
關。Korsgaard 對此的說明是：

> Parfit 推斷，我對於自己身體未來居住者的欲望之態度，
> 應是建立在自我同一性的形上學之上。亦即，如果我具有

15　Christine Korsgaard: *Creating the Kingdom of ends*, p. 377.
16　*Ibid.*, p. 370.

　　某個形上學的理由認為此即是我，我就應該將此未來自我
　　的欲望視為我的欲望，並且對我具有規定性。但這個從形
　　上學到規範理由之論證，包含了一個須要證成的從實然到
　　應然之更動。〔……〕當前的重點則是：首先，迫使我們
　　需要與某個統一原理或選擇方式同一，是出於做審慎選擇
　　的必要性，而非形上學的事實。其次，形上學事實並不能
　　明顯地安頓此問題，我還是必須決定某未來個體是我此考
　　慮因素，是否對我有某種特別的約束力。要求我為自己建
　　構同一性的是實踐上的理由。就此事而言，形上學是否會
　　引導我至此乃一待決問題（open question）。[17]

可見就「隨時同一性」來看，Korsgaard 強調這完全可以從實踐
上的必然性，一個統一的行動者協調矛盾的動機、進行審慎的選
擇等面向來做解釋，不必涉及形上學。因為即使從形上學予以說
明，也還是要解釋如何從實然過渡到應然的問題。質言之，這種
意識的統一性可謂是「行動能力統一性」之實例。「行動能力統
一性」乃一種統合的力量，藉由這種力量之作用，不論我們的內
在心靈或是外在身體的活動，就成為自我目的及意願之表達。
「就行動能力此概念而言，行動者之統一實屬必要。這即是說：
將心靈或身體的某個動作視為出於某個目的而發之行動，視為作
為整體的我自己之表現，而非君臨我之上或在我之內運作的某種
力量之產物。」[18]

---

[17]　Christine Korsgaard: *Creating the Kingdom of ends*, p. 371.

[18]　Christine Korsgaard: *Self-Constitution* (New York: Oxford University Press, 2009), p. 18.

（三）論辯三：外力介入或自我選擇

　　此外，Korsgaard 特別注意到，在 Parfit 所舉例子中，同一性被破壞都是藉由手術等外力使然，意識統一性的協調整合，只有在實驗情況下才會被破壞。這不啻表示，同一性的重點在於一切行為與選擇乃由我決定。Parfit 所指的同一性之喪失皆是因外力而引起，劇烈改變與否不是同一性之重點，真正重要的是，此改變究竟是經由己力或外力所引起：

> 　　我認為，討論自我同一性的作者時常述說一種故事，內容乃有關瘋狂外科醫師導致我們記憶與性格之改變，這一點有其重要性。這些作者經常強調一件事實，亦即在外科手術的介入之後，我們被修改而有所變化。但是，外力介入導致自我有所改變，當然算是失去同一性的部分原因。但如果我們想像這些改變乃由各人自己發起，作為其選擇的結果，情況則有所不同。你不會因為做了極大改變就不再是同一個人。設若這些改變乃自己個人行為或本身應該負責的反應之結果，行為者的心理連結與劇烈的改變仍屬一致。[19]

如此看來，Korsgaard 認為改變與否並不必然對同一性造成威脅，如果一個人有了極大改變，但這改變是由自己促使，其同一性仍然存在，只有在外力干預之下，劇烈改變才會導致同一性之

---

[19]　Christine Korsgaard: *Creating the Kingdom of ends*, pp. 379-380.

喪失。[20]

　　既然同一性的重點在於一切行為與選擇乃係出於自願自發，Korsgaard 進而指出，當我們有所行動之際，就是建構自己成為本身行動之發動者，同時使自己成為某種人，那麼行動的作用可說是「自我建構」（self-constitution）。一個符合道德的行為，正是一種自我建構的行為，因為：

> 一個「行動」（action）是可歸因於某個作為其發動人（author）的行動者所做的舉動（movement），而這意味著每當你選擇做出某個行動，亦即每當你主導自己的舉動之際，就是在建構自己成為此行動之發動人，亦因此決定自己成為哪種人。人類因而具備一種獨特的同一性，一種遵守規範或實踐形式的同一性，因此要對自己負責。身為理性的存有者、理性的行動者，你面對著一個使自己成為某種人格表現的任務，你在這個任務上之成敗，也會被你用來判斷自己之成敗。[21]

---

[20]　可以進一步指出，即便是外力迫使同一性消失，頂多也只能證明同一性可被破壞，而非不曾存在。質言之，若一個人之意識被區隔為兩個不同的意識流，是經由外力使其同一性之統合力量消失，這只能顯示同一性易受破壞，而非沒有同一性。就像身體被麻醉時，我們會暫時失去知覺，沒有人因此會說身體本來就不能知覺。行為能力透過大腦正常運作，我們就可經驗到意識的統合，但當大腦被破壞而失去統合媒介，我們同樣不能說行為者本就不能經由大腦統合意識。其理至為顯明。由此可見，當同一性之改變乃由外力所致，這充其量只能說明同一性可以被破壞，卻不能證明其不曾存在。

[21]　Christine Korsgaard: *Self-Constitution*, Preface, XI-XII.

從以上說明來看，當一個人付諸某種行動，即作為此行動之發動人或行動者，在此同時，就表現出其獨特的同一性，並自我建構為某種人格表現，自我決定要成為哪一種人。個人行動之好壞，決定了你建構自我的任務之成敗，也連帶地影響你對自己成敗之判斷。Korsgaard 強調，並沒有先天（a prior）既定的自我之存在，所謂自我就表現在吾人對目的之取決與付諸行動上。「就在選擇有何作為之際，你正在創造自我之同一性。此即意指：在選擇所作所為的行動中，你就在建構自我，建構你自己為行動之發動者。」[22]至於經由此自我建構所展現之同一性，是一種「實踐同一性」（practical identity）。此同一性是「一種描述，藉此你重視自己的價值，發現自己不枉此生、有所作為。實踐同一性概念所涵蓋的事物，包括各種角色與關係，公民身分、族群或宗教團體成員、信念、志業、專業、職位等。」[23]也就是說，實踐同一性乃個人經過自行選擇，藉由其所作所為，而呈現出的個人特質，而具有的社會角色與關係，遂而成為個人之識別標誌。

（四）論辯四：從理論或實踐立場看待人

質言之，Parfit 的論證焦點集中在感覺經驗，他也自承效益主義重點放在經驗本身，而非個人或經驗主體。[24]從感官經驗出發，意識流可以分隔的事實，使他據以斷定只有一連串相關的物

---

[22] *Ibid.*, pp. 19-20.

[23] *Ibid.*, p. 20.

[24] Derek Parfit: 'Later Selves and Moral Principle'In S. M. Cahn, J. G. Haber, (ed.) *Twentieth Century Ethical Theory* (Englewood, N. J.: Prentice Hall, 1995), p. 495.

理、心理事件發生，我們有所知覺的是這些事件，而非有所區隔
的存在實體，某個自我（person）或自己（self）。他指出，就
像在夢中，可以看到自己在奔跑，但這是「觀者」看到（the
seer's point of view）、而非「自己」看到，我們不能既看到在跑
的自己，又看到在看自己的自己，因此這只是一個觀者，而非自
己。這個情況就像一個人在看別人奔跑一樣。[25]

　　有別於此，Korsgaard 從實踐與選擇能力來看人，就得出完
全不同的結論。她發揮康德從理性的理論面與實踐面對人作雙重
解析的理路，點出要同時從這兩種立場看待人。從理論面來看，
行為可以被視為經驗，注重的是對人的自然面之解釋與預測；就
實踐面而言，行為必須有行動者，重點在對行為的證成與選擇。
同一性正是道德行動者的行動能力與選擇自由：

　　　　當我們從理論立場看待自己的行為時，我們所關注的是其
　　　解釋與預測；從實踐觀點來看，我們關心的就是行為之證
　　　成及選擇。我們與行為的這兩層關係乃同等正當而無法逃
　　　避，且由理性所統馭，但卻可以區隔開來。我們是行動
　　　者，我們是自由而負有責任的這些宣稱，就康德來說並非
　　　理論事實的問題。他的意思毋寧是，當我們從實踐立場出
　　　發，亦即，當我們決定採取行動之際，則必須以這些方式
　　　看待自己。這來自一項事實：我們必須把自己視為所意願
　　　事物之第一因。此基本態度乃由做選擇之必要性強加於我

---

[25] Derek Parfit: *Reasons and Persons*, p. 221.

們之上，而不涉及理論的或形上學之事實。[26]

可以說，Korsgaard 在此嘗試區分兩種事實：理論的與實踐的事實。自理論立場觀之，行為可以做為某個經驗被觀察，理論事實於是限於感覺經驗掌握到的事實；然而從實踐立場來看，具有道德意涵的行為與選擇必定以自由的行動者與選擇者為先決條件，因為這來自一項實踐上的事實：我們必須把自己視為所意願事物之第一因。就是從這種實踐觀點才能證成自我之同一性。因此這不是一種理論說明上的事實，而是行為實踐上的事實，一個行為具有道德意涵之前提。[27]在此，我們可以看到一種康德式的實踐理性觀應用在自我同一性之證成上。

　　Korsgaard 此一從理論與實踐雙重面向看人的思路，Anomaly 認為是一種「視角取向論」（perspectivism），並指出這將面臨嚴重的認識論問題。[28]因為這種自我同一性的視角取向論調，會

---

[26] Christine Korsgaard: *Creating the Kingdom of ends*, p. 378.

[27] 自我同一性作為實踐上不得不然的前提，亦表現在 Korsgaard 對「長時同一性」（identity over time）的說明。我們可以從一些重要人生計畫必須預設持續的同一性來思考。我們所做的大部分重要的事皆橫跨一段時間，舉凡選擇事業、追求友誼與家庭生活、為了健康所作的習慣性活動等，都預設了持續的同一性與行為能力。Korsgaard 指出：「與你同一的那類事物自動將你帶往未來，〔……〕，任何行為之選擇，無論多麼瑣碎，都會把你導向未來。你把自己視為在完成某種特殊人生計畫者，而規制自己之選擇的程度越高，為了作為現在你之所是，而與未來的你同一的需要也越強。」（Christine Korsgaard: *Creating the Kingdom of ends*, p. 372.）

[28] Jonny Anomaly (2008): "Personal Identity and Practical Reason: The Failure of Kantian Replies to Parfit." *Dialogue*, 47 : 2, p. 340.

導致真理成為純粹是從何種角度看待的問題。真理乃相對於兩個
同樣正當的立場而言，從其中一個立場言之，真理即在其中；從
另一方而言亦然。如此一來，我們就難以真實地呈現自我以及這
個世界。[29]但事實上，Korsgaard 此雙重立場論證，要處理的並
非知識起源或標準問題，而是如何看待人的行為與選擇，以解釋
自我同一性問題。其用意是在強調可以從兩種角度看人，而非真
理有兩種標準，其中論點不能隨意過渡至認識論的探討，所以此
種批評有範疇錯置之嫌。

　　Anomaly 的另一個批評意見是：如果 Korsgaard 打算在理論
信念與實踐信念之間作出區分，指出在理論上，自我同一性不存
在；而在實踐上，則必須預設其存在。如此一來，這個結論實與
Parfit 從其自我同一性論點汲取出的實踐結果明顯一致。[30]依前
述，Parfit 承認在實踐上，在日常生活的言談方式中，我們可以
談及自我或自我同一性，只是必須謹記：這些語詞在哲學意義
上，其實是指 Relation-R 以及心理連結與連續性，如此看來，
Anomaly 此處的分析似乎有其道理。然而事實上，Korsgaard 理
論與實踐雙重論證的意思是：若將行為的豐富存在意涵割裂，只
純粹看成知覺內容或認知對象，自難以證明自我同一性之存在。
此命題的意義不能直接置換為 Korsgaard 認為在理論上自我同一
性不存在。Korsgaard 實明確肯定自我同一性之存在。只是認為
這無法透過感官經驗從事哲學論證，而是必須從實踐的理由論述
其存在。也就是說，Korsgaard 承認這不是一種感官經驗的事

---

[29]　"Personal Identity and Practical Reason: The Failure of Kantian Replies to Parfit," pp. 340-341.

[30]　*Ibid.*, p. 341.

實，而是實踐的事實，才會嘗試對此做出諸多說明。質言之，其雙重論證實欲在理論事實與實踐事實之間作出區分。一方面點出一般所謂理論事實只侷限於感官經驗檢證之限制，另一方面則指出，藉由實踐的理由可以發現或證明自我同一性為一實踐的事實。Parfit 是站在日常語言使用的角度，指出可以將自我同一性視作口語溝通表達中慣用的語詞或概念來使用，但只肯定其**語用意義上存在**（**pragmatically exist**），而否定其**實際上存在**（**actually exist**）；Korsgaard 則肯定自我同一性**實際上存在**，但必須透過實踐的理由做出解釋與說明。[31]

三、儒家對道德動能的說明：陽明論良知

（一）從人之良知探索自我

質言之，Parfit 側重從感官經驗來看人。從這些經驗的解釋、說明與預測中，的確難以看出所謂同一性的存在。Korsgaard 則從實踐立場出發，強調行為與選擇必須預設行動者與選擇者，從這兩者出發才能證成自我之同一性。這不是一種感官經驗的事

---

[31] 但有一點需要指出的是，Anomaly 將 Korsgaard 論證自我同一性的方式稱為實踐信念（practical Beliefs）卻是一針見血。因為 Korsgaard 所謂實踐的事實，是指自我同一性乃我們在做決定與選擇時，不得不預設的前提。以此吾人表現出行動上的自由，並作為責任的載體。此無疑表示：Korsgaard 默認對自我同一性無法給與理論上的論證或是實際證據之支持，充其量只是使道德或價值判斷得以成立之實踐信念，所以才與理論的事實有所區隔。學者自然容易誤解其承認在理論上自我同一性不存在，其所謂實踐的事實充其量也只是一種實踐的信念。

實，卻是行為實踐必須預設的前提。其從道德的觀點，從人是行動者此面向切入詮釋康德哲學，可以提供儒學一個與西方倫理學對話的新論域。若以其論點為橋樑，儒學無疑可以為自我同一性問題作出不少貢獻，原因在於儒學正是突顯人作為道德行動者的成德之學。

以陽明為例，他即力陳要由行動者與選擇者的角度來看自我。從感官經驗中的確無法建立一自我的觀念，而是要從「身體活動如何可能」以及「道德行為如何可能」的提問切入，才能看出自我同一性之必要。就陽明而言，一切活動，包括身體活動與道德行為，皆是「意之所在」，由「意」所驅使。「身之主宰便是心。心之所發便是意。意之本體便是知。意之所在便是物。如意在於事親，即事親便是一物。意在於事君，即事君便是一物。意在於仁民愛物，即仁民愛物便是一物。意在於視聽言動，即視聽言動便是一物。」[32]此處所謂「物」，陽明以「事」解釋之，即人之行為或活動。視聽言動乃感官感覺與身體之活動，而事親與仁民愛物乃道德行為，因意之所在而有事親、事君、仁民愛物乃至視聽言動等「物」之出現。如此看來，意應是人一切活動之可能條件。但意之依據乃吾心之良知，因為意乃良知感物而動所產生。陽明的說法是：

> 心者身之主也。而心之虛靈明覺，即所謂本然之良知也。
> 其虛靈明覺之良知應感而動者謂之意。有知而後有意。無

---

[32] 陳榮捷：《王陽明傳習錄詳註集評》（臺北：臺灣學生書局，1998年），頁37。

> 知則無意矣。知非意之體乎？意之所用，必有其物。物即
> 事也。如意用於事親，即事親為一物。意用於治民，即治
> 民為一物。意用於讀書，即讀書為一物。意用於聽訟，即
> 聽訟為一物。凡意之所用，無有無物者。有是意，即有是
> 物。無是意，即無是物矣。物非意之用乎？[33]

依陽明所說，良知乃意之體，因為有知而後有意。無知則無意
矣。而物又是意之用，因為有是意，即有是物。無是意，即無是
物矣。可見一切活動真正的依據或可能性條件正是吾心之良知。
值得注意的是，陽明在此不只就「道德行為如何可能」此問題提
出說明，亦對視聽言動與讀書等「感官與身體活動如何可能」問
題有所解釋。意乃是良知應感而動的狀態，所以良知在此為一種
能對外界事物有所回應，而發動相應行為之行動能力。這種回應
同時涉及道德意涵（如事親、治民）與非道德意涵（如讀書）的
行為，可見良知正是這些行為的可能性條件，吾人據以行動或運
用力量之能力。在此同時，良知亦是作為身之主的心之虛靈明
覺。接下來就要說明，陽明正是視此虛靈明覺之良知為真正的自
我、所謂「真己」。

（二）對自我之自覺：良知即「真己」

　　在 Korsgaard 對 Parfit 的回應中，自我同一性主要表現在自
作選擇、承擔道德責任的主宰性上。這種道德動能亦為良知所具
備。良知是一種能明辨善惡的道德能力，對吾人之妄念、私欲具

---

[33]　同上，頁 176-177。

有省察之作用。「良知者心之本體。即前所謂恒照者也。心之本體無起無不起。雖妄念之發，而良知未嘗不在。但人不知存，則有時而或放耳。雖昏塞之極，而良知未嘗不明。但人不知察，則有時而或蔽耳。」[34]而且良知不但能知善知惡，同時還可好善惡惡，提供道德實踐的動力：

> 愛曰，「如今人盡有知得父當孝，兄當弟者，卻不能孝，不能弟。便是知與行分明是兩件」。先生曰，「此已被私欲隔斷，不是知行的本體了。未有知而不行者。知而不行，只是未知。聖人教人知行，正是要復那本體。不是著你只恁的便罷。故大學指個真知行與人看，說『如好好色』，如『惡惡臭』。見好色屬知，好好色屬行。只見那好色時，已自好了。不是見了後，又立一心去好。聞惡臭屬知，惡惡臭屬行。只聞那惡臭時，已自惡了。不是聞了後，別立個心去惡。〔……〕就如稱某人知孝，某人知弟。必是其人已曾行孝行弟，方可稱他知孝知弟。不成只是曉得說些孝弟的話，便可稱為知孝弟。又如知痛，必已自痛了，方知痛。知寒，必已自寒了。知饑，必已自饑了。知行如何分得開？此便是知行的本體，不曾有私意隔斷的。〔……〕」[35]

良知在知善知惡之際，同時驅使人好善惡惡。好好色、惡惡臭之

例是一種譬喻，乃藉由感性判斷與感性好惡之同時並起，說明道德上的善惡判斷與行善去惡動機之同時並起。基於動機與行為僅一線之隔，王陽明有「一念發動處，便即是行」[36]的說法，所以更進一步舉出知孝知悌之例，由動機而進至行為，解明善惡判斷與行善去惡之一致性。吾人可以被私欲隔斷，即使知孝知弟，但仍然不行孝行弟；或是走另一條路，貫徹良知的要求以行孝行弟。此乃道德行動者得以知行合一的可能條件。在這道德判斷與行為實踐的過程中，我們在意識中除了經歷接連不斷的感覺印象與生理欲望之外，亦同時感受到一股超脫於此二者的內在力量，讓吾人對感官欲望與生理機能得以保持迎拒的自由，落實身為一個選擇者與行動者的角色。除了可對吾人慾望或動機予以察覺分判之外，良知作為道德自我，對本身活動也具有自覺，所謂「知之真切篤實處即是行。行之明覺精察處即是知。」[37]「良知發用之思，自然明白簡易，良知亦自能知得。」[38]遂而對陽明而言，「良知之自覺」與「良知之活動」乃合二為一者。這是一種反身的自覺，而非對外的感覺。

陽明對良知的說明，亦呼應了 Korsgaard 視道德行動為一種自我建構方式之論點。就 Korsgaard 而言，在我們作為某個行動之發動者的同時，即表現出個人獨特的同一性，並自我建構為某種人格類型。這個自我建構的任務，使我們置身於與自己的一種互動關係中，我們為自己定立法則，這些法則也決定了我們所建構的自我之好壞。而建構好的自我之方式，是依據能為每個理性

36　同上，頁 302-303。

37　同上，頁 166。

38　同上，頁 241。

存有者立法的普遍原理而自我統馭。[39]真正的自我同一性必須從這個面向切入，才能夠得到說明，只從感官感覺是否能知覺到自我來談自我同一性，將難免於把人的多面性化約為單一向度之蔽。而依陽明之見，從道德動能方可突顯出真實的自我，吾心之良知才是可自己定立法則的「真己」，此有別於耳目口鼻四肢及其欲求之「軀殼的己」：

> 所謂汝心，卻是那能視聽言動的。這個便是性，便是天理。有這個性，才能生這性之生理。便謂之仁。這性之生理，發在目便會視。發在耳便會聽。發在口便會言。發在四肢便會動。都只是那天理發生。以其主宰一身，故謂之心。這心之本體，原只是個天理。原無非禮。這個便是汝之真己。這個真己，是軀殼的主宰。若無真己，便無軀殼。真是有之即生，無之即死。汝若真為那個軀殼的己，必須用著這個真己。便須常常保守著這個真己的本體。戒慎不睹，恐懼不聞。[40]

此段話一方面重新強化前面所說，以「汝心」為「那能視聽言動的」，亦即視聽言動等感官與物理活動之可能性條件，這些活動雖由軀殼的己所發出，但最後仍以性之生理（此「生理」乃就 metaphysical，而非 physiological 而言）之心為其存在的根據。所以說「這性之生理，發在目便會視。發在耳便會聽。發在口便

---

[39]　Christine Korsgaard: *Self-Constitution*, Preface, XII.

[40]　《王陽明傳習錄詳註集評》，頁 146。

會言。發在四肢便會動」。另一方面，從道德層面來看，此心又是軀殼的己，亦即感官、欲望之主宰，使吾人之耳目口鼻四肢，做到非禮勿視聽言動。所以才稱之為真己。由此看來，所謂「若無真己，便無軀殼。真是有之即生，無之即死」之意涵為：從感覺、生理、物理等面向看不出自我之存在，必訴諸真己對軀殼的己之主宰性，才有自我同一性可言，否則生命中只見一連串的感覺、思慮與欲望之流，就真只成為 Parfit 所謂大腦與身體以及物理、心理事件之存在，而毫無自我可言。

（三）自我同一性何以不顯：良知之遮蔽

Parfit 將論證自我同一性的焦點放在感官經驗與印象上，經驗界服從於物理、生理法則，若專注於此種經驗的機械因果性，再思及機運之偶然性，人便無法體會到真正的自由與選擇，只有接續不斷的經驗之流、意識之流，或是其所謂一連串物理、心理事件填補生命的每一空隙。質言之，在這種情況下，只剩下心理連結或心理連續性所形成的一種關係（Relation-R）。不但是統一意識之知覺的己不可得，亦有危及真己的道德動能之虞。誠如康德與 Korsgaard 所指出，人同時兼具實踐面與經驗面、主動面與被動面之雙重面向，不宜單從經驗與被動的側面看人。依儒家與陽明的看法，若不正視主動的實踐面並從此著力，非僅看不出自我同一性，也將連帶戕害道德自我之真己，導致良知被遮蔽而不顯，使得主動之實踐面逐漸喪失。Korsgaard 只提到吾人之所作所為乃一種自我建構過程，結果是好是壞，則會影響我們的人格表現與對自己的評價。儒家對此有進一步的體認，專心致力於如何將這自我建構導向德性、善性方向發展。就陽明而言，此即

所謂誠意、致知之工夫：

> 故欲修身，在於體當自家心體。常令廓然大公，無有些子
> 不正處。主宰一正，則發竅於目，自無非禮之視。發竅於
> 耳，自無非禮之聽。發竅於口與四肢，自無非禮之言動。
> 此便是修身在正其心。然至善者心之本體也。心之本體那
> 有不善？如今要正心，本體上何處用得工？必就心之發動
> 處纔可著力也。心之發動不能無善。故須就此處著力，便
> 是在誠意。如一念發在好善上，便實實落落去好善。一念
> 發在惡惡上，便實實落落去惡惡。意之所發既無不誠，則
> 其本體如何有不正的？故欲正其心在誠意，工夫到誠意始
> 有著落處。然誠意之本又在於致知也。所謂「人雖不知而
> 己所獨知」者。此正是吾心良知處。然知得善，卻不依這
> 個良知便做去。知得不善，卻不依這個良知便不去做。則
> 這個良知便遮蔽了。是不能致知也。[41]

自我同一性之表現，必須從突顯人之主動的實踐面著手，使視聽
言動皆以良知為主而不逾矩。要做到這一點，即須就心之發動
處、也就是個人應事接物時所產生的動機、念頭上著力。「一念
發在好善上，便實實落落去好善。一念發在惡惡上，便實實落落
去惡惡。」這是誠意的工夫。良知知得善，則依良知去做；知得
不善，便不去做，這是致知的工夫。在此道德實踐的過程中，一
個表現出 Korsgaard 所謂「隨時同一性」的道德自我或意志亦真

---

[41]　《王陽明傳習錄詳註集評》，頁 368-369。

實地呈現。這種不慮而知、不學而得的良知良能，就倫理學觀點而言，正是一種道德行動或自覺能力，切實在此下工夫，讓良知引導我們的動機與行為，猶如行為上的指南針，則可發揮積極的功效，逐漸將自我之建構導向正途。

四、結語：以道德動能會通中西倫理學之反思

就自我同一性而言，Korsgaard 肯定而 Parfit 否定其存在。質言之，雙方之歧異源自彼此方法與焦點不同。在方法上，Parfit 的論據主要建立在對心理現象的描述、說明與預測上，Korsgaard 則追溯這些現象的可能性條件或依據；就各自的焦點而言，效益主義重點放在人的被動面，康德主義者則放在主動面；效益主義注重「應該要為人作什麼」，康德主義者關心「我應該做什麼」；效益主義者強調人作為道德關懷之對象，康德主義者突出人作為道德行動者的地位。[42]就康德主義者而言，對這些雙重面向皆予以關注才是正確的態度。正因特別著眼於道德動能，Korsgaard 才能對自我同一性作出積極肯定。在實踐層面上，一個行動必須有行動者，以作為責任之載體，同時自我建構為某種人格表現。同一性乃是人作為道德行動者之行動能力與選擇自由，無須涉及形上學自我實體之預設。

本文試圖說明，肯定人之道德動能為自我及其同一性之基礎是陽明乃至整個儒家與 Korsgaard 等康德主義者之共識。就王陽明而言，良知即是真己、即是道德自我、人的道德行動能力。此

---

[42] Christine Korsgaard: *Creating the Kingdom of ends*, p. 363.

具統合作用的動能，同時為視聽言動與讀書等感官與身體活動，以及事親與仁民愛物等道德行為之可能條件。良知同時能明辨善惡，對吾人之妄念、私欲具有省察之作用。當良知知善知惡並好善惡惡之際，即是道德自我之自覺。這是一種反身的自覺，而非向外的感覺或知覺。自我同一性的表現，必須從突顯人主動的實踐面著手，使視聽言動皆以良知為主而不逾矩。要做到這一點，即須就心之發動處、也就是個人應事接物時所產生的動機、念頭上著力。此即致知與誠意工夫。不難看出，陽明論述中有許多與 Korsgaard 呼應之處，而且其工夫論對如何將自我建構導向正途的說明，亦可以為 Korsgaard 的論點作出補充。

但在專注於雙方的共識之餘，亦不能忽略彼此所呈現的差異。首先是 Korsgaard 對自我同一性的論述，不但涉及了道德行為統一性之道德的我，亦討論到作為意識統一性之知覺的我。陽明所謂良知則著重在道德自我的真己，至多涉及對外界事物有所回應而做出身體活動的自我，並未直接觸及知覺的我之討論。此外，對比於真己之軀殼的己，指涉的是耳目口鼻四肢及其欲求，仍指向倫理學或價值哲學，而非認識論與心靈哲學範疇，故不可與 Korsgaard 探討之知覺的我混為一談。

其次，雙方更值得注意的差異在於：Korsgaard 認為，自我作為道德動能，不必涉及形上學事實。而王陽明論良知，除了前述的倫理學意涵之外，另有形上學的面向則甚為明顯。所謂「良知是造化的精靈。這些精靈，生天生地，成鬼成帝，皆從此出。真是與物無對。」[43]「先天而天弗違。天即良知也。後天而奉天

---

[43] 《王陽明傳習錄詳註集評》，頁 323。

時。良知即天也。」[44]前面討論中指出，汝心便是天理與生理。良知既是視聽言動等行為產生的依據，也是這些活動在道德上合禮如宜之動力，正反映出良知的這種雙重角色。不可諱言，這種對待形上學的不同態度，正是陽明與 Korsgaard 之間最明顯的歧異。

　　從當前哲學研究現況來看，若欲突顯儒學之理論價值，實得面對一種雙重任務：除了保存並發揮儒學本身的理論特質之外，同時又要在世界哲學的背景下，從事與不同哲學思想交流、對話，從中藉以自我檢視並相互學習。就前一個任務而言，依儒學內部的理路脈絡，陸王心學以道德自我為形上實體表現的是既超越又內在的天人關係。牟宗三繼之倡言「逆覺體證」的工夫論，建構一種道德的形上學，以有別於康德所批判的獨斷形上學，即意在充分發揮此理路之價值。自後一個任務而論，就不適宜僅聚焦於陸王心學的論述脈絡之內，而須純粹從哲學思辨的問題意識出發，則良知之教可能將面對 Parfit 以形上實體預設證明自我存在之質疑。在這種情況下，如何以現代的學術論述方式，嚴格而系統地對良知的形上學意涵進行論證或重新詮釋，特別是就人之有限性此事實作出更適當的安排[45]，是承繼此種思路的儒學詮釋

---

[44]　同上，頁 340。

[45]　關於儒家如何處理人的有限性此議題，劉述先即嘗試點明一些方向。他指出所謂人雖有限而可無限的意思應是：「有限雖通於無限，但並不等同於無限」，若把有限的人（分殊）當作無限的天（理一）便會造成偶像崇拜（idolatry）的惡果。就算是聖人如堯舜的價值創造，亦如一點浮雲過太空，也是有限的分殊。就這點來看，基督教的思想家強調上帝（天）與世間（人）的差距，實有其真知卓見。就對有限性的警覺上，基督教可以給予新儒家的忠告是，終極關懷的確立並不保證我們一定會作出正

者必須深入探索的問題，也是陽明良知說與西方倫理學對話亟待
通過的關卡。

　　從本文先前的討論內容來看，若單單從倫理學的面向，集中
於道德動能、道德行動者等概念詮釋良知，而不涉及良知即天理
之預設，非但可避免有關形上實體的爭議，還能在自我同一性問
題上，呈現出諸多意義重大的論點。但話說回來，如果只保留良
知之說的倫理學面向，而將形上層面的思想捨棄或存而不論，又
會錯失其中天地人三者休戚相關、交融無間的人文主義精神，使
人只純粹局限於內在面，阻斷與超越的天道感通之管道，所付出
的理論代價實過於龐大。此外，良知的形上意涵也可以是一項資
產。質言之，Korsgaard 對實踐同一性的說明實隱含一個問題，
亦即與其所援引康德意志之自我立法相抵觸，遂而造成本身理論
之內在矛盾。正如 Cohen 所指出：

> 若道德與法則有關，那麼道德與實踐同一性之聯結是有問
> 題的，因為在形成實踐同一性時所投入之事物不需要具有
> 法則之普遍性。實踐同一性涉及忠誠與認同，雖然的確會
> 有忠於普遍律則的情況，但也不乏忠於家庭、團體或其他

確的判斷，而有限被無限地膨脹就會產生魔性化（demonization）的結
果。這樣的體驗包含了深刻的洞識，新儒家雖拒絕把天當作「絕對的他
在」，但天人差距的睿識卻可以通過與基督教思想的交流與對比而被喚
醒。所謂「人心惟危，道心惟微」，清楚地顯示，儒家的體驗，可以面
對生命的陰暗面，不一定對於人生採取一種單純的樂觀的看法。（參見
氏著：〈論中國人的價值觀在現代的重建〉，《理想與現實的糾結》
（臺北：臺灣學生書局，1993 年），頁 95-100。）

個人的情形；也沒有普遍性的語詞可以對實踐同一性提供可信的特性描述，以產生原則認同位居殊別認同之上的普遍優先性。[46]

對 Korsgaard 而言，實踐同一性立基於人類的偶然條件之上，像是作為公民，某個團體或族群之成員，某種專業人士等等身分或關係。此等經驗性的特殊條件無法對理性存有者具有真正約束力。Cohen 敏銳地察覺到，依 Korsgaard 的說法「此非自我立法，而是自我命令；且有時所發乃是單稱，而非全稱命令。」[47]然而依 Korsgaard 本身的說法，自我建構乃「依據能為每個理性存有者立法的普遍原理而自我統馭」[48]。由於實踐同一性來自人性之偶然性，欠缺普遍的理性基礎，導致此同一性與自我立法之內在矛盾。該事實促使吾人反省：欲以道德動能作為同一性之表現，須賦予其具有如康德實踐理性自定自發普遍律則之定位，否則其自我立法之效力即喪失。反觀陽明，其良知的形上意涵適可提供此自我立法之普遍性。[49]

---

[46] G. A. Cohen: "Reason, Humanity, and the Moral Law", in O. O'Neill (ed.) *The Sources of Normativity* (Cambridge: Cambridge University Press, 1996), pp. 174-175.

[47] *Ibid.*, p.176.

[48] Christine Korsgaard: *Self-Constitution,* Preface, XII.

[49] 關於 Korsgaard 與王陽明之間的比較哲學研究，所涉議題實頗為繁雜。基於篇幅所限，在此僅能擇其要點略予說明。將本文與筆者另一篇英語論文齊觀，方構成較完整的論述。See Chang, Tzuli. 2015. "Personal Identity, Moral Agency and *Liang-zhi*: A Comparative Study of Korsgaard and Wang Yangming." *Comparative Philosophy*, (6) 1 : 3-23.

綜上所言，則如何發揮儒學中天人合一的形上意涵，同時又避免陷入形上實體之論證爭議，即成為溝通中西道德動能相關論點，甚至是當前儒家與英美倫理學對話、會通之關鍵。[50]若能在這一點有所突破，當有助於真正使儒學對道德自我的諸多論述，以現代的學術理論形式呈現，進而找到在世界哲學中的適當定位。

---

[50] 舉例來說，可以嘗試思考將「良知即天理」與「知善知惡是良知」兩命題作出區隔，視為理一與分殊之關係。以此為前提，則作為形上實體而等同於天理者乃良知自身，但良知經由分殊之過程而成為人知善知惡與好善惡惡之道德動能時，其定位則宜表述為：以天理為基礎而具備形上意涵，但本身非形上實體。當然，此處所言只在提出一可能的思考方向，進一步的論證與說明則仍待日後的努力。

道德感之普遍性與動力性：
謝勒與牟宗三的共識

一、前言

　　近年來，隨著西方當代哲學思潮不斷傳播，一些會通儒家與這些當代哲學理論的嘗試與呼聲亦方興未艾，作為現象學重量級人物的謝勒（Max Scheler）正是其中之一。首先是江日新先生撰寫《馬克斯・謝勒》一書，系統性地將謝勒的哲學思想介紹給中文世界。他並提出：謝勒理論中精神所特有的說不之禁欲能力，實有可與孟子不受嘑爾或蹴爾之食的說法比觀之處，提倡進一步加以討論的必要。[1]李明輝先生亦在其《儒家與康德》及《四端與七情：關於道德情感的比較哲學探討》兩本著作中對謝勒與儒家做了比較哲學式的討論，不但指出就道德情感而言，後期康德實與朱子同屬牟宗三先生所謂「尊性卑心而賤情」之傳統，在此儒家反倒異於康德而與謝勒接近。[2]也首發就「情感的先天性」

---

[1]　阿弗德・休慈（Alfred Schutz）著，江日新譯：《馬克思・謝勒三論》（臺北：東大圖書公司，1997 年），頁 18（譯註 17）。

[2]　李明輝：《儒家與康德》（臺北：聯經出版事業公司，1997 年），頁132-136。

與「感知為人格之行動」兩點來看，孟子與謝勒有合轍處之論。[3]
尤有甚者，陳仁華先生更直接以謝勒列為同情（sympathy）四種
形式之一的參與感（fellow-feeling）（陳先生譯為伙伴感）解釋
儒家注重群性的思想。[4]儘管也有人對會通儒家與謝勒持存疑態
度，[5]基於陸續有學者對此表示重視的事實，在這方面投入更多
的研究應是必要且值得的。有鑑於此，筆者即嘗試在本文中從牟
宗三對儒學之詮釋切入，探討新儒家與謝勒二者之間究竟是否
有共通之處？若有，這些共識又表現在哪些論點上？最後並以
對會通二者之可行性的評估作為結語。要附帶指出的是：謝勒
哲學具有不同時期之發展性已成學界主流意見，因此本文重點
將以其倫理學代表作《倫理學中的形式主義與實質價值倫理學》
（*Formalism in Ethics and Non-Formal Ethics of Values; Der
Formalismus in der Ethik und die materiale Wertethik*）一書為討論
核心，其它著作只在與論題有關處才做處理，以免大而無當之
弊。

---

[3]　李明輝：《四端與七情：關於道德情感的比較哲學探討》（臺北：國立
臺灣大學出版中心，2005 年），頁 70。

[4]　謝勒（Max Scheler）著，陳仁華譯：《情感現象學》（臺北：遠流出
版事業公司，1991 年），中譯者序。

[5]　馬克思・舍勒著，劉小楓編，羅悌倫等譯：《價值的顛覆》（北京：三
聯書店，1997 年），編者導言。在此導言中，劉小楓同時對以康德或
謝勒會通孟子及宋明儒學這兩種做法致疑，認為這兩種比附論皆「不是
專注於現代性問題本身，而是為民族性思想辯護，這是值得漢語學界自
我反省的。」

二、謝勒與牟宗三對康德的批評

（一）康德對道德情感的定位

　　就西方倫理學的傳統來看，道德探討的重心幾乎都擺在理性上，主體的直覺面與情感面始終難以突顯，似乎只有經過理性分析思考後的道德判斷才能令人安心。這種走向最典型的代表正是康德。在康德學思歷程中，曾一度將道德情感視為道德的判斷原則之一，而與理性共同作為道德之基礎。但在其後期思想中，他卻否認情感在道德領域中的主導地位。[6]一切情感皆只是感性的經驗之情。所以有關道德的情感，都只是道德法則施加於感性的結果。就其產生不快而言，乃消極情感；就其引發對法則的敬重而言，是積極情感。而兩者實是一體的兩面，一起作為康德義的道德情感。所以康德說：

> 道德法則加諸在情感上的消極影響（不快）是違反感性常態的。對一般而言的所有情感施加此影響皆是如此。這種受傾向癖好影響的理性存有者之情感，作為受道德法則意識影響的結果而言，即與智思界的原因，即作為最高立法者的純粹實踐理性主體具有關聯，我們可稱之為羞恥心（智思的貶抑）；但就這種情感涉及的積極根源，亦即法則而言，它又可稱為對法則的敬重。儘管事實上並不存在

6　關於道德情感在康德前後期思想中的定位，李明輝先生曾有專文介紹。參閱氏著：《四端與七情——關於道德情感的比較哲學探討》第一章〈康德的「道德情感」理論與席勒對康德倫理學的批判〉。

對於法則的情感，但就它為理性判斷清除障礙而言，這種阻礙的移除等同於對理性因果性概念的積極推動。因此，我們同樣可以把這種情感稱之為對於道德法則的敬重。而基於以上兩個（消極與積極）理由，此情感可以被稱作道德感。[7]

在康德的義理間架下，道德情感可算是道德行為的動機。但這說法只能適用於道德感的積極面，而與其消極面無關。因為，就康德而言，道德的真正動力落在實踐理性上，唯獨它才能決定一件行為的道德與否。道德情感作為動機，是意志的法則施加於感性之上令其遵循之主觀根據。它不是道德動力之來源，只是依法則而行之動機。不過這動機並非作為消極感情的羞恥心（不快），因羞恥心不能認識純粹實踐理性自身，只能感受到其抵抗感性動機的力量；敬重感才能直接認識道德法則的力量，克制人的感性癖好，成為自願遵從法則的自覺意識，充當主觀的行動原理或動機。所以康德說：

就法則藉由貶抑自負而削弱了傾向的阻礙性影響而言，我們應當把對道德法則的敬重感，視為一種法則施加到感情上的積極而間接的影響，把它當作主觀的行動依據，亦即，把它視為遵從法則的一個動機，以及一種服從道德法

7　Immanuel Kant: *Critique of Practical Reason*. Trans. by Mary Gregor. (Cambridge: Cambridge University Press, 2015), p. 63.

則的人生格準之依據。[8]

　　這麼一來，在康德倫理學中，敬重感作為對道德律之意識是我們接觸實踐理性之管道，順是也成為道德行為的動機，因此才是真正的道德情感。儘管如此，對康德來說，任何情感，不論是人的七情六慾或是積極與消極的道德情感，都限制在生理或心理感覺範圍之內，又由於感性皆屬不具普遍性的經驗領域，是以無法作為道德的真正根據，這種根據只能在實踐理性中找到。

（二）謝勒對康德的批評

　　康德這種將感性層面一律視為殊別的經驗性事物，因而不可作為道德基礎的見解，遭到謝勒之反對。謝勒指出康德的問題在於否認情感在道德層面有任何決定性的角色，只成為道德法則運作於感性層面的主觀效果。康德對感性層面的了解是快樂主義式的（hedonistic），感性都只追求快樂或慾望的滿足，而欲望與欲望對象間的關係總是偶然的、經驗的、後天的，自然不能作為無條件的真正道德之基礎。由此可見，即使是人的價值感及其對應之價值，在康德眼中都是欲望滿足之對象，建立於其上的倫理學於是都屬於一種快樂主義（hedonism）。就謝勒而言，這觀點有一個錯誤的預設：除了理性，道德經驗中並無其他具有普遍次序之原理。但謝勒提出與此相反的觀點，認為情感才是道德經驗中普遍的根據，謝勒如此描述價值感：

8　*Ibid.*, p. 66.

有一種經驗，其對象是理性完全無法企及的。理性無視於
這些對象，就好像耳朵和聽覺無視於顏色一樣。這是一種
引導我們進入真正的客觀對象及其永恆秩序——亦即價值
及其等級次序——的經驗，此經驗包含的序列與律則就如
同邏輯與數學之序列與律則般精確自明。也就是說，在價
值與價值態度之間有一種明確的關聯與對照，偏好等行為
建立在它們之上，道德決定及其法則的真正根據亦以它們
為基礎而具有可能性與必然性。[9]

謝勒的態度是：除了理性之外，人的情感面亦有其並非來自
理性和意志之行為合法性，其先天內容只能透過倫理學、而非邏
輯來展現，情感的價值察知乃通往價值領域（當然也包括道德價
值）的唯一通路。[10]如此一來，道德的基礎反而來自情感而非理
性了。

其實這種以情感為道德基礎的思路早已有之。十八世紀初英
國道德感理論（moral sense theory）就主張人具有一種道德感，
藉此得以明辨是非，不須借助上帝意志，亦無待國家法律的干
涉。[11]質言之，此派所謂道德感雖是不同於一般感官的第六官

9　Max Scheler, *Formalism in Ethics and Non-Formal Ethics of Values*, tr. by Manfred S. Frings and Roger L. Funk, (Evanston: Northwest University Press, 1973), p. 255.

10　Manfred S. Frings, *Max Scheler: A Concise Introduction into the World of a Great Thinker*, (Milwaukee: Marquette University Press, 1996), p. 41.

11　此派代表人物沙甫慈白利（A. A. C. Shaftesbury, 1671-1713）指出善是人的本質，是人之所以為人的人性。這善表現在人的性格或情感上，當一個人在利己與利他的情感上達成一種和諧且均衡的狀態時，就是一種

能，卻仍是殊異的經驗的實然之情，此因人而異之差別性正是康德不欲承認任何情感作為道德基礎之主因，是以在謝勒眼中仍嫌不足。情感之所以堪當道德基礎之關鍵在於其亦具先天普遍的內容。事實上，精神的情感狀態（感受、偏好、愛、恨……等）具有獨立於思考能力之先天（a priori）內容，所以他反對傳統把人的情感一律歸入感覺層面的做法，如此一來情感就完全受限於物理－心理機制，忽略情感之先天普遍性。謝勒指出：

> 精神性的情感要素，像是感受、偏好、愛、恨、和意願，
> 也擁有一個不是從思想那裡借來的，在倫理學獨立於邏輯
> 時必須顯示出來的原初先天內涵。巴斯卡（Blaise Pascal,

美德，一種善。可以說，善同時兼顧美德與利益，是利己利他情感的調和加上私利他利之調和。在沙甫慈白利的身上，道德感被審美感所同化。猶如事物的形狀美一般，行為也具有行動美。人具有能判斷事物是否均衡和諧的感受，當這種感受專注於事物的線條，形狀或顏色時，是一種審美感；當它用心於人的行為或情感之際，則為道德感。當我們對自己或他人的情感，感受到一種和諧或均衡時，則我們稱之為美德；反之，則為邪惡。哈奇遜（Francis Hutcheson, 1691-1747）繼承沙甫慈白利同化倫理學與美學的思想，談到了德性的美與罪惡的醜。並對道德感作了更細緻的描述。首先，道德感是對某種特殊行為或其所包含的情感的一種特殊認可能力。其次，它是一種默觀善時的快樂知覺，乃至在觀賞他人之善行時所獲得的快樂還超過自身實行的快樂。兩者不同在於：沙甫慈白利主張道德感是利己與利他情感之調和，哈奇遜只承認利他的或仁慈的情感為道德感之對象。但為了確定「利他」的標準，他提出對最大多數人產生最大幸福的行動是最好的，而對最大多數人導致最大不幸的行動則最壞之論點。在此，道德感已不純粹是一種情感，也帶有道德的理性推理或計算的功能。而這透露出的訊息是：哈奇遜不只是道德感的代表人物，更是效益主義（utilitarianism）的先驅。

1623-1662）說得好，存在著一個先驗的心的秩序或心的
邏輯。[12]

謝勒對情感先天性的強調，是要突顯康德將感性一律視為生理及
心理感覺之狹隘性。在感官感覺之外，還有對價值之察知、偏好
與愛恨等情感活動，這些活動皆反映了心之先驗秩序或邏輯。由
以上分析可知，謝勒與康德對情感的看法有兩個基本分歧，前者
肯定而後者否定 1.感性層面除了心理與生理感覺之外，還有獨立
於此的與價值相關之情感。2.這些與價值相關之情感可察知價
值，並有其先天普遍的等級次序。從此基本方向出發，謝勒建構
了自己的先天情感理論。

（三）牟宗三對康德之批評

　　無獨有偶，牟宗三也同樣對康德在道德情感上的見解有所保
留。康德把私人幸福原則與道德情感俱視為經驗原則，一方面是
因為它有待於外，一方面亦因為它根據純主觀的人性之特殊構
造，導致在程度上自然有無限地差別變化，對於善惡不能提供統
一的標準。如果道德感真是這種建立於實然層面的特殊人性構
造，自然不能作為道德的基礎，康德的理論也就甚為恰當。不過
情感並非只有實然的經驗之情，作為道德行為動力的道德感恰為
一種超越而普遍的情感表現，依牟宗三之見：

　　　道德感、道德情感可以上下其講。下講，則落於實然層

---

[12]　Max Scheler, *Formalism in Ethics and Non-Formal Ethics of Values*, p. 63.

面，自不能由之建立道德法則，但亦可以上提而至超越的
層面，使之成為道德法則、道德理性之表現上最為本質的
一環。然則在什麼關節上，它始可以提至超越的層面，而
為最本質的一環呢？依正宗儒家說，即在做實踐的功夫以
體現性體這關節上。依康德的詞語說，即在做實踐的功夫
以體現、表現道德法則、無上命令這關節上。[13]

　　依上述，我們可以說在儒學有超越與經驗兩層情感之分，道
德價值主要是在超越而普遍之情感湧動中呈現。孔子與明道所說
的仁，是在不安、不忍、感同身受中呈現；孟子與象山、陽明的
本心良知是在惻隱、羞惡、辭讓、是非之心中落實。這些都是先
天的情感活動。牟宗三認為，康德之所以未見及此，是因為他以
概念分解的方式對道德性質作形上解析，而非直接從道德實踐中
表現道德法則、無上命令的角度看道德。才會覺得「人何以能感
興趣於道德法則」此問題不能被解明。然而這問題並非不能解
明，答案正在孟子「禮義之悅我心，猶芻豢之悅我口」這句話。
「人何以能感興趣於道德法則」此問題的意義猶如「禮義何以能
悅我心」。道德法則決定意志，這決定是從理上說的客觀的決
定；依康德，興趣（道德感）是理性由之以成為實踐者，這是主
觀的決定。兩者之各行其是才導致「人何以能感興趣於道德法
則」此問題懸而未決。[14]不但如此，正如李明輝所強調，康德的
實踐理性是法則的制定者，卻不具執行道德法則的力量，這力量

13　牟宗三：《心體與性體（一）》（臺北：臺灣學生書局，1996 年），
　　頁 126。
14　同上，頁 148-152。

落在道德情感（亦即道德動機）上。則意志只能自我立法，卻不能自我實踐，則道德主體流於虛歉無力，難以玉成其自律觀念。[15]

　　若接受上述說法，則牟宗三將道德情感上提而為超越的本心，如孟子所謂四端之心，不是實然層面才性氣性中之心，攝理歸心，心即是理；法則與興趣實可合二為一，主客觀性達到統一[16]應是以上問題解決之道。道德主體既然可以出於愉悅而從事道德行為。這「悅」正表示道德意志與情感合而為一，使主體不但是道德法則之制定者，亦有執行法則的能力。所謂「求則得之，舍則失之」正表示一種制定與實行法則合一的思路。道德情感不只是一種被動的感受，更是一種主動的道德的覺情，即心即理即法則之實體性的覺情。[17]

　　從這種上提的悅理義之心的道德情感出發，牟宗三已由康德之心性是一的思路推進至心性情是一，對主體作為價值根源之強調更為徹底。道德價值之實際性正是在超越而普遍之道德情感落實於行為中證實。因為此時應然意識已具體化而成為可觀察之真實事件，在這種思想脈絡中，價值是一種創造行為、而非認知行為，這不是否定經驗認知的重要性，而是要區隔存有論原理與知識論原理，讓道德實踐與認知活動各司其職，儒學作為成德之學的特性也在此。牟宗三據此指出，一般感官經驗所認知者乃是現

15　李明輝：《儒家與康德》（臺北：聯經出版事業公司，1997 年），頁 33。

16　牟宗三：《心體與性體（一）》，頁 162-165。

17　牟宗三：《現象與物自身》（臺北：臺灣學生書局，1990 年），頁 69-70。

象，具有認知意義而無存有論意義，真正的存有論事實應為一種承道德意識之體而起用的道德行為，這種價值意義的存在才是真正的實事、事物。因此才說無限智心是使一切存在為真實的存在，為有價值的存在之奧體——存有論的原理。[18]由於自由意志與道德情感成為一而二、二而一者，正可填補康德道德情感說之漏洞。

這種從存有論出發的立場與以現象學直觀看待價值的謝勒在方法入路上自然不同，但在對情感的先天性與普遍性之掌握上實殊途同歸，都是要堅持道德感自成一普遍傾向，是價值察知的先天能力。接下來我們會看到，這種共識還會表現在道德感作為實踐動力的觀念上。

三、謝勒與牟宗三論先天情感與道德實踐

（一）謝勒論價值感與道德實踐

眾所皆知，謝勒乃是應用胡爾塞現象學方法於倫理學、社會學、人類學等學科領域的天才。兩者同樣認為哲學的對象是絕對之物，同樣主張有一種先天的本智直觀，作為揭示原本性真理的方法。所謂絕對之物是一種現象學的事實，此事實在謝勒看來是由感覺事物所承載但獨立於感覺性質，且脫離一切符號系統之外，而為直接經驗中呈現的純粹直觀內容——價值。謝勒認為我們要區分「價值物」（value-things）與「物價值」（thing-values）。「價值物」為剛好帶有某種價值的事物，這種價值之承載是偶然

---

[18] 牟宗三：《圓善論》（臺北：臺灣學生書局，1996 年），頁 309。

的；「物價值」則是本身具有價值的事物性質，必然表現出某種價值，是事物所具有或擁有的價值。[19]如果說藝術品是一種「價值物」，其中展現出價值的那些性質則是「物價值」。因此真正表現出價值的是「物價值」。可是價值雖藉「價值物」以呈現，卻仍獨立於「價值物」而自存。而且價值不是純粹的形式，因為不論在事物或「價值物」中的價值，都是「具有內容的實質性質，並形成一種較高及較低關係的決定性階級秩序」，對謝勒而言，價值「就是客觀、獨立、有其自身的高低等級次序的具有內容之對象」。[20]謝勒如此解釋價值與「價值物」的關係：

> 只有在「價值物」中價值才能實現。在「價值載體」中它們（價值）還未實現。然而，在「價值物」中，價值同時是客觀的（不論可能是那種價值）和實在的。藉著任一新「價值物」實在界有了真正的價值成長。儘管如此，價值性質就像顏色和聲音性質一樣，是觀念對象。[21]

此外，胡塞爾的本質直觀是一種直接的智性把握能力，或如布瑞達（H. L. Ven Breda）所言是「智性的認知掌握」[22]，謝勒

---

[19] Max Scheler, *Formalism in Ethics and Non-Formal Ethics of Values*, pp. 19-21.

[20] *Ibid.*, p. 17.

[21] *Ibid.*, p. 21.

[22] H. L. Van Breda, A Note on Reduction and Authenticity According to Husserl, In: *Husserl: Expositions and Appraisals*, ed. F. A. Elliston and P. McCormick (Indiana: University of Notre Dame Press, 1977), p. 125.

的出發點則有所不同，他認為構成哲學這種特殊認識方式的前提條件是一種道德立場，其任務和目的就是要克服一切把目光緊盯在此在身上的實踐態度。順是，謝勒提出異於胡塞爾的還原方式，別出心裁地以人實際與世界的互動，活生生的價值感受與取捨作為直觀利器，他說：

> 價值是在與世界（無論是心理、物理或是其它世界）的感受著的、活的交往中，在偏好與拒斥中，在愛與恨本身中，即在那些意向活動和行為的進行線索中閃現出來。[23]

這種先天情感活動具有內容，它不是純思想形式，而是人應事接物時價值意識、道德情感之直接湧動。但並非所有情感活動都是先天的，必須是一種有超出自身之外的相關物的意向性情感才屬之，此相關物即客觀獨立之價值。謝勒將價值領域分為四個高低不同的先天層級，情感狀態對應於不同的價值階層，因而也形成一種先天的次序。例如感性知覺（如快樂，痛苦）對應於快適與否的感官價值，生命力感知（如精力充沛與虛弱，衰老，健康不健康）對應於生命力價值，心靈感受（如偏好，愛，恨）對應於精神價值，至於極樂與絕望，作為一種在經驗中與絕對者（上帝）親近或疏離的情感狀態，則與聖與不聖價值對應。[24]須附帶說明的是：謝勒所謂的先天（a priori）重點在強調價值與價值感之先天對應關係以及價值感本身先天的等級秩序，但各種情

---

[23]　Max Scheler, *Formalism in Ethics and Non-Formal Ethics of Values*, p. 68.

[24]　*Ibid.*, pp. 105-110.

感之本質究竟是否為先天就情況不一。舉例來說，對應於感官價值中感覺上的苦樂與感官上的快適或疼痛以及呈顯生命力價值之高低優劣感，有鑑於其無法分享之殊異性，本質上不能被視為先天普遍的情感。只有在價值感與價值之對應關係中，雙方皆形成一種先天普遍的等級次序，不會受經驗偶然性的干擾。

　　要注意的是，道德價值不屬於以上任何一個價值階層，與道德價值之實現相關的不是任何一種實質價值，而是這些價值間的等級次序關係。由於價值的高低等級關係是在偏好的行為中顯露，所以道德上的善惡對錯之標準，在於意欲實現的價值與偏好價值的一致與否。而且謝勒認為道德價值要具體落實在行為中，所以才說善與體現善的行為是一體兩面（located on the back of this act）。[25]誠如弗林斯所說，道德價值是要藉由道德行為實現四種實質價值，例如道德行為即是偏好生命力價值甚於感官價值、或是偏好精神價值甚於生命力價值之行為。道德上的善惡正出現在實現較高（此即善）或較低（此即惡）價值的行為中。[26]可見謝勒對現象學還原的解釋為一種情慾及衝動的觀念化或非現實化。他將胡塞爾對主體以外的客體世界存在之不表態、不關心，亦即對其分立獨存性之中止判斷，從知性上的態度翻轉為道德實踐的生活態度，不關心的焦點更明確地集中在人的情欲干擾上，而非外在事物之存在與否。道德行為存在於實現較高的精神與神聖價值中，是以若情慾干擾到更高價值的實現，就成為在現象學還原中要排除的對象。哲學認識的本質即建立在對受肉體及

25　*Ibid.*, pp. 25-27.

26　Manfred S. Frings, *Max Scheler*, p. 89.

感官知覺支配的本能衝動之自我控制，和通過自我控制所能實現的對象化。[27]可見還原在謝勒代表一種非肉體化、對七情六慾之超脫，因此他對本質直觀要求的非現實化或觀念化作了新解：

> 把世界非現實化或觀念化又是什麼意思呢？它並非如胡塞爾所說，是表示抑制存在判斷；相反，它的意思是嘗試著揚棄現實因素，把現實因素虛無化（annihilieren），把那個完整的、未分開的強大的現實印象用與它的情感相關聯的東西——即那個「對塵世的恐懼」消除掉。如同席勒語重心長地所說地那樣：恐懼只「在純形式居住的地方」才消除掉。如果說，此在就是抵抗，那麼這個從根本上說是非現實化的苦行行為只能存在於那個生命欲的揚棄之中，存在於對它的力量的剝奪中。[28]

所謂觀念化行為（ideation; Ideierung）是要藉由取消對象之經驗實在達到對本質之察覺。這種察覺要在沒有衝動或節制依衝動而來的印象之情況下獲得。[29]謝勒注意到有關道德層面的情感直觀不但是一道德意向，也指向此意向之實現於行為中，才提出**行為是善惡的載體而可體現道德價值**的說法。可見道德感就是非肉體化過程中支撐我們的內在動力，弗林斯指出對謝勒而言，

---

[27] 〈論哲學的本質與哲學認識的道德條件〉，引自謝勒（Max Schele）著，劉小楓編：《舍勒選集》（上海：三聯書店，1999 年），頁 239。

[28] 〈人在宇宙中的位置〉，引自謝勒（Max Schele）著，劉小楓編：《舍勒選集》，頁 1342-1343。

[29] Manfred S. Frings, *Max Scheler*, pp. 18-19.

道德價值的絕對性就在其獨立於感性知覺與生命力感知的情況中被給予。[30]不啻表示這是一種親力親為的道德實踐之學。

（二）牟宗三論道德情感與道德實踐

相信研究中國儒學的人看到謝勒的還原方法，會產生一種親切感。這種感覺來自前者理論與儒家的類似性。依儒家，並非所有的情感都是先天、超越的情感，而是人在道德意識顯發時（如四端之心）所產生的驅使人去做道德行為之情感才屬之。其他的七情六慾乃至個人好惡，都只是經驗的情感。要見道，正是要防止這些經驗情感之干擾。孟子在〈告子篇〉中的一段話就是典型表述：

> 公都子問曰：鈞是人也，或為大人，或為小人，何也？
> 孟子曰：從其大體為大人，從其小體為小人。
> 曰：鈞是人也，或從其大體，或從其小體，何也？
> 曰：耳目之官不思，而蔽於物。物交物，則引之而已。心之官則思，思則得之，不思則不得也。此天之所與我者。先立乎其大者，則其小者不能奪也。此為大人而已矣。[31]

大體正是先天的道德情感，小體亦即耳目之官之情欲。要從其大體，不從小體，就是要排除經驗之情的干擾，從道德實踐做起。因此孟子會同意謝勒此一論點：構成哲學這種特殊認識方式的前

---

30 *Ibid.*, p. 87.

31 楊伯峻：《孟子譯註》（臺北：源流出版社，1982 年），頁 270。以下涉及孟子之引文，出處皆來自此書，並只標出篇名與章節。

提條件是一種「道德立場」，這種道德的精神立場的任務和目的就是要克服一切把目光緊盯在此在身上的實踐態度。[32]

牟宗三則嘗試從心（興趣、情感）與理，意志與法則之主客觀合一說明道德實踐，來為康德所提「純粹理性如何能是實踐的」此問題提出解答：

> 法則決定意志，這決定是從理上說的客觀的決定，這只是當然，不必能使之成為呈現的實然。要成為呈現的實然，必須注意心——道德興趣、道德情感。心（興趣、情感）是主觀性原則，實現原則；法則是客觀性原則，自性原則。關於這主觀性原則（實現原則，及真實化、具體化底原則），康德並未能正視而使之挺立起，到黑格爾才正式予以正視而使之挺立起。（因黑格爾正重視實現故）康德只著力於客觀性原則之分解地建立，未進到重視實現問題，故彼雖提出之而實並未能知「純粹理性如何其自身即能是實踐的」一問題之正當而確切的意義。故彼視其為不可理解，不可說明也。[33]

牟宗三此處論心，以其為興趣、情感的主觀性原則，實現原則。意指道德情感是實踐之動力，它使意志對法則產生興趣，使得法則落實在意志中成為具體的真實。如此一來，法則決定意志這客觀的決定，以及興趣決定意志這主觀的決定，就可統合在意志是

32　〈論哲學的本質及哲學認識的道德條件〉，《舍勒選集》，頁 225。
33　牟宗三：《心體與性體（一）》，頁 164。

自主自律自給法則的意志這個命題中。[34]也就是說，必然、普遍的道德感，亦即就主觀面來看的法則（理），是法則或理的自覺與呈現。而法則（理），亦正是從客觀面來看的心或情。「心（興趣、情感）是主觀性原則、實現原則；法則是客觀性原則、自性原則」。而且在「盡心知性知天」與「萬物皆備於我」的表述中，這情感之先天性及存在根源性即顯豁無遺。如見父「自然知孝即其本心仁體之明覺自然地知道當孝，即自然地發布一當孝之命令（此即所謂理，法則）〔……〕，性體不容已地發布命令，亦不容已地見諸行事，不是空懸的一個命令。此即孟子所謂良知良能，亦即本心仁體之創造性。」[35]以上是就本心仁體之創造性順說，亦可就智的直覺之逆覺體證反說。當本心仁體發布命令時，若同時反照其自身在不容已地發布命令，此即是逆覺或智的直覺，即是德性之知，當我們依本心仁體之不容已的命令行事同時又自覺自己在依其命令行事時，就是在逆覺此不容已之命令與行事。進而言之，這反說的逆覺就等於那順說的本心仁體之道德創造活動。順說的本心仁體之創造是不假思索，自然而然地成就道德行為；就直覺的德性之知反說則是在自覺到本心的道德命令後，將它落實於行為中。前者是堯舜性之；後者是湯武反之。道德情感不只是察知價值，更可實現價值，其對價值之自覺同時也可呈現價值，使價值具體化。這與謝勒認為道德價值要具體落實在行為中，善與體現善的行為是一體兩面的見解若合符節。

　　牟宗三進一步指出，當陽明說「意之所在為物」，此時物乃

34　牟宗三：《心體與性體（一）》，頁165。

35　牟宗三：《智的直覺與中國哲學》（臺北：臺灣商務印書館，1993年），頁197。

行為物，亦即事，也就是道德行為。吾人所直接而本質地關心的事乃是它的道德上的對或不對，如何使之而為對，如若不對，又如何能轉化之而使之為對，這樣，乃直接由認知意義的格物回轉到行為底實踐上。[36]這也就是他以道德實踐觀點詮釋康德智的直覺之創造性之原因。他認為這種創造性正是本心仁體之創造性。落在人之主體說，只限定在知行合一上。此即陽明所謂「知之真切篤實處即是行，行之明覺精察處即是知」。性體不容已地發布命令，亦不容已地見諸行事，康德主體中之雜多即為自我活動所給予正是此意，雜多即德行。就「此直覺自身就能給出它的對象之存在」一語來看，德行即句中所謂對象，如陽明之以行為（如事親等）為物。這是本心仁體所要實現之目標（對象 object），亦即良知所要正之、成之、而實現之者。可見在牟宗三的理論體系中，道德情感所促成的道德實踐不但是價值成現之根據，謝勒完成現象學還原的觀念化行為，更是康德所謂物之在其自己之創生原則或實現原則。[37]

四、對會通謝勒與牟宗三之評估

　　從上述討論來看，謝勒與儒家的確有聲應心通之處。康德將情感只歸屬於實然的經驗之情，認為情感即使作為道德行為之動機，也只是實踐理性施加於感性之主觀效果，由於因人有異且有待，不可能作為道德基礎。牟宗三則指出心可以上下其講，不能

36　牟宗三：《現象與物自身》（臺北：臺灣學生書局，2004 年），頁 438。

37　牟宗三：《智的直覺與中國哲學》，頁 197-198。

與實踐理性合一的是下講的氣性才性之情，若上提而為惻隱之心，則斷然是超越而普遍的悅理義之心，如此一來，不但情感有其先天的軌範，成為名符其實的道德感，在道德實踐上亦成為沛然莫之能禦的動力，與理性之法則成為主客觀合一者，落實於道德行為於是順適而妥貼。若如康德認為敬畏感中包含一種愉悅之情，但這愉悅是建立在理性對感性的命令或壓抑上。也就是說，感性對壓迫自己者感到愉悅，這明顯不合常理。

　　正是在強調情感之普遍性與實踐力這兩點上，謝勒與牟宗三不謀而合。謝勒認為康德對情感的看法太狹隘，只允許理性的形式具有普遍性，對有內容之情感的實質先天性視而不見。情感並非都是快樂主義式的快感，情感中自有可克制情欲與衝動等自然傾向之面向，亦即那些與價值有關的價值感、偏好與愛。康德未察覺到感受狀態（feeling-state）與感知（feeling）的差別。前者是被感受到的內容，如痛；後者是對內容的感知活動，如對痛之忍受、經歷、壓抑、享受等。感受狀態是內容，無意向性；感知是接受此狀態之功能，具有意向性。偏好正是一種具有意向性之感知，而它揭顯的先天價值等級秩序事實上正是道德行為之基礎，道德價值就建立在偏好與實現較高的價值之中，亦即孟子所謂「所欲有甚於生」的存在決斷中。在此意義下，李明輝認為孟子所說的四端當屬於謝勒所謂感知，而以「情感的先天性」與「感知為人格之行動」兩點作為孟子與謝勒合轍之處。[38] 此乃站得住腳的評論。不過既然是兩套哲學系統，我們對其會通除了取

---

[38] 李明輝：《四端與七情：關於道德情感的比較哲學探討》（臺北：國立臺灣大學出版中心，2005 年），頁 70。

同，也不應該略異，因此以下將略為析論二者之異。

　　謝勒與牟宗三對道德感見解的有志一同，應該來自雙方的一個共同出發點：從實際參與行動中才能獲得最真實的對生命與世界之體認與掌握。正由於注重實際道德行為的體驗，才會異口同聲地主張道德感有其先天軌轍，既不會被私心與成見所矇蔽，也不致因文化與種族之差異而混亂。

　　不過謝勒畢竟是以現象學方法處理倫理學問題的哲學家，而現象學是一種純粹的、確切無疑之理想知識的建構嘗試，基本關懷是知識論問題，它要求「回到事物自身」、「無預設性」的一種還原活動，謝勒繼承此一走向，重點仍在把握事物之本質，對象之根據與存在性等存有論議題並非其核心焦點，至少不是直接要解釋的問題。牟宗三接續孟子陸王一系的心學思想，以道德行為的創造性解釋康德智的直覺，念茲在茲的正為存有論問題。所以謝勒的實質倫理學走向一種「情感的、先驗的客觀論」[39]，價值與價值感或道德感的同一問題，亦即價值是否為價值感所自定自發就不顯得那麼重要。價值感雖具普遍先天性，卻非主客合一，情感與價值合一者。價值與情感各為一獨存分立的領域，兩者之關係為對應，而非同一；價值作為本質是在情感活動中被給予，被感知，而非自覺自知。但依牟宗三之詮釋，儒學的道德感是心與理一，主與客一，是本心仁體之自知自證者，可說價值與價值感在此中同一而無隔。

---

[39]　Manfred S. Frings, *Max Scheler: A Concise Introduction into the World of a Great Thinker,* (Milwaukee: Marquette University Press, 1996), p. 89.

　　如此看來，謝勒這種價值客觀論[40]反而與主張心理為二，心是具理而非即是理的朱子論點類似。首先，正如謝勒嚴分價值物與物價值，朱子也在價值本身（理）與呈現價值者（氣）之間作了區隔，而且，正如謝勒賦予價值先天的地位，朱子也視理為形而上者，所謂「理也者，形而上之道也，生物之本也；氣也者，形而下之氣也，生物之具也。」[41]此外，謝勒認為價值雖不同於價值物，但必藉價值物才有現實的存在，也與朱子理氣二元不離不雜之觀點類似。[42]可見謝勒與朱子同屬價值客觀論者。對照之下，牟宗三認為儒家自孟子以降，直至宋明諸大儒則多是主張心理為一、價值與價值感為一的價值主客觀合一者。[43]

　　其次，基於以上理由，又形成謝勒與牟宗三第二點差異。主客合一的道德主體之特性在於：其道德感乃是道德實踐的先天根據，不但是道德法則的執行者，更是制定者。也就是說，正是康德自律倫理學中可自定自發律則之實踐理性。由於謝勒與朱子同樣主張客觀的價值論，遂而主張的是「道德洞見的自律」（the autonomy of moral insight），同為道德價值之察知者（儘管兩者

<hr>

40　Risieri Frondizi, *What Is Value?An Introduction to Axiology*, (La Salle, Ill.: The Open Court, 1971), chap. IV.

41　《文集》，卷58，答黃道夫書。

42　朱子說：所謂理與氣，此決是二物。但在物上看，則二者渾淪不可分開各在一處。然不害二者之各為一物也。《文集》，卷46，答劉叔文二書之一。

43　牟宗三歸納出孟子與宋儒一些主要代表，如濂溪、橫渠、明道、象山、陽明、五峰、戴山之共同理論特性，統稱之為「縱貫系統」；並判伊川朱子思想與其不同，所形成的是「橫攝系統」。關此可參看《心體與性體（一）》，綜論第一章第四節：宋明儒之分系。

察知價值的方式不同）而非立法者，發展成以知定行的「意願行善的自律」（the autonomy of a person's willing the evidentially good），兩者合而為一種謝勒所謂「人格的自律」（the ethical autonomy of the person），而非康德意義下的自律倫理學。[44]

　　第三，在謝勒理論中與價值有關之先天普遍情感有三種：價值感（value feeling）、偏好（preferring）和愛（love）。其中價值感與偏好都是認知性的情感，只有愛例外。[45]愛恨並非來自對價值之感受與偏好，反而是後兩者之基礎。它們是對價值事物當下的自發性反應，而非對感受或偏好的價值事物之回應。所以真正能發現價值的是愛的行為。因為愛，不為我們所知的價值或更高的價值才呈現出來。如此一來，偏好與價值感必須預設這種愛的行為，受愛的指引。所以愛不是感受，不受後者的影響。這可以解釋為什麼我們對某人的愛，不會因所愛者引起的悲傷或痛苦而改變；對人的恨，亦不致由於對方帶給我們喜悅、快樂而翻轉。愛是感受的基礎，感受又是思考、認知之基礎，故愛恨的吸引與排斥運動正是人行為、選擇、意願、思考之基礎。[46]不過儒家主張的先天普遍情感很明確的只有一種：上提的仁心或悅禮義之心，其餘情感只是與生俱來的（innate）氣性或牟宗三所謂

---

[44]　參本書（頁 111-135）〈再論朱子歸入自律倫理學的可能性〉一文。在此文中，筆者指出朱子雖非康德意義下的自律倫理學，卻可歸入謝勒所謂「人格的自律」型態中，可與此處所說參看。另外，有關他律型態及康德自律倫理學之確義，除了牟宗三先生的相關論述外，亦可參閱李明輝先生所著《儒家與康德》一書。

[45]　Philip Blosser, *Scheler's Critique of Kant's Ethics*, (Ohio: Ohio University Press, 1995), p. 108-109.

[46]　Manfred S. Frings, *Max Scheler*, pp. 43-44.

「形構之理」，並不歸入先驗而普遍的道德情感中。愛作為先天性情感活動，在儒家認為是愛人如己般「與天地萬物為一體」之仁心，謝勒則將它視為揭顯價值的最基礎行為，甚至是宗教哲學中，人格朝向終極圓現及與神聖的直接而具體交融的行為[47]，範圍較廣。

第四，就情感的可溝通性來說，謝勒討論的同情（sympathy）的四種形式實無一可與儒家超越的道德情感完全對應者。心理感染（psychic contagion）與情感認同（emotional identification）都涉及生命力感受狀態與生理感受狀態，自然屬氣性才性而與牟宗三所謂仁心覺情大異其趣；即使是只與心理或精神情感狀態有關的共通感（the community of feeling）以及參與感（fellow-feeling），由於共通感預設不同感受主體對相同對象與情境之感受（如父母相同的喪子之痛），後者則以他人情感為認知對象，於參與再造他人情感後再有所回應（如對他人痛苦之憐憫或幸災樂禍），因此都是有對象的意向性情感。[48]仁心覺情當然是針對某種對象或情境而顯發，於此可以說是意向性情感，不過對象對仁心覺情而言只是種出現之機緣，不必預設相同對象或情境為條件，而是一種對天地萬物皆關心、在意的一體感，這是它與共通感之異。參與感是在再造他人情感後對其反應之中性情感，這反應可以相同乃至相反，所以他人痛苦可能帶給我們快感，但仁心或惻隱之心絕不會有這種愛之欲其生，惡之欲其死的情況出現，而是一種感同身受。不安、不忍之情不受對象之殊異性（如對對

---

[47] 關於愛在謝勒哲學中的宗教意涵，可參考江日新：《馬克斯‧謝勒》（臺北：東大圖書公司，1990年），第五章，〈謝勒的宗教哲學〉。

[48] Manfred S. Frings, *Max Scheler*, pp. 39-40.

方沒有好感）所影響。相較之下，參與感仍是一種私心，謝勒也才明言它不能作為道德之基礎。[49]

五、結語

綜合上述，謝勒與牟宗三既有共識也存在歧見。兩者對情感的先天普遍性與作為道德實踐根據的見解實有志一同，嘗試予以會通實非無據。但現象學與存有論的不同走向，也導致其它論點之相左。謝勒主客二分的人類學先天主體與儒家主客合一存有論式超越主體之別正是一例，所以作為人類所有行為統一中心之人格（person）雖具超越時空與因果之先驗性，卻仍帶有個別之殊異性，[50]與牟宗三主張心之既超越又普遍不同。心可自定自發律則代表道德律則與道德主體是一非二，就這點來看，新儒家又與康德自律倫理學較契合。可以肯定的是，謝勒是西方哲學中與儒家會通的寶貴資源，他對情感各種層面的解析實較儒學豐富而可供借鏡，尤其可藉由他與當代現象學思潮作對話更意義非凡。然而我們也不能就此斷定他較康德更適合擔任這個角色，借助兩者無疑都能闡發出儒學的精采之處。不可否認的是，直到現在中國哲學圈對謝勒的關注與討論似仍嫌不足，實有大力推廣、介紹之價值，本文之用意正在做一種初步而簡略的嘗試，希望在將來能見到更多、更深入的研究成果出現。

49　謝勒（Max Scheler）著，陳仁華譯：《情感現象學》，頁 3-5。
50　Manfred S. Frings, *Max Scheler*, pp. 96-98.

第三部分　開　展

論道德與知識兩種辯證關係：
聚焦朱子格物致知

一、引言

　　若欲探究道德與知識這兩個不同領域之相互關聯的問題，宋明儒學無疑可以提供我們相當豐碩之思想資源。當下浮現於腦海的，應該就是張載對德性之知與見聞之知的分判，繼之，當我們將焦點放在朱子與陸象山之論爭，以及其後王陽明對朱陸之爭的態度與相應之論點，更可從中發掘出可觀的討論素材與論題。質言之，儒學乃成德之學，因此對道德與知識二者之關聯，自會鎖定在知識對個人修身之成聖成賢工夫有何助益的角度予以探討。張載在其《正蒙》〈大心篇〉中強調「見聞之知，乃物交而知，非德性所知，德性所知，不萌於見聞」；朱子指出格物致知之最高境界為「脫然貫通」之如理合度境界；陸象山稱自己的入路為成德之「易簡工夫」；王陽明將其學說精要盡收於「致良知」，充分說明這些儒者都是在道德實踐成就之層面，探索道德與知識之關聯。

　　依上述，若就成德之角度來看道德與知識之關係，朱子對格物致知的說明，從其在世之際就已引發熱烈之議論，且一直延續

至明清，乃至當代的儒家哲學研究。從象山評其工夫為支離，陽明直指其「析心與理為二」，「務外遺內、博而寡要」，到當代學者牟宗三先生定位朱子之學為成德之助緣。究其根本，實皆立基於能否順成儒家成德之教的立場，向朱子提出挑戰。有鑑於此，一些相關領域學者，包括唐君毅、成中英與劉述先等，嘗試從道德與知識相互作用的層面，為朱子提出辯護。指出朱子格物致知之說，亦有陸王所未及之處。

　　基本上，純粹自道德實踐觀之，知識與道德關係的真正關鍵在於：知識如何能促成道德實踐？換言之，我們要問的是：知識能否提供道德行為之動力？經由理論上的探討，我們不得不對此給予否定的答案。雖然劉述先力陳良知與見聞之間具有辯證關係，以平章朱陸。但就儒家之成德工夫而言，這種辯證關係之內涵，不外乎良知可以引導見聞之應用，而良知或道德意識之要求欲實現，又須有見聞之助。這在本質上是一種「主從的辯證關係」，良知為主，見聞為輔。如此來看朱子的格致工夫，就能夠以王陽明「良知不由見聞而有，而見聞莫非良知之用」的論點所吸納，而被定位為輔助角色。

　　這種「主從的辯證關係」可以被詮釋為：良知做出判斷後，提出一從事道德行為之指示，知識則提供相關訊息，幫助此指令落實於行為中。於是可以繼續追問：是否即使在吾人進行道德判斷的過程中，知識都只扮演輔助性角色？還是可能也會具有主導的作用？我們發現，在從事複雜的道德判斷如面對強意義道德兩難之際，吾人進入一種道德上的思考與權衡狀態，此狀態必有理性思維與概念之介入，這些思維或概念又預設了吾人經由教育與經驗所累積的倫理知識，此類知識內化於我們道德判斷作用中，

成為一種道德性前結構，如影隨形地引領我們做出判斷。有鑑於倫理知識的這項主導特性，道德與知識才出現一種可互相影響與作用的「對列的辯證關係」。正是此「對列的辯證關係」，揭示出處理強意義道德兩難的適當對策，幫助我們檢視陽明良知說之不足，以及朱子格物致知之勝場，而重新正視後者提出「去兩短、合兩長」之合理性。

二、道德實踐與知識：朱子格物致知是否為助緣

（一）成德之助緣：牟宗三對朱子格物致知之評價

在宋明理學相關研究中，牟宗三曾提出所謂三系說，分別為：五峰、蕺山系（此系乃承濂溪、橫渠、明道而開出者），象山、陽明系，以及伊川、朱子系。並將前兩系稱為縱貫系統，伊川、朱子系則為橫攝系統。[1]牟氏認為橫攝系統因在「體」（即天理自體、理體、道體）上理解有誤，故於工夫上也出現偏差。就體而言，由於其將心與理區分為二，心只是後天的、實然的經驗之心，理才是超越的存有，故在工夫上，只能涵養一實然的「敬心」；而「致知」也只是通過格物去知那作為本體論的存有的超越之理，並不是一般的經驗知識：

> 自此而言，照顧到實然的心氣，則其所成者是主智主義之以知定行，是海德格所謂「本質倫理」，是康德所謂「他

1　關此詳情，見牟宗三：《心體與性體（一）》（臺北：正中書局，1968年），綜論第一章第四節：宋明儒之分系。

律道德」，此則對儒家之本義言根本為歧出、為轉向，此
處不能說有補充與助緣之作用。但因其在把握超越之理之
過程中須通過「格物」之方式，在格物方式下，人可拖帶
出一些博學多聞的經驗性的知識，此則於道德實踐有補充
助緣之作用。但此非伊川朱子之主要目的，但亦未能十分
簡別得開，常混在一起說，是即所謂「道問學」之意也。[2]

牟宗三此段分析，同時涉及康德自律道德以及道德實踐與知識之
關聯兩個議題。就第一個問題而言，其認為朱子道問學是「以知
定行」的「本質倫理」，康德所謂「他律道德」。因此對儒家之
本義而言根本為歧出、為轉向，此處不能說有補充與助緣之作
用。另外，若將焦點轉往第二個問題，則朱子在把握超越之理的
過程中須通過格物之方式，在這種方式下人可附帶獲得一些博學
多聞的經驗性知識，這對於道德實踐則有補充助緣之作用。換言
之，朱子學因析心與理為二，以及順取的途徑，故偏離儒家本
義。由此導致兩個偏差：一是不能挺立起真正的超越的道德主
體，成為他律道德，在此即使連補充與助緣之作用亦無；二則在
格物致知中所拖帶的知識，並非道德實踐之本質要素，雖然還是
具有補充助緣的作用。

　　朱子學說是否應被定位為康德所謂他律道德，並不在本文探
討範圍之內。[3]與當前主題直接相關的，是第二個問題，亦即就

2　同上，頁 50。

3　自從牟宗三先生提出此分判後，學者們開始對朱子到底能否歸類為康德
　　他律道德型態，就掀起了一番論戰。例如：李瑞全先生撰文指出，朱子
　　之學也可視為康德自律倫理學中的一種型態。參氏著：《當代新儒學之

儒家成德之教與知識的關聯來看，該當如何看待朱子格物致知說？對於牟宗三的說法，首先可以設問：道德意識固然可以主導知識，讓知識為其所用，在此可以說道德為主、知識為從。但進一步來看，知識對於成德真的只有補充助緣之作用嗎？一方面，當我們對某個道理知道得越深入、越透徹，不是更容易能做到嗎？另一方面，吾人若要實現某個道德價值，難道不需要知識的支持嗎？缺乏必要知識，往往會使某些道德行為無法實現。例如我們想對父母表達孝心，於是想要維持父母的身體健康，這就需要具備健康的相關知識。基於兩者這種互相作用、互向引發之關係，知識與道德之間具有的應該是一種辯證關係。成中英即持此類見解：

> 知識有兩大作用：第一、知識能夠增益對價值的把握與理解，而價值也需要不斷的詮釋與不斷的認識，如此才能化為意志的力量，成為充實與實現生命潛力的根源。所以，知識足以扶持價值而建立其影響力，而促成其實現。知識

哲學開拓》（臺北：文津出版社，1993 年），頁 206-241。楊祖漢先生近年也嘗試說明，朱子之學不能簡單地以心理為二、理氣為二、心知理是知一外在對象等論斷予以概括。詳氏著：〈牟宗三先生的朱子學詮釋之反省〉，《鵝湖學誌》49 期（2012 年 12 月），頁 185-209。李明輝先生則是支持牟宗三朱子為他律倫理學之分判，並聚焦於康德哲學本身內在理路之詮釋，對此進行論證。參李明輝：《儒家與康德》（臺北：聯經出版事業公司，1997 年）。以上論點所涉繁複，為免離題，在本文中無法充分討論，詳見本書（頁 111-135）〈再論朱子歸入自律倫理學的可能性〉。筆者在文中指出，朱子雖非康德義下的自律倫理學，卻可歸入謝勒所謂「人格的自律」型態中。

是價值實現的條件及基礎。即此而論，知識對價值顯然有
一種方法上的意義。第二、由於知識必須扣緊生活的現實
及生命的真實，落實在個人及社會生活中，價值問題就變
成如何在現實生活中去實現價值；同時，對價值的分析、
認識及瞭解，可以幫助我們瞭解如何實現價值，而且瞭解
價值的內涵，對價值的內涵有所改進、增益。[4]

成氏對知識與道德關係之立場為：知識與道德相互引發與互為基
礎。[5]依其所見，知識具有兩大作用，一是增益對價值的把握與
理解，在此不斷詮釋與認識之過程中，此知識可化為意志的力
量。此不啻表示知識可以提供道德行為之動力，所以其謂知識是
價值實現的條件及基礎；二是對價值的分析、認識及瞭解，可以
幫助我們瞭解如何實現價值，從而對價值的內涵有所改進、增
益。也就是說，知識可以作為實現道德價值之助力。這兩個觀點
皆涉及複雜之議題，以下試分別予以析論。

（二）知識能否提供道德行為之動力

質言之，對於「當我們對某個道理知道得越深入、越透徹，
就更容易能做到」此命題，可以細分為兩種詮釋。一種是**引發
義**之表述，亦即將道德實踐與知識之連結解釋為：知識可以提
供道德行為之動力。另一種是**輔助義**之表述，將知識定位為有
助於道德行為之實現。就上述引文來看，成中英顯然兩種詮釋兼

4　成中英：《知識與價值──和諧，真理與正義的探索》（臺北：聯經出
　　版事業公司，1989 年），代序，頁 13。

5　同上，頁 166。

而有之。就引發義之表述而言，成氏認為知識可以提供道德行為之動力，所以他在解釋朱子所謂知理時，指出「不論我們如何看待知識，知識必須產生道德與本體論的效果，使人能『盡性』；即知識必須產生自由行動、自我實現、有轉化現實的能力與感受，且使萬物得以和諧及合乎中道。」[6]姑且不論以上表述已直接將知識與道德動機、個人感受等不同概念予以混同，而未提供相應之論證。其中斷言知識本身可化為意志的力量，遂而必須產生自由行動，具備轉化現實的能力，實難以得到論據上的支持。

　　理由在於，此引發義之解釋，實與「知道不見得能做到」的常識直接違背。此常識在學理上的根據為：當吾人反思身處道德情境的實際經驗，可知人在面對道德情境之際，所對應產生的道德意識，若要落實於行為中，則必須經由道德情感，一種不同於認知、反省及概念分析的感性作用，以提供動力。休姆（David Hume）早已指出知識或理性只能是情感之奴隸，道德行為之真正動力乃是一種道德感。康德也強調道德感是道德行為之動機，引發道德行為的根據。[7]現象學的代表人物謝勒（Max Scheler）更直接點明道德感之普遍性與體現於行為之動力性，並對此作了系統性的闡述。[8]雖然以上這些哲學家對道德感的見解不一，卻

6　同上，頁 279-280。

7　主張道德感作為道德行為之動力，康德與儒家所見略同（雖然同中仍有異），關此李明輝先生有詳細而深入之論述。參李明輝：《儒家與康德》（臺北：聯經出版事業公司，1997 年）。

8　經由比較哲學的研究，可以發現謝勒的論點與孟子乃至牟宗三存在許多不謀而合之處。謝勒與孟子在道德情感上都主張其超越普遍性，這點李明輝先生已做了詳細探討，參見氏著：《四端與七情——關於道德情感的比較哲學探討》（臺北：國立臺灣大學出版中心，2005 年）。至於

都表現出一項共識：這種情感狀態，無任何概念運作，也不能是觀念之連結，與知識根本是兩類事物。任何知識的積累或歸納既不能使之增減，也無以令其改變。這就是說，知識無法直接提供道德行為之動力，遂而對一行為之實踐與否根本不具主導力。[9]

謝勒與牟宗三對道德情感的論點之比較研究，可參閱本書專文〈道德感之普遍性與動力性——謝勒與牟宗三的共識〉，頁 167-191。

[9]　近年來出現將知識等同信念，再運用 "besire"（信念－慾望）概念以說明知識能夠提供道德行為動力，以解釋儒家德性之知與良知的說法。參黃勇：〈在事實知識（Knowing-that）與技藝知識（Knowing-how）之外：信念－欲望（Besire）何以不是怪物？〉《哲學與文化》39 卷 2 期，頁 103-119。依筆者之見，此種論述至少必須克服以下兩個問題：一，既然作者認為儒家所說的是一種道德知識，此道德知識正是一種信念－慾望（besire），良知或所謂德性之知即為其例。作者實須先行說明：儒家的道德知識何以是一種信念－慾望？首先，儒家的道德知識何以是一種慾望？特別是對王陽明而言，良知乃是可檢視慾望之道德稟賦，而與慾望不同。若說此慾望即是 Hume 意義下的慾望，所以可以成為道德動機，則此慾望當該接近於王陽明所謂的「意」，而非天理之良知。Hume 所謂慾望涵義甚廣，既可以是從事道德行為的動機，也可以是純粹追求感官愉悅的動機，比較接近有善有惡意之動的層次。並非知善知惡又好善惡惡之良知。再來，儒家的道德知識何以是一種信念？作者實已預設信念等同於知識而未提供適當論證。信念如何等同於知識？又何種信念才算是知識？凡此皆為知識論中爭論不休的重大議題，不能視為理所當然。如果作者的論證是：將信念－慾望中的信念視為規範性信念，而與描述性信念有所區隔。而規範性信念與慾望一樣，都是在改變世界，使世界適合規範性信念與欲望。這充其量只能解釋信念可以和慾望有相同的適應方向（direction of fit），仍然沒有回答「知識何以是一種信念」此問題。其二，即使承認知識即是信念，遂而是一種 "besire"（信念－慾望），這個概念是否成立，仍為一待決問題。其對於信念本身即可提供道德動力的論證，還未得到廣泛認同，尚不足以推翻「知識無法直接提供道德行為之動力」的說法。關此請參見以下著

熟悉道德規範、道德原則，或對其具有高度自覺，可以提高身體力行之機率，卻無法給予保證。

在道德實踐與知識的關係問題上，朱子雖未提出知識可提供道德行為動力的引發義表述，但其格物致知說的理論蘊涵，卻可能有導出此結論之虞。事實上，朱子對本身在道德實踐上之虛歉已曾有所自覺：

> 大抵子思以來，教人之法唯以尊德性、道問學兩事為用力之要。今子靜所說專是尊德性事，而熹平日所論，卻是道問學上多了。所以為彼學者多持守可觀，而看得義理全不仔細，又別說一種杜撰遮蓋，不肯放下。而熹自覺雖於義理上不敢亂說，卻於緊要為己為人上，多不得力。今當反身用力，去短集長，庶幾不墮一邊耳。[10]

朱子在此自承，其於義理上的道問學工夫雖有所得，尊德性工夫卻多不得力，在此相對於象山顯得有所不足，而主張在兩者間去短集長。反觀象山，則斷然拒絕朱子此「去兩短、合兩長」的調停態度，堅持兩者工夫仍有主從之別，強調「朱元晦欲去兩短、

作：1. Smith, Michael: *The Moral Problem*. Oxford: Blackwell, 1994. 2. Blackburn, Simon: *Ruling Passions: A Theory of Practical Reasoning*. Oxford: Clarendon Press, 1998. 3. Zangwill, Nick: "Besires and the Motivation Debate." *Theoria* 74 (2008): 50-59. 由於此中問題所涉甚廣，將留待另文處理。

10　《文集》，卷54。

合兩長，然吾以為不可。既不知尊德性，焉有所謂道問學？」[11]
象山的立場是，就成德工夫而言，若未先立本心，建立堅強的道
德意識，就算有再多、再豐富的義理積累，也是在外面繞圈子的
支離之路。才會指出「既不知尊德性，焉有所謂道問學」。以下
我們就來分析，象山對其成德工夫如此之自信，是否真有道理。

　　談到朱子工夫論，其以格物致知為樞紐，而目標在達到脫然
或豁然貫通的境界，可謂是學界共識。細究之，對於其格物致知
的說法，我們可以檢別出三個層面。第一，探究事物的性質與原
理之經驗認知模式，這是格物致知的外求層面；第二，對社會的
道德規範箴言進行反省與體會，就是要藉由自我反思獲得道德上
的見識，此為內省層面的工夫。朱子認為這兩層面的工夫必須兼
備：

> 致知一章，此是大學最初下手處，若理會得透徹，後面便
> 容易，故程子此處說得節目最多，皆是因人之資質耳。雖
> 若不同，其實一也。見人之敏者太去理會外事，則教之使
> 去父慈子孝處理會，曰「若不務此而徒欲泛然以觀萬物之
> 理，則吾恐其如大軍之游騎，出太遠而無所歸」。若是人
> 專只去裡面理會，則教之以「求之性情固切於身，然一草
> 一木亦有理」。要之內事外事皆是自己合當理會底，但須
> 是六、七分去裡面理會，三、四分去外面理會方可。[12]

11　《象山全集》，卷36。

12　《語類》，卷18。

這段話透露出朱子兩個論點，第一是他認為外求與內省皆須並重，第二是兩者雖得兼顧，但內省之比重佔了六七分，還是多於外求的三四分，顯然更為重要。此外，這兩層面活動雖皆不可或缺，卻也都只是準備工夫而尚未完備。前者類似知識累積與經驗科學的方向，追求道德見識則傾向於成為處世智慧或倫理學說。他還是秉持儒家成德之教的精神，要由外求之知識與內省的智慧更進一步，再提昇至第三個最高層次，亦即知行合一之道德實踐層次。朱子追求貫通的目的，最主要不是在知識或道德見識的獲得，而是要在不斷求知及內省的過程中，磨鍊心的功能，使心能作最大的發揮，以回歸此心不受情欲影響，而能知理順理的知至、物格、明德之本然狀態：

> 致知，不是知那人不知底道理，只是人面前底。且如義利兩件，昨日雖看義當為，然而卻又說未做也無害；見得利不可做，卻又說做也無害；這便是物未格，知未至。今日見得義當為，決為之；利不可做，決定是不做，心下自肯自信得及，這便是物格，便是知得至了。[13]

至於物格、知至，正是朱子用來描述貫通的話語，朱子云：

> 所謂致知在格物者，言欲致吾之知，在即物而窮其理也。蓋人心之靈，莫不有知；而天下之物，莫不有理；惟於理有未窮，故其知有不盡也。是以大學始教，必使學者即凡

---

[13] 《語類》，卷15。

> 天下之物，莫不因其已知之理而益窮之，以求至乎其極。
> 至於用力之久，而一旦豁然貫通焉，則眾物之表裡精粗無
> 不到，而吾心之全體大用無不明矣。此謂物格，此謂知之
> 至也。[14]

所謂貫通，是眾物之表裡精粗無不到，而吾心之全體大用無不明
的境界，也是心超昇至一理平鋪，無情意、無計度的心靈狀態，
亦即充滿道德行為意識之知行合一的最高層次。可見朱子優先處
理的還是儒家傳統的成德之學，亦即道德實踐問題。將此第三層
面之貫通狀態與前兩個層面予以對照，則已屬於一種異質的跳
躍，此異質是相對於前兩層外求與內省工夫所獲得之經驗知識與
道德見識而言，其中差異主要可分三點論之。

　　首先是形上形下之異。貫通所格之理是存在之所以然的太
極，這是形而上之理；相對來說，經驗知識與道德見識的對象，
自然是形而下之理。形而下之理，是存在之所以然之理，亦即形
而上之理分殊的顯現，這兩層理雖具有連續性與內在聯繫，還是
不能混同為一。劉述先指出：「貫通並不是科學層面上找到一個
統一的理論來說明事象的關連，而是隱指一異質的跳躍，為世間
的萬事萬物找到一超越的形上學的根據。」[15]即是指涉此形上與
形下之差異。由此亦可見朱子之格物致知工夫，雖可在其過程中
衍生出經驗知識，卻並非以此為目的，而仍歸宗於體認形上之天
理。

14　《大學章句》，格物補傳。
15　劉述先：《朱子哲學思想的發展與完成》（臺北：臺灣學生書局，1995
　　年），頁540。

　　其次是概念內容有無之異。形上之理既然是無情意、無計度、無造作的淨潔空闊的世界，對應於此的脫然貫通境界自然亦為無思慮、無概念內容的意識狀態。這由朱子解釋明明德的鏡明之喻可見一斑。而且由於超越概念思考活動，一些概念上的二元對立，如精粗、大小、表裡之劃分，乃至主客對立的認知模式，也都在此心境中予以化解。相較之下，經驗知識與道德見識多少帶有各式各樣的想法與思慮，乃至概念上的區分、比較與判別。

　　最後是具實踐性與否之異。貫通是知行合一、具有堅定道德意識之精神境界，隨時保有成就道德行為之德性修養。就此而言，牟宗三以「心靜理明」一詞解釋朱子格物致知，認為貫通即在使吾人之心氣全凝聚於此潔淨空曠無跡無相之理上，一毫不使之纏夾於物氣之交引與糾結中，然後心氣之發動始能完全依其所以然之理而成為如理之存在，實為恰當之詮釋。[16]以此來看經驗知識與道德見識，前者不能引發道德行為已甚顯，道德見識固有助於道德修養或人格之養成，卻不與其等同，這種意義上的知善知惡，雖有助於吾人做出較適宜的道德判斷[17]，卻無法直接導出好善惡惡之行為。以此反觀貫通，卻正是要把道德見識直接落實於行為實踐當中。[18]

---

[16]　牟宗三：《心體與性體（一）》，頁104-106。

[17]　道德見識雖無法作為行為實踐之動力，卻有助於我們做出較佳的道德判斷。關此可參見本文第四部分，「對列的」辯證關係：再探朱子格物致知說。

[18]　此處有關貫通與內省和外求兩種工夫之異質性的論述，係依據筆者另一篇探討朱子脫然貫通的論文。參拙著：〈釋朱子脫然貫通說〉，《東吳哲學學報》第12期（2005年8月），頁99-125。

　　馮耀明曾試圖澄清：朱子和陽明雖然對孟子所謂良知之本質有不同的理解，然朱子對致知的看法，實應與陽明同樣屬於牟宗三意義下的「逆覺」。「有關良知為人所本有，不假外求，而致知只是復其本有之知，逆而覺之，朱、王二氏於此並無二致。所不同者，是二者對『良知』一詞之本質意義有不同的規定。」[19] 從以上分析來看，馮氏實係誤解了牟宗三對逆覺之定義。上述分析已表明，朱子所肯定的良知，是一種經由道德見識之昇華，以至貫通境界的道德意識；然此卻非牟宗三意義下的「逆覺」。因為就牟氏而言，逆覺之所以可能，正在於心即理之前提。[20]牟氏認為縱貫系統之明道五峰、象山陽明二系才真正訴諸逆覺之工夫，朱子則為順取型態，正可由上述這三點差異獲得支持。正因對良知的本質意義有不同的見解，才導致朱子實踐上無法肯定逆覺；也正因朱子不是逆覺的型態，所以無法直接提供行為之動機，而須面對貫通如何可能之難題。試想，德性之知是要建立道德意識與修養，朱子外求與內省並重的工夫入路，獲得的是與其異質之經驗知識與道德見識。貫通既然與認知和道德見識有形上形下、概念內容與實踐性三項差異，而且這些差異皆指向質而非量之不同，那麼這種異質的跳躍又如何可能呢？朱子看來只預設了有此異質之跳躍，而未思及其可能性問題。換言之，唯有訴諸逆覺才能達成此異質之跳躍，「朱子預設此逆覺，卻終不能正視

19　馮耀明：《中國哲學的方法論問題》（臺北：允晨文化公司，1989年），頁27。

20　有關牟宗三所謂「逆覺」之確切意義，亦可參見拙著：《從逆覺體證到理一分殊：試析現代新儒學之內在發展》（臺北：五南圖書公司，2014年），頁24-30。

此一逆覺，是其不足處」[21]。

　　質言之，若不與理為一，是否如理合度就只具有或然性，不保證能達至貫通之境。欲確保貫通之可能，實必須預設一種與理為一之道德意識，在心與理一的條件下貫通才有必然性，在此意義下，劉述先點出「朱子已先預設了象山所說的本心」[22]。此外，曾春海評論朱子的知與行之間無必然的蘊涵關係，「因為在朱子人性論中，性是人與生俱有的理，心卻落入氣中，雖靈明之知，可覺察理，然性只是理，沒有意識，不能自覺，缺乏活動主力，不能感動應事；能感物應事的是心，心雖能格物窮理，感應事務，但心與性，究非同體，彼此難免隔一層。」[23]實亦呼應了上述分析。由此可見，就知識不能直接提供行為動力而言，牟宗三斷言朱子工夫不能挺立起真正的實踐性道德主體，實有其理據。

三、道德與知識之「主從的」辯證關係

（一）良知與見聞的辯證關係

　　對於道德與知識之間的辯證關係，劉述先可謂做出了較為詳盡的討論。首先，他接受牟宗三對朱子順取與他律道德的定位，也認為要建立德性的自覺，就必須訴諸逆覺體證的工夫。[24]進一

---

[21]　《朱子哲學思想的發展與完成》，頁 531。

[22]　同上，頁 527。

[23]　曾春海：《儒家哲學論集》（臺北：文津出版社，1989 年），頁 223。

[24]　《朱子哲學思想的發展與完成》，頁 526-527。

步來看，既然朱子與象山都以孟子學為正宗，而孟子學真正關注者正乃道德實踐。道問學作為外在知解、文字理會之明理工夫，與道德踐履並無本質的相關之處。牟宗三正是據此指出，「如道問學是直接與道德踐履相關之道問學，如象山所意謂者，則不知尊德性，自無此種道問學」[25]。就這一點而言，劉述先也完全認同象山與牟宗三的判斷：

> 表面上看來，朱子的態度比較平衡，象山卻咄咄逼人，不留任何餘地。然而從義理上看，象山緊緊追隨孟子先立其大之義，反對在外部盤旋，朱子也不能不承認陸學在日用工夫上有其過人之處，而自己則往往不免支離之病。由內聖之學的規模看，兩方面的確不能齊頭並列，而必須建立主從關係。象山也不是真的要人完全不讀書，所謂六經皆我註腳的含意是，六經畢竟只是外在的跡，真正的基礎仍在每個人內在的千古不磨心上。由這一線索追溯下去，既以孟學為判準，則我不能不同意牟宗三先生以朱子為「別子為宗」的見解，同時也不能不反對朱子之批評陸子為禪。那是沒有充分根據的聯想。[26]

劉述先認為，就內聖之學的標準來看，朱陸二者的確必須有主從之別，因此牟宗三以朱子「別子為宗」的見解不無道理。他更依據本質程序與教育程序之分野，提到「由本質程序的觀點看，真

---

[25]　《從陸象山到劉蕺山》，頁 94。

[26]　劉述先：〈有關理學的幾個重要問題的再反思〉，《理想與現實的糾結》（臺北：臺灣學生書局，1993 年），頁 256。

正要自覺作道德修養工夫，當然首先要立本心。如果問題在教人作自覺的道德修養工夫，那麼作小學的灑掃應對進退的涵養工夫，讀書，致知窮理至多不過是助緣而已，不足以立本心」[27]。對於朱子批評象山不夠重視事理，他的評論是：

> 其實陸王一系是直接由孟子的大體小體之辨自然發展出來的思路，不必有朱子所批評的毛病。陽明就有極明白的分疏，聖人所把握的只是天理（仁之生生不已），豈能夠無所不知，無所不能（要打仗豈能夠不行軍佈陣），而良知不滯於見聞，卻也不離於見聞。事實上沒有人要你去截斷見聞，只是必須要有大小本末之別罷了。此則朱子也不能違背者。而良知之發用必藉見聞，但二者的層次則不容許錯亂。事實上正是在這個最緊要的關頭上朱子卻缺少了分疏，此其病也。窮理究竟窮的是什麼理？若窮的是天理，則在求放心之外不能再另外說窮理，（朱子晚年之說非也），若窮的是事理，物理，則不必與求放心（立大本）有任何直接的關連，蓋天理雖不外事理、物理，卻與之分屬兩個不同的層次，不可混在一起說。[28]

劉述先指出，朱子對天理與物理、事理兩方面缺乏必要的分疏。因為若窮的是天理，則在求放心之外不能再另外說窮理；若窮的是事理、物理，則不必與求放心（立大本）有任何直接的關連，

27　〈朱熹的思想究竟是一元論或二元論？〉，同上書，頁280。
28　《朱子哲學思想的發展與完成》，頁531。

因為天理雖不外事理、物理，卻與之分屬兩個不同的層次，不可混在一起說。此與牟宗三所謂順取不能挺立起真正的超越的道德主體之論同。儘管如此，他也並非毫無保留地接受象山的進路，因為象山雖在本質程序上觀點正確，在教育程序上卻有其盲點。這麼一來，朱子與象山兩邊的工夫就必須並重。[29]職是之故，劉氏繼而闡述聞見之知與德性之知的辯證關係，以說明朱子的貢獻。其方式乃藉由對陽明「良知不由見聞而有，而見聞莫非良知之用，故良知不滯於見聞，而亦不離於見聞」[30]這段話，給予重新的詮釋。強調良知要真正具體落實外在化，顯發其作用，就不能離開見聞。聞見之知與德性之知之間有一高度的辯證性的關係。[31]

　　進而言之，這種辯證關係的內容是：經驗知識幾乎都有潛在的道德意涵，雖然道德意識對經驗知識有定位之作用。但良知要真正具體落實外在化，顯發其良能，又不能離開見聞，所以經驗知識對道德意識落實於行為亦有襄助之作用，兩者因此形成一種相互合作的緊密辯證關係：

　　　　〔……〕我們不能通過建立經驗知識的方式來建立有普遍性的道德原則，而在另一方面，卻又要清楚地體認到，沒有經驗知識是沒有潛在的道德意涵的。舉例說，造原子彈或試管嬰兒的技術是科學的事，但實際應用這樣的技術就

29　同上，頁256-257。

30　陳榮捷編：《王陽明傳習錄詳註集評》（臺北：臺灣學生書局，1998年），卷上，頁239。

31　〈有關理學的幾個重要問題的再反思〉，頁258-259。

會產生十分嚴重的道德後果。也就是說，良知能否發生作用，就要看它是否能通過批判性的檢驗，適當地定位這樣的經驗知識，而不能只說，知識是另一層面之事，與道德應然的層面沒有關係。再舉一個例說，沒有科學能夠證明人必須維持身心的健康，因為幫助吾人維持身心健康的科學已預設了這樣的前提，它只能是出於良知或實踐理性的要求。但這樣的要求的具體實現卻不能不依靠當前的科學知識，〔……〕，由此可見，普遍性的規約原則與具體性的科學知識二者缺一不可，它們同是我們在現實世界中體現價值的兩個重要的環節，不可加以偏廢，彼此之間存在著一種緊密而複雜的辯證關係。[32]

良知與見聞的辯證關係在於：維持身心健康的科學之產生，已預設了良知或實踐理性之要求，但這種要求要落實，就不得不倚賴當前的科學知識。良知可以給予經驗知識適當的定位，但良知或道德意識之要求欲實現，又非得經驗知識之助不可，所以普遍性的規約原則與具體性的科學知識二者缺一不可，同是體現價值的兩個重要環節。質言之，就孟子成德之教而論，劉述先認同牟宗三朱子乃別子為宗，以及其工夫屬成德之教助緣的看法。但同時也強調要「深入了解良知與聞見之間的高度辯證關係，那就可以掌握儒家傳統的睿識」[33]。象山之學潛藏有余英時所謂「反智論」的危險，因為：

---

[32]　劉述先：〈儒學與未來世界〉，《當代中國哲學論（問題篇）》（River Edge, N. J.：美國八方文化企業公司，1996 年），頁 263-264。

[33]　〈有關理學的幾個重要問題的再反思〉，頁 262。

他（象山）說我雖不識一個字，也可堂堂正正做一個人，
這就道德人格而言是一點不錯的。然而這卻可以助長一種
傾向，就是對於知識方面的不夠重視；到晚明乃有「現成
良知」的說法，馴至滿街皆聖人，其害不可勝數。由現在
的觀點看，通過知識固然不能建立道德良知，但道德的具
體實踐卻不能不依靠知識。我們可以擁有全世界最好的善
意，要是缺乏知識的話，仍可以好心做壞事，同樣可以造
成巨大的禍害。〔……〕陽明的見解就要複雜精微得多。
他說：「良知不由見聞而有，而見聞莫非良知之用，故良
知不滯於見聞，而亦不離於見聞。」（《傳習錄》中，答
歐陽崇一）這樣的看法就深刻全面得多。儘管陽明本人仍
偏在德性一邊，通過創造的解釋，卻可以建立德性與見聞
之間的高度辯證關係。[34]

由此看來，正因象山「不明白德行、見聞之間的辯證關係」[35]，
所以劉述先才強調朱陸先後天修養工夫必須同加重視，亦即賦予
同樣的重要性，然後再統合於陽明致良知之教中。理由在於：陽
明對良知與見聞的不同定位，可以說明德性與見聞之間的高度辯
證關係。

（二）道德意識與經驗知識之「主從的辯證關係」

依上述，劉述先強調良知可以給予經驗知識適當的定位，而

---

[34] 〈對於當代新儒家的超越內省〉，《當代中國哲學論（問題篇）》，頁
30-31。

[35] 同上，頁31。

良知或道德意識之要求欲實現，又須有經驗知識之助；是以就道德實踐與知識之關聯此議題，他主張的是兩者之間輔助義的連結，經驗知識可作為道德行為實現之助力。此論點實與牟宗三不謀而合。牟宗三對經驗知識的定位是：它可以在吾人做出道德判斷之後，幫助其落實至道德行為。這就是陽明所說：「是個誠於孝親的心，冬時自然思量父母的寒，便自要求個溫的道理；夏時自然思量父母的熱，便自要求個清的道理。」[36]經驗知識是道德意識（思孝親）表現於道德行為（思量父母的寒熱）的輔助者（溫清的道理）。他藉由對陽明致良知的重新詮釋，表達這個論點：

> 在致良知中，此「致」字不單表示吾人作此行為之修養工夫之一套，（就此套言，一切工夫皆集中於致），且亦表示須有知識之一套以補充之。此知識之一套，非良知天理所可給，須知之於外物而待學。因此，每一行為實是知識宇宙與行為宇宙兩者之融一。（此亦是知行合一原則之一例）。良知天理決定行為之當作，致良知則是由意志律而實現此行為。然在「致」字上，亦復當有知識所知之事物律以實現此行為。吾人可曰：意志律是此行為之形式因，事物律則其是材質因。依是，就在「致」字上，吾人不單有天理之貫徹以正當此行為，且即於此而透露出一「物

36　陳榮捷編：《王陽明傳習錄詳註集評》，卷上，頁30。

理」以實現此行為。[37]

牟宗三詮釋致良知中的「致」字，帶有一種雙重意涵：每一道德行為都是本心良知與經驗知識合作所成就者。前者決定行為方向，所以是行為之形式因；後者決定行為內容，則是行為之材質因。例如在本心下「孝」之判斷「後」，為了在行為上貫徹此「孝」的指示，就必須探求相關知識。而此知識之一套，又非良知天理所可給，須知之於外物而待學。良知天理既然須有知識之一套以補充之，知識就成為「孝」心實現之輔助。由此可見，他與劉述先對象山雖有不同的評價（牟宗三對象山之肯定多於劉述先），但接受陽明對良知與見聞的關係定位，而肯定成德與知識之間具有輔助義的連結則一致。勞思光亦曾以「根源義」與「完成義」兩個概念，解釋道德與知識的這層關係：

> 一道德行為即一如理之行為。就「根源義」講，無論作此行為之人具有之知識是否正確，此行為之道德性視其意志狀態而定；換言之即「發心動念」處之公私決定其道德性。但就此行為能否如理完成講，因離開知識則行為即無內容，知識愈缺乏，行為之完成亦愈不可能。故在「完成義」下，知識亦提供道德行為之內容。[38]

37　牟宗三：《從陸象山到劉蕺山》（臺北：臺灣學生書局，1979 年），頁 250-251。

38　勞思光：《哲學問題源流論》（香港：中文大學出版社，2001 年），頁 87。

所謂「根源義」是就行為是否合乎道德而言，在此知識不能有任何決定力；但就道德行為能否順成之「完成義」而言，因知識提供道德行為之內容，就成為道德實踐上不可或缺之輔助。質言之，在道德實踐領域，道德意識與經驗知識的確呈現出相互合作的情形，但這屬於一種輔助義的合作與連結。知識只能幫助良知實現自身之要求，為良知所用。基於道德意識對經驗知識的指導與定位作用，兩者還是有主從之分，道德意識為主、經驗知識為從。因此這種辯證關係，並非互為基礎、互相引生之對等的辯證關係，而是一種「主從」的辯證關係。順是，朱子外求與內省並重所獲得的經驗知識，就道德實踐而言，的確處於輔助地位。牟宗三依儒家內聖之學，從道德實踐的角度判定朱子格致工夫為助緣，實為站得住腳的評斷。

（三）經驗知識對道德判斷的輔助功能

1.經驗知識在判斷「後」的輔助角色

　　事實上，探討道德與知識之關聯問題，從成德之道德實踐切入，只是其中一個面向，雖然儒學之焦點向來集中於此，卻並不表示我們不能從其它層面來處理這個問題。例如，我們可以從道德判斷的角度，分析兩者之關係。而就道德判斷而言，上述道德實踐與知識之主從的辯證關係，亦為一種經驗知識在吾人做出道德判斷「後」之輔助功能。我們若參考陽明與徐愛的一段對話，就更容易明白其意涵。徐愛依據知識對道德事務的重要性，質疑陽明致良知教太過斬斷枝蔓，因為「如事父之孝、事君之忠、交友之信、治民之仁，其間有許多理在。恐亦不可不察。」徐愛於是提問：「如事父一事，其間溫凊定省之類，有許多節目，不知

亦須講求否？」[39]陽明的回答是：

> 如何不講求？只是有個頭腦。只是就此心去人欲存天理上
> 講求。就如講求冬溫，也只是要盡此心之孝，恐怕有一毫
> 人欲間雜。講求夏凊，也只是要盡此心之孝，恐怕有一毫
> 人欲間雜。只是講求得此心。此心若無人欲，純是天理，
> 是個誠於孝親的心，冬時自然思量父母的寒，便自要去求
> 個溫的道理；夏時自然思量父母的熱，便自要去求個凊的
> 道理。這都是那誠孝的心發出來的條件。卻是須有這誠孝
> 的心，然後有這條件發出來。[40]

陽明這段回答，明白交代了經驗知識與道德判斷的關係。徐愛認
為：像孝忠信仁這些事情之完成，中間須有許多知識（「其間自
有許多理在」），實必須予以重視。陽明對此雖給予肯定的答
案，卻又同時強調，仍須釐清良知與知識兩者之角色定位（「只
是有個頭腦」）。溫凊定省之事，是在本心已下「孝」之判斷
後，為了在行為上貫徹此「孝」的指示，所去探求的知識。因此
是「孝」心實現的條件（「就如講求冬溫，也只是要盡此心之
孝」，「這都是那誠孝的心發出來的條件」），但非「孝」之為
義務的前提。人有了「孝」之心，自會去尋求冬溫夏凊的知識，
而非次序顛倒（「卻是須有這誠孝的心，然後有這條件發出
來」）。可謂重申了經驗知識在判斷「後」的輔助角色。

39　陳榮捷編：《王陽明傳習錄詳註集評》（臺北：臺灣學生書局，1998
　　年），卷上，頁30。

40　同上。

2.經驗知識在判斷「前」的外在決定

　　另一方面，我們也可進而探討經驗知識在我們做出道德判斷「前」的作用。有一種論點是：正由於吾人認識到一些事實，才會判斷某種行為是該做的。例如我知道父母養我、育我之事實，才做出應該孝順父母之判斷：

> 法則的意義決定於客觀事實。例如，「我應該孝敬父母」，這是一條倫理法則。然而這條法則之成立，是因為父母生我，養我，育我，愛我。如果沒有生、養、育、愛，這些事實，則「孝」之一語沒有意義，孝的法則不能成立。[41]

上述道德法則之成立，決定於客觀事實的說法，除了陷入摩爾（G. E. Moore）所謂「自然主義謬誤」（the naturalistic fallacy）[42]，而須面對其「待決問題論證」（the open-question argument）之詰難外，也忽略了一個關鍵，就是：在從對此情境之認知到作出相應行動的過程中，必經過一種應然意識之轉接，在我知道父母養我、育我時，會產生一種感動，正是這份感動使我認為應該孝順，並決意從事孝行，這份感動亦即應然意識，兼具道德實踐之動機與因應某情境從事道德判斷之雙重角色。所以真正作判斷的，是此應然意識、而非任何經驗知識或事實。勞思光指出，在

---

[41]　孫振青：〈關於道德自律的反省〉，《哲學與文化》第 15 卷第 6 期（1988 年 6 月），頁 18-19。

[42]　這種說法其實可以溯源至告子，從而作為「自然主義謬誤」之一例，對此李明輝曾做出詳細的討論。詳見氏著：《儒家與康德》（臺北：聯經出版事業公司，1997 年），頁 97-100。

「根源義」上，一切應然皆不能看作知識中之決定。就「根源義」講，無論作此行為之人具有之知識是否正確，此行為之道德性視其意志狀態而定；換言之即「發心動念」處之公私決定其道德性。[43]亦為上述論點的另一種表達。經驗知識在此實為輔助性質，提供週遭對象或事態之訊息，供道德判斷之用。可說是判斷「前」之參考功能，亦即知識對我們判斷某事物之道德定位的諮詢功能。由於這對應然意識之判斷無主導作用，所決定的是判斷對象之內容或特性，而非道德判斷力本身，所以稱為判斷「前」的外在決定。

　　在外在決定關係中，經驗知識的取得除了作為參考資訊，以利我們做出判斷之外，這些訊息的改變亦會導致我們對某事物道德判斷之改變。試以人們對近親通婚態度之轉變為例。由於醫學上發現近親通婚在遺傳上之惡果，這項做法於是為法律與社會所不容。如此一來，這似乎證明了知識可以左右我們的道德判斷。針對這種說法，要注意的是，在這種關係中，經驗知識其實並未進入道德判斷力內在結構中，只是由於知識提供我們所要判斷的對象之不同性質，使這對象顯示給我們的意義有了改變。在近親通婚之例中，並非經驗知識改變了我們的道德判斷，而是這種知識指出了我們之前所未考慮的因素，乃至其所涉及的道德問題，這些問題牽涉到某些道德原則或義務，使應然意識重新衡量此事之道德定位，進而裁定為不可行。可見經驗知識真正改變的還是道德判斷之對象，並非道德判斷力本身，所以是一種外在的決

---

[43] 勞思光：《哲學問題源流論》（香港：中文大學出版社，2001 年），頁 87。

定。亦即：道德判斷的改變，是由於判斷對象或質料之改變，而非判斷力本身內在因素之影響，這仍然是一種判斷「前」的參考或諮詢功能。

　　綜上所說，不論是作為道德判斷「後」，在實踐上落實此道德判斷的輔助者；還是在我們做出道德判斷「前」，提供相關資訊的參考功能，經驗知識所發揮的都是襄助之作用，其與道德之互動，充其量皆為一種「主從的辯證關係」。訴諸經驗知識以上任一功能為朱子辯護，就仍落在「見聞莫非良知之用」的範圍內，還是可由陽明良知說予以融攝。

四、「對列的」辯證關係：再探朱子格物致知說

（一）倫理知識與道德判斷「中」的內在決定

　　有別於牟宗三、劉述先以陽明良知說統合朱陸之嘗試，唐君毅先生則標舉朱子格物致知有進於陽明之處，其謂：

> 陽明喜言良知之無不知，此乃將良知流行之全程一滾說。實則良知之流行，亦自有節奏與段落。在每一段落上，皆有所不知，人亦可知其有所不知。而朱子則正是就人知其所不知處，教人以格物窮理。只須人真能知其有所不知，則見得朱子之教，自有其確乎其不可拔處，而非陽明之致良知之教所能廢者也。[44]

---

[44]　唐君毅：《中國哲學原論（導論篇）》（臺北：臺灣學生書局，1986年），頁343。

唐君毅認為陽明「良知無不知」的說法，忽略了在道德實踐上人有不知之處的情況，而朱子格物窮理，正是要知這些不知之處，故可補陽明之不足。唐氏倡言朱子所謂格物，乃「重在往知吾人之初所未及知者。此吾人之初所未及知者之存在，乃至少為吾人在一具體特殊情境下，所必加以肯定者。吾人於此，即必須循朱子之教，以格物窮理。此處朱子之教，亦有其原則性之意義，而有一永恆之價值。」[45]此處「吾人之初所未及知者」，亦即陽明所謂「節目時變」。唐君毅認為陽明既云「致良知於事事物物」，即意涵必須表現良知之流行，於具體情境中之具體事物之義。故不能離「節目時變」，而言致良知。如致孝之良知，不能離冬溫夏凊，晨昏定省之事是也。由此，他指出陽明所謂規矩方圓之喻實有不當。關鍵在於「有規矩必能成方圓，而以良知之已知者為標準，未必能知節目時變也。」[46]可見其肯定朱子之學有陽明所不可掩處，在於其格物致知可提供我們從事道德行為時所需之知識，也就是「節目時變」，而這是陽明講致良知不可或缺之環節，陽明對此卻缺乏正確的認知，誤以為可以藉良知之已知者，而知那未知之物。

唐君毅此處所討論之內容，係依據陽明與顧東橋之間的一場對話。原文為：

> 來書云：道之大端易於明白，所謂良知良能，愚夫愚婦可與及者。至於節目時變之詳，毫釐千里之謬，必待學而後

45　唐君毅：《中國哲學原論（導論篇）》，頁 342-343。
46　同上，頁 343。

知。今語孝於溫凊定省，孰不知之？至於舜之不告而娶，武之不葬而興師，養志養口，小杖大杖，割股廬墓等事，處常處變，過與不及之間，必須討論是非，以為制事之本，然後心體無蔽，臨事無失。〔……〕節目時變之不可預定，猶方圓長短之不可勝窮也。故規矩誠立，則不可欺以方圓，而天下之方圓不可勝用矣；尺度誠陳，則不可欺以長短，而天下之長短不可勝用矣；良知誠致，則不可欺以節目時變，而天下之節目時變不可勝應矣。毫釐千里之謬，不於吾心良知一念之微而察之，亦將何所用其學乎？是不以規矩而欲定天下之方圓，不以尺度而欲盡天下之長短，吾見其乖張謬戾，日勞而無成也已。吾子謂語孝於溫凊定省，孰不知之？然而能致其知者鮮矣。[47]

細看此段對話，可知陽明並非認為以良知之已知者為標準，即能知節目時變。所以陽明承認「節目時變之不可預定，猶方圓長短之不可勝窮也」。陽明規矩方圓之喻，其意在藉由以規矩而定天下之方圓，以尺度而盡天下之長短的例子，說明良知作為吾人立身處世之指引。能立得良知，不代表就知道節目時變，而是能「不可欺以節目時變，而天下之節目時變不可勝應矣」。亦即良知讓我們能在紛紜複雜之世事中把握方向，不會迷途而失足，而非讓我們能知道所有紛紜複雜世事之細節。也就是說，陽明此處所表達的，正是前述所謂經驗知識在道德判斷「後」的輔助功

---

[47] 陳榮捷編：《王陽明傳習錄詳註集評》（臺北：臺灣學生書局，1998年），卷中，頁 181-182。

能。是以他解釋其「良知無不知」之意，乃是「聖人無所不知，只是知箇天理」，並接著特別澄清「不是本體明後，卻於天下事物，都便知得，便做得來也。」是則陽明也肯定人有所不知之處，只是在道德實踐上，還是要先立本心良知，再應其要求去求知，故曰「其所當知的，聖人自能問人。」[48]是則唐君毅要證明朱子學非陽明所能廢，不能只訴諸朱子注重知其所未知之處，因為陽明對此已有清楚的體認，更會同意其「以良知之已知者為標準，未必能知節目時變也」的觀點。因為陽明也意識到，這些節目時變正是「吾人之初所未及知者」。而是必須指出，朱子格物致知的工夫，有一可供其發揮之領域，且正為陽明所不及或未處理者。此中線索，恰巧也能在陽明與顧東橋此段對話中找到。

在上述引文中，顧東橋提出一個觀點，他以舜之不告而娶、武王之不葬而興師等情況為例，強調其中涉及不同準則的衝突，必在平時學習「節目時變之詳，毫釐千里之謬」，才能以為「制事之本」而「臨事無失」。陽明的回應，除了上述內容之外，還包括以下值得注意的說法：

> 夫舜之不告而娶，豈舜之前已有不告而娶者為之準則，故舜得以考之何典，問諸何人，而為此耶？抑亦求諸其心一念之良知，權輕重之宜，不得已而為此耶？武之不葬而興師，豈武之前，已有不葬而興師者為之準則，故武得以考之何典，問之何人，而為此耶？抑亦求諸其心一念之良知，權輕重之宜，不得已而為此耶？使舜之心而非誠於為

48　同上，卷下，頁303。

無後，武之心而非誠於為救民，則不告而娶與不葬而興
師，乃不孝不忠之大者。而後之人不務致其良知以精察義
理於此心感應酬酢之間，顧欲懸空討論此等變常之事。執
之以為制事之本，以求臨事之無失，其亦遠矣。[49]

陽明表示，面對上述道德難題容或須要知識，但仍是要先致良
知，遇事再對具體情況做出了解，而當下予以評估，就能為我們
指引一方向。舜與武在作出「不告而娶」、「不葬而興師」等決
定時，並沒有任何相同情境的範例知識可供參考，若說這些知識
是判斷之依據，那他們又如何能夠做出抉擇？故重點唯在平時立
得良知，遇事再「精察義理於此心感應酬酢之間」，了解情況
後，以良知「權輕重之宜」，發現在「有後」與「告而娶」，
「救民」與「葬而興師」這兩種情況中，雖有道德義務上之衝突
而難以兩全，卻還是能權衡出較重要而迫切之義務，於是作出取
決。陽明的基本立場是：世事複雜多變，每一境況各自不同，所
以不可能充分掌握「節目時變之詳，毫釐千里之謬」。先立本心
以為定盤針，一切知識就能為我們所用；如同有了規矩尺度，我
們就能決定一切的方圓長短。所以說「良知之於節目時變，猶規
矩尺度之於方圓長短也」[50]。我們對情境所需要的知識是無窮無
盡的，就如同方圓長短的數量是無法計算的，但重點是在應事接
物之際，由良知決定事物之是否當為，一旦決定了所當為之事，
即採取相應的行動。是以唯有先立本心，以之為指南，遇事再吸

49　同上，卷中，頁 182。
50　同上，卷中，頁 182。

收相關知識，自能作成適當判斷。若要以討論「變常之事」而為「制事之本」，不啻是本末倒置。

究其實，陽明上述看法類似境遇倫理學（situational ethics）只提出一形式原則，再視所處情境決定具體義務的思路。其優點是靈活、不死板僵化以致對道德情境之殊異反應遲鈍。劉述先曾經明確指出這一點，而強調儒家倫理是一種境遇倫理，而每一個個案都需要智慧去判斷，戰戰兢兢，如臨深淵，如履薄冰，並沒有保證永遠在正確的一方，故儒家由孔子以來即強調「觀過知仁」、「過則勿憚改」。[51]

就倫理學的討論而言，上述舜之不告而娶、武王之不葬而興師等情況，應屬於所謂「道德兩難」（moral dilemma）之範疇，且是一種弱意義之道德兩難，因為相對而言，吾人在此種情況中可以輕易地決定其中兩義務之高下與急迫性。另外，還有一種強意義的道德兩難，則是指兩義務難以衡量其高下及迫切性的情況。[52]細究之，以陽明的方式處理弱意義的道德兩難尚可，一旦面對「強意義」的兩難境況，則可能會面臨兩個問題。首先，每一道德境況自不會完全相同，但往往還是能在部分情況中發現

51　劉述先：〈作為世界哲學的儒學：對於波士頓儒家的回應〉，《現代新儒學之省察論集》（臺北：中央研究院中國文哲研究所，2004 年），頁 36。

52　適合此定義的例子如：一臺車駕駛，在行駛時突然發現煞車失靈。此時在軌道前頭有五人，如果他不及時將車駛入支軌，則會撞死這五人；可是此時支軌上又有一人渾然不覺地工作，於是此舉又可能殺死支軌上這一人，在時間緊迫無法通知軌道上眾人，而且又別無它法的情況下，如何抉擇成了一件難事。參見 Gilbert Harman: *The Nature of Morality: An Introduction to Ethics* (New York: Oxford University Press, 1977), p. 57.

類似特徵，適用類似的解決方式。黑爾（R. M. Hare）即指出，境遇倫理學與某些極端存在主義者所犯的錯誤，正由於忽略了一些簡單應急原則之作用，這些原則的助益是：

> 在我們自己身上建立一個相對地簡單的反應模式（這模式若找得到言詞表達的話，可以稱作相對地簡單的規約性原則），使我們準備好可以面對新的、但在重要特徵上類似於以往曾遇過的突發事件。[53]

我們的確不能以任何知識或行為規則窮盡一切道德情境，以為只要訴諸這些原則之應用，即可高枕無憂。每一個具體情境皆有其獨特性，道德判斷於是必須考量所處情況的個別要求。應用道德原則於當下面對的情境都是一種創造性、而非重複性的活動。但問題是，若依照陽明的模式，就意味著每當我們面對某個強意義的道德兩難之際，都必須在毫無準備的情況下，於倉皇之中做出決定，並可能陷入手足無措之境地。有別於此，若是我們在遭遇強意義道德兩難之際，已具備一種以道德原則、道德經驗為基礎的簡單應變模式，並據此作出判斷，應是更為妥當的選項。這種情況下的判斷未必十全十美，也不見得令我們毫無內心之糾結或遺憾，但卻可讓我們在具備較充分理由的情況下，相信所做選擇的正確性與合理性，以面對其後果。從這個角度來看，相對於陽明的進路，具備有關道德原則、道德經驗的知識，就具有一種優

---

[53]　R. M. Hare: *Moral Thinking* (New York: Oxford University Press, 1981), p. 36.

勢。

　　另外，在面對強意義道德兩難之際，吾人之道德意識會進入一種自我反思、權衡乃至掙扎的過程，在這過程中，行為者會對自身的道德感與道德傾向，進行確認、反省與思考，此即涉及概念運作與理性思維的參與。這就意味著在此過程中，吾人以前的道德行為經驗、社會倫理規範、國家的法律乃至一些倫理學理論或原則，往往如影隨形地起作用，預先透過這些概念與思維，成為指引我們思考之前判斷或前結構。此時雖然不是這些道德經驗或倫理規範在為我們作判斷（因為知識或經驗本身並非道德判斷機制），但判斷之所以可能，則又全仗這道德性前判斷，受這前結構之引導。它不是充分條件、卻是必要條件。也就是說，此類有關道德原則、道德經驗的知識──我們不妨稱之為「倫理知識」──乃內化成為道德思考之內在結構，而直接主導吾人之道德判斷。這種內化關係可以比喻為：在跑的不是輪子、而是車子，可是沒有輪子，車子也不能跑。若把道德判斷的思考過程類比為車子之行駛，倫理知識就像車子得以行駛的輪子。有別於經驗知識在道德判斷「前」提供資訊之外在作用，倫理知識實可主導道德判斷，形成一種判斷「中」的內在決定。[54]經過思考的道德判斷，必受這種道德性前結構之介入，不自覺地將以往的道德經驗，以及藉由教育所獲得的行為標準應用於當前遭遇的情境中。行為者之判斷，往往會訴諸本身關於善或正當的觀念。而這

---

[54] 有關「道德性前結構」與「倫理知識」等概念，因涉及論點繁複，筆者另有專文處理，此處僅析述其重點。詳見張子立：《從逆覺體證到理一分殊：試析現代新儒學之內在發展》（臺北：五南圖書公司，2014年），第七章，頁243-259。

些觀念之來源，除了個人之內省與傾向之外，也會在家庭、學校
或社群中被教導、灌輸，從某種倫理與政治的脈絡中獲得，並形
成一種不斷增長的道德經驗。處理道德兩難之應變模式，正是建
立在此道德性前結構之上。職是之故，在強調道德判斷的靈活性
與原則規範的不斷改進之餘，我們也不應該忘了道德教育、社會
常規與倫理學說等所積澱而成的道德性前結構，是我們得以從事
複雜判斷，同時不斷改善判斷能力之可能條件與依據，而須予以
並重。若從以上這兩點來看，道德與知識才真正出現「對列的辯
證關係」，陽明良知說之不足，以及朱子格物致知的優勢，也才
真能從中凸顯出來。

（二）由「對列的辯證關係」重新定位朱子工夫論

　　就道德與知識之關聯而言，一方面，在作出道德判斷之
「前」與「後」，是以道德意識主導或決定經驗知識之應用；另
一方面，在道德判斷「中」，倫理知識構成的道德性前判斷，已
成為進行複雜道德判斷，如強意義道德兩難之可能條件，於是具
有主導地位。在此道德與知識就成為互相作用與影響之「對列的
辯證關係」。確立此「對列的辯證關係」，即可繼而證明朱子見
解之獨到。原因在於，朱子對格物致知的說法，與上述處理強意
義道德兩難的兩項要點，實若合符節。其中第一點是說，雖然我
們不能以任何知識或行為規則窮盡一切道德情境，若具備以道德
原則、道德經驗為基礎的簡單應變模式，仍會更有利於處理強意
義的道德兩難。第二點則藉由道德性前結構之存在，闡明倫理知
識，亦即有關道德原則的知識與道德經驗，實際上引導著我們從
事道德事務之思考，是以道德教育與倫理學說的探討有其必要

性。值得注意的是，關於這兩個論點，朱子皆有相應的說法。一
方面，他早已看出只作尊德性工夫會在應變上出問題，預見陽明
良知之教可能導致的流弊：

> 時變日新而無窮，安知他日之事非吾輩之責乎。若是少間
> 事勢之來，當應也只得應。若只是自了，便待工夫做得二
> 十分，到終不足以應變。到那時卻怕人說道不能應變，也
> 牽強去應。應得便只成杜撰，便只是人欲。又有誤認人欲
> 作天理處。若應變不合義理，則平日許多工夫依舊都是錯
> 了。[55]

朱子認為節目時節複雜而多變，因此須在平日多作道問學的博學
審問工夫，建立一種簡單的反應模式，才能應變得當。若只從事
尊德性之自了工夫，恐怕臨事容易倉皇走作，不是牽強去應，就
是誤認人欲作天理。這種見解與黑爾對境遇倫理學的批評實有異
曲同工之妙。至於如何建立因應道德兩難的反應模式，他在一次
有關格物的問答中表示：

> 問：格物最難。日用間應事處，平直者卻易見。如交錯疑
> 似處，要如此則彼礙，要如彼則此礙。不審何以窮之？
> 曰：如何一頓便要格得恁地，且要見得大綱，且看個大胚
> 模是恁地，方就裡面旋旋作細。〔……〕若難曉易曉底一
> 齊都要理會得，也不解恁地。但不失了大綱，理會一重

> 了，裡面又見一重；一重了，又見一重。以事之詳略言，
> 理會一件，又一件。以理之深淺言，理會一重，又一重。
> 只管理會，須有極盡時。博學之，審問之，謹思之，明辨
> 之，成四節次第，恁地方是。[56]

此處問者所提在日用應事處「如此則彼礙，如彼則此礙」之困境，自涉及兩義務無法同時相容的道德兩難情況。而朱子認為對這「交錯疑似處」的解決，不是一蹴可幾的。必須先見得大綱，然後再由略而詳、由淺而深，方能自得。此處所謂「大綱」、「大胚模」為何，朱子雖未明確定義，然由整段文意觀之，正是指事物之關鍵、重點。落在道德判斷上，則是朱子所謂「天理在人終有明處」。儘管此明處會為物慾所遮蔽，「然這些明底道理未嘗泯絕，須從明處漸漸推將去，窮到是處，吾心亦自有準則」。[57]至於要如何掌握這些大綱或準則，朱子的建議是要人藉由對經書義理、社會道德規範及個人道德經驗予以徹底地檢視、反思，以獲得一種道德見識：

> 人之為學也是難。若不從文字上作工夫，又茫然不知下手
> 處；若是字字而求、句句而論，而不於身心上著切體認，
> 則又無所益。且如說「我欲仁斯仁至矣。」何故孔門許多
> 弟子，聖人竟不曾以仁許之，雖以顏子之賢，而尚或違於
> 三月之後，而聖人乃曰「我欲斯至」？蓋亦於日用體驗：

56　《語類》，卷15。
57　《語類》，卷15。

> 我若欲仁，其心如何？仁之至其意又如何？又如說非禮勿
> 視聽言動，盍亦每事省察何者為禮、何者為非禮？而吾又
> 何以能勿視勿聽？若每日如此讀書，庶幾看得道理自我心
> 而得，不為徒言也。[58]

本文第二節中指出，朱子格物致知在內省層面可以培養道德見識，這種道德見識，即屬於倫理知識之範疇。朱子在這段話中，重申倫理知識之重要。謂其不能只從文字句意上理解，也必須反求諸己地作自省工夫。例如對於我欲仁斯仁至矣，以及非禮勿視聽言動等孔子言教，於日常體驗中從事省察的工夫，領悟其道理何在。他對於忠孝等道德規範亦採取相同的態度：「只是孝有多少樣，有如此為孝，如此而為不孝；忠固是忠，又有如此為忠，又有如此而不喚做忠，一一都著斟酌理會過。」[59]這些都是以倫理知識為對象的探究工夫。

朱子對倫理知識的說明，在探討傳統的權變問題方面特別豐富，因此處理道德兩難問題自成一套理路。在《語類》卷三十七之〈可與共學章〉，朱子延續孟子討論了嫂溺、舜不告而娶、武不葬而興師等道德兩難，並總稱之為「權」，以有別於作為常行道理之「經」。朱子認為只有在面臨道德兩難、而非私心自用之際，才能講「權」。他強調「權」乃「經之要妙微密處，非見道理之精密透徹成熟者不足以語權也」[60]，「須是聖人方可與

---

[58] 《語類》，卷 34。

[59] 《語類》，卷 15。

[60] 《語類》，卷 37。

「權」[61]。這也可說是朱子對用「權」之條件限制。可以說，由體認「經」的可常之理到不得已而用「權」的工夫過程，正是朱子解決道德兩難之途徑。

首先，朱子以明瞭「經」或「道理」為「權」之先決條件，才會說「非見道理之精密透徹純熟者不足以語權也」。至於怎樣方算見理精密透徹純熟呢？答案是「此心虛明純一」[62]時。朱子論「經」或「道理」兼及道德意識及道德規範兩者。「虛明純一」指的正是脫然貫通的道德意識狀態；至於道德規範則為道德意識之具體化、條文化，以利遵循、傳播與教育。這些規範是由「經」到「權」之必要中介。因其上承道德意識，是人們對生活中常見之道德情境與相應的道德判斷之整理、反省；下立權變之基礎，人們在面對道德兩難之際，必先以這些規範為大綱維，再做適當之權衡。所以朱子亦特別用心於這些道德規範之學習與研究，此工夫即是體「常」。他曾將「經」「權」與「常」「變」對舉而指出：「經者，道之常也；權者，道之變也。」[63]而朱子認為重要的是體「常」，到時自能權變：

> 今且當理會常，未要理會變。常底許多道理，未能理會得盡，如何便要理會變？聖賢說話，許多道理平鋪在那裡。且要闊著心胸平去看。通透後，自能應變。不是硬捉定一

---

[61] 《語類》，卷37。
[62] 「欲其權量精審，是他平日涵養本原，此心虛明純一，自然權量精審。伊川嘗云：敬以直內則義以方外；義以為質則禮以行之。」（《語類》，卷37）
[63] 《語類》，卷37。

物，便要討常，便要討變。今也須如僧家行腳，接四方之
賢士，察四方之事情，覽山川之形勢，觀古今興亡治亂得
失之跡，這道理方見得周遍。[64]

要理會「常」，就是要通透聖賢話語中之道理，所謂「講於聖賢
親切之訓以開明之」[65]。可以說，「常」亦即經書中聖賢體會之
人生道理，所提出之道德原則義理。學習與研究這些原則規範，
有助於人在應事接物上採取適當的作法。所以朱子說：「學者若
得胸中義理明，從此去量度事物，自然泛應曲當」[66]。

　　如此看來，朱子實已意識到道德判斷與倫理知識具有「對列
的辯證關係」，並且對處理道德兩難的應變模式提出相應之說
明，而可歸納為以下三點：一、建立道德意識，二、道德原則與
社會規範之學習研究，三、強調道德教育與探討倫理學說的重要
性。相較於陽明在此缺乏適當的認知，正可見其格物致知說之價
值所在。

五、結論

　　綜上所述，我們可以分別從道德判斷「前」、「後」、
「中」三種狀況，表述經驗知識與倫理知識的不同作用，以釐清
道德與知識之辯證關係。
　　一、道德判斷「前」：經驗知識具有兩種外在決定之作用。

64　《語類》，卷 117。
65　《文集》，卷 47，答呂子約書。
66　《語類》，卷 13。

一種是可提供有關判斷對象的資訊，以供道德意識的判斷活動做出裁決。另外一種「外在決定」功能則是，相關資訊的改變引發某事物對我們的意義之變化，道德意識對相同事物也相應產生不同評價，但這改變的是對判斷對象之認知與態度，而非判斷作用本身。

二、道德判斷「後」。即在道德實踐的「完成義」上之輔助角色。在我們做出道德判斷後，經驗知識可以幫助我們履行合乎道德判斷之行為，實現道德判斷的要求。

三、道德判斷「中」。在諸如強意義道德兩難這些進入思考、權衡過程的情況中，倫理知識內化為具有主導作用之前結構，直接作為得以行使判斷之先決條件，這是倫理知識與道德判斷之內在決定關係。

由此可知，在道德判斷「前」或「後」，經驗知識皆具有提供資訊與內容的作用，因此對判斷具有輔助之角色。但因仍受道德意識之主導，縱有相互作用之關係，也是一種「主從的辯證關係」，道德意識為主，經驗知識為從。唐君毅與劉述先為朱子所做的辯護，實皆在此層面立論。如此一來，牟宗三評斷朱子學為逆覺體證型態之助緣，仍然可以成立。但在道德判斷「中」，倫理知識構成的道德性前結構，則為強意義道德兩難等複雜道德判斷之可能條件，遂而直接引導吾人從事道德判斷。朱子已意識到倫理知識對解決道德兩難之重要性，並提出如何建立一種處理之應變模式。相對於陽明主張只要平時立得良知，遇事再精察義理於此心感應酬酢之間，實更為深入而周到。可見若對道德判斷前、後、中三種情況予以綜合考量，道德與知識除了「主從的辯證關係」之外，亦呈現出一種互相作用與影響之「對列的辯證關

係」。理解此「對列的辯證關係」，再來看朱子格物致知說，其能見人所未見之處即豁然開朗。

　　經由以上分析，我們就可以評斷朱子工夫型態之確切貢獻。若是從道德實踐層面看道德與知識的相互關係，陸王實有較正確的體認，特別是王陽明對良知與見聞之分判，已經釐清了二者間「主從的辯證關係」。要是從倫理知識與道德判斷之「對列的辯證關係」切入，朱子則對道德判斷有較全面的認知，其格物致知工夫應用在此的成效，實有陽明所不及之處。因此其「去兩短、合兩長」的建議，值得吾人予以正視、落實。

普遍人性之論證：
「實踐的印證」與「共識的印證」

一、導言

　　西方後設倫理學（meta-ethics）有所謂自然主義（naturalism）與情感主義（emotivism）之對立。雙方皆同意主體乃價值之依據，但對價值是否為事實則態度不同，自然主義肯定而情感主義否定價值為事實。情感主義認為主體之偏好、慾求千差萬別、莫衷一是，不具備經驗性質之可觀察性與準確性，因而將價值排除於事實領域之外，只視其為主觀情感、態度之表達。然細究之，在情感主義看似有力的論據中，其實已隱含一種預設，亦即：人心沒有一致性，在人類社會中沒有普遍認同的價值標準。但是，如果可以設法論證人的確稟賦一種普遍道德能力，既不會隨著經驗之流變動，又可獨立於感性、慾望的左右，而且反過來能提供此二者指引，則價值判斷固然是情感、態度的表達，而異於感官感覺的報告，卻仍然可以解釋觀察，自然主義與情感主義雙方對立之癥結也就不復存在了。舉例來說，如果人們的普遍道德傾向是反對無端殺生，則依情感主義而言，從事此行為就是錯的。若要以摩爾（G. E. Moore）所提之「待決問題論證」（the open-

question argument）質問：無端殺生是惡的嗎？答案非但是肯定
的，如此問甚至還是多餘的。因為兩者之關係已是同義反覆
（tautology），只是在詞語明確性上有所不同罷了。哈曼
（Gilbert Harman）曾經表示：

> 情感主義本身不見得是虛無主義（nihilism）的表述。如
> 果你推斷在人性中有足夠的一致性，則對道德事實的假定
> 可與情感主義相容。情感主義者甚至也可以是倫理學自然
> 主義者。舉例來說，如果一個情感主義者相信，道德上的
> 贊成或反對是從我們對他人感到的同情之心推衍而來，那
> 麼他對道德上的錯誤就可能採取一種自然主義的定義——
> X的錯誤與其引起人類痛苦的程度相應。既然這樣的一位
> 情感主義者將認為，基於普遍的同情心，某事物就其引起
> 人類痛苦的範圍內是否為錯誤，不能是一待決問題，則待
> 決問題論證對此定義無法構成障礙。[1]

誠如哈曼所指出，若人心具有一致性，情感態度之表達就不是隨
意、偶然的，而是普遍人性之展露，價值就成為可藉由經驗觀察
證實的共識。應然同時是實然，有助打通事實價值之間的藩籬。
以此反觀儒學，則肯定「仁」之為普遍人性實乃基本共識，那
麼，儒家對上述哈曼之分析將會給予肯定的答案。但就哲學理論
而言，更重要的問題是：要如何證成普遍人性以作為理論支點

---

[1]　Gilbert Harman: *The Nature of Morality: An Introduction to Ethics* (New York: Oxford University Press, 1977), p. 30.

呢？本文將嘗試指出，儒家對普遍人性之證成，同時涉及「道德意識具體化」與「道德意識普遍性」兩種論證。針對前一個問題，可以運用牟宗三先生「實踐的印證」進路，先行說明普遍人性的哲學內涵與經驗可觀察性；然後再訴諸劉述先先生以理一分殊方法為基礎之「共識的印證」，解釋普遍道德意識如何展現為實際的價值共識。

二、「實踐的印證」：牟宗三論普遍人性

（一）實踐理性與道德情感：牟宗三與康德之同異

牟宗三認為儒家對普遍人性之肯定，即為道德主體如何呈現的實踐問題。他在討論康德對理性的實踐運用時，不滿意後者將自由只視為「假設」，而強調必須是一種「呈現」。「因為道德律、定然命令不只是一個在理論上令人信服的東西，它必須在道德踐履上是一個呈現的事實；而理性底實踐運用亦不只是光理論地講出定然命令之普遍妥當性令人信服而已，它亦必須在道德踐履中是一個呈現的實踐運用。」[2]至於普遍人性之所以能促成道德踐履，成為呈現的事實，則因其內涵為理性與情感合一之道德主體。

牟宗三指出，先驗的普遍的道德法則是性體之所展現。「心之自律（Autonomy of mind），康德所謂『意志的自律』（Autonomy

---

2　牟宗三：《心體與性體（一）》（臺北：正中書局，1968 年），頁155。

of will），即是此種『性』」[3]。此「性」自是指「本然之性」或「義理之性」，而非「氣質之性」或「生之謂性」的經驗之性。儒家肯定人之主體有超越與普遍的面向，故人之所以為人之本質，亦即人之性，可與天道天命通而一之，具有相同之內容。「性」體不但是人之所以存在的超越根據，人之存在性，也是道德實踐所以可能的超越根據，人之內在道德性。就存有論而言，「性」即天道，故是普遍的同一；就道德實踐、亦即以道德行為表現出此性來說，由於人之道德發展高於其它物類，僅人得具此「性」。人禽之辨正在此處顯：「客觀地，本體宇宙論地自天命實體而言，萬物皆以此為體，即潛能地或圓頓地皆以此為性。然自自覺地作道德實踐言，則只有人能以此為性，宋明儒即由此言人物之別。」[4]由此看來，「性」也是人之能自覺地作道德實踐之「道德的性能」（moral ability）或「道德的自發自律性」（moral spontaneity）[5]。而這「性」也是孟子所謂的本心。此超越的「本心」正是人能體現「性」之根據。由心之湧動、悅理義而發為道德行為，最是順適而直接，可以說，「性」與「本心」正是一而二、二而一者。性體之作用即同於康德哲學中的自由意志或實踐理性。

不過，牟宗三雖然認同康德訴諸普遍道德理性的走向，對道德情感的看法卻與後者大異其趣。就康德而言，一切情感皆是感性的經驗之情，任何有關道德的情感，都只是道德法則施加於感性的結果。就其產生不快而言，是消極情感；就其引發對法則的

---

[3]　《心體與性體（一）》，頁 40-41。

[4]　同上，頁 40。

[5]　同上。

敬重而言，是積極情感。而兩者實是一體的兩面：

> 道德法則加諸在情感上的消極影響，其結果（不快）屬於
> 感性之列。在這一點上，它與其它東西施加於情感上的效
> 用一樣，而且這個結果與一般的情感沒有什麼區別。不
> 過，這種受偏好性癖影響的理性存有者之情感，作為受道
> 德法則意識影響的結果而言，它勢必同一個超感性的原因
> （即作為最高立法者的純粹理性主體）有關聯，我們可稱
> 之為羞恥心（理性的自我貶抑）；但就它涉及到這種羞恥
> 心的積極根源（即法則）來說，它的出現又是一種對法則
> 的敬重。僅管事實上並不存在關於這條法則的感情，但
> 是，在理性運用其判斷力的過程中，法則克服了各種困難
> 險阻——從這個意義上看，一種障礙被清除了，這等於
> 說，對原因性概念的積極幫助是值得敬重的。因此，我們
> 同樣可以把這種情感稱之為敬重道德法則的一種情感。而
> 且，基於以上兩個理由，它也可以被稱作道德感。[6]

在康德的義理間架下，道德情感可算是道德行為的動機。但這說
法只能適用於道德感的積極面，而與其消極面無關。因為就康德
而言，道德的真正基礎落在實踐理性上，唯獨它才能決定一件行
為的道德與否。道德情感作為動機，是意志的法則施加於感性之
上，令其遵循而發諸行為之主觀根據，它不是價值賦予之來源，

---

[6]　Immanuel Kant: *Critique of Practical Reason*, trans by T. K. Abbott (Amherst, N. Y.: Prometheus Books, 1996), pp. 95-96.

只是依法則而行之動機。這動機並非作為消極感情的羞恥心（不快），因羞恥心不能認識純粹實踐理性自身，只能感受到其抵抗感性動機的力量；敬重感才能直接認識道德法則的力量，克制人的感性癖好，成為自願遵從法則的自覺意識，充當主觀的行動原理或動機。[7]

　　康德之所以把私人幸福原則與道德情感俱視為經驗原則，一方面是因為它有待於外，另一方面亦因為它根據純主觀的人性之特殊構造，導致在程度上自然有無限地差別變化，對於善惡不能提供統一的標準。然依牟宗三之見，情感並非只限於實然的經驗之情，就儒家而言，作為道德行為動力的道德感恰為一種超越而普遍的情感表現：

> 道德感、道德情感可以上下其講。下講，則落於實然層面，自不能由之建立道德法則，但亦可以上提而至超越的層面，使之成為道德法則、道德理性之表現上最為本質的一環。然則在什麼關節上，它始可以提至超越的層面，而為最本質的一環呢？依正宗儒家說，即在做實踐的工夫以體現性體這關節上。依康德的詞語說，即在做實踐的工夫以體現、表現道德法則、無上命令這關節上。[8]

可以說，在儒學有超越與經驗兩層情感之分，道德價值主要是在超越而普遍之情感湧動中呈現。「康德把道德感看成是形而下

---

[7]　Immanuel Kant: Critique of Practical Reason, p. 100.

[8]　《心體與性體（一）》，頁126。

的，感性的，純主觀的，不能為道德之基礎，這就是把心之明覺義與活動義完全從意志上脫落下來，而意志亦只成一個乾枯的抽象的理性體，而不知意志活動就是本心仁體之明覺活動，道德感（道德之情）就是這本心仁體之具體表現。」[9]牟宗三認為，康德之所以未見及此，是因為他以概念分解的方式對道德性質作形上解析，而非直接從道德實踐中表現道德法則、無上命令的角度看道德。才會覺得「人何以能感興趣於道德法則」此問題不能被解明。事實上這問題並非不能解明，答案正在孟子「禮義之悅我心，猶芻豢之悅我口」[10]這句話。「人何以能感興趣於道德法則」此問題的意義猶如「禮義何以能悅我心」。道德法則決定意志，這決定是從理上說的客觀的決定；依康德，興趣（道德感）是理性由之以成為實踐者，這是主觀的決定。兩者之各行其是才導致「人何以能感興趣於道德法則」此問題懸而未決。李明輝先生亦指出，康德的實踐理性是法則的制定者，卻不具執行道德法則的力量，這力量落在道德情感（亦即道德動機）上。則意志只能自我立法，卻不能自我實踐，則道德主體流於虛歉無力，難以玉成其自律觀念。[11]若接受孟子說法，道德主體既然可以出於愉悅而從事道德行為，這「悅」正表示道德意志與情感合而為一，使主體不但是道德法則之制定者，亦有執行法則的能力，所謂「求則得之，舍則失之」，正表示一種制定與實行法則合一的思

9　牟宗三：《智的直覺與中國哲學》（臺北：臺灣商務印書館，1993年），頁 194。

10　《心體與性體（一）》，頁 149。

11　李明輝：《儒家與康德》（臺北：聯經出版事業公司，1997 年），頁33。

路。

　　從這種上提的悅理義之心的道德情感出發，牟宗三已由康德心性是一的思路推進至心性情是一，道德情感不只是一種被動的感受，更是一種主動的道德的覺情，即心即理即法則之「實體性的覺情」[12]。在這種思想脈絡中，價值是一種創造行為、而非認知行為，共同人性正是在超越而普遍之道德情感落實於行為中證實。因為此時道德主體之動用已具體化而成為可觀察之真實事件：

> 法則決定意志，這決定是從「理」上說的客觀的決定，這只是當然，不必能使之成為呈現的實然。要成為呈現的實然，必須注意心——道德興趣、道德情感。心（興趣、情感）是主觀性原則，實現原則；法則是客觀性原則，自性原則。關於這主觀性原則（實現原則，即真實化、具體化底原則），康德並未能正視而使之挺立起，到黑格爾才予以正視而使之挺立起。（因黑格爾正重視實現故）。康德只著力於客觀性原則之分解地建立，未進到重視實現問題，〔……〕所以視「道德法則何以能悅我心」為不可理解也。[13]

意志要成為呈現的實然，必須注意作為實現原則的心或道德情感，因為情感正是將意志落實於行為之動力，仁心良知之客觀

---

[12]　牟宗三：《現象與物自身》（臺北：臺灣學生書局，1990 年），頁 69-70。

[13]　《心體與性體（一）》，頁 164。

性，就是在超越而普遍之道德情感發之於行為處證實。所以本文稱其為一種「實踐的印證」。李瑞全先生指出，牟宗三的倫理學「是一內在論，兼具價值根源與道德實踐動力之內在論，超乎康德與休謨所相對的理性與感性動力之區隔的型態。此為牟先生之道德規範根源所進於傳統儒家和西方倫理學論述之處。」[14]此「實踐的印證」進路將道德法則、道德判斷與道德動機三者合而為一，不啻是在同屬道德判斷內在論的康德與休謨的對立之外，另為西方倫理學的內在論提供了第三種進路。

（二）牟宗三與謝勒之對比

就西方倫理學傳統來看，道德探討的重心主要都放在理性，而感性層面則因其殊別性、經驗性，而被排除於道德基礎之外。此理論導向引起謝勒之不滿。謝勒指出，康德的問題正在於否認情感在道德層面有任何決定性的角色，只成為道德法則運作於感性層面的主觀效果。康德對感性層面的了解是快樂主義式的（hedonistic），感覺都只追求快樂或慾望的滿足，而欲望與欲望對象間的關係總是偶然的、經驗的、後天的，自然不能作為無條件的真正道德之基礎。由此可見，即使是人的價值感及其對應之價值，在康德眼中都是欲望滿足之對象，建立於其上的倫理學於是都屬於快樂主義（hedonism）一脈。就謝勒而言，這觀點有一個錯誤的預設：除了理性，道德經驗中並無其它具有普遍次序之原理。但他提出與此相反的觀點，認為情感才是人性中普遍的

14　李瑞全：〈當代新儒學道德規範根源之建立：從孔孟到牟宗三〉，《鵝湖》第 379 期（2007 年 1 月），頁 24-28。

根據，並作出如下說明：

> 有一種經驗，其對象是理性完全無法企及的。理性無視於
> 這些對象，就好像耳朵和聽覺無視於顏色一樣。這是一種
> 引導我們進入真正的客觀對象及其永恆秩序——亦即價值
> 及其等級次序——的經驗，此經驗包含的序列與律則就如
> 同邏輯與數學之序列與律則般精確自明。也就是說，在價
> 值與價值態度之間有一種明確的關聯與對照，偏好等行為
> 建立在它們之上，道德決定及其法則的真正根據亦以它們
> 為基礎而具有可能性與必然性。[15]

謝勒的態度是：人的情感面有其並非來自理性和意志之行為合法
性，其先天內容只能透過倫理學、而非邏輯來展現，情感的價值
察知乃通往價值領域（當然也包括道德價值）的唯一通路。[16]如
此一來，普遍人性與道德基礎反而來自情感而非理性了。

　　至於情感之所以堪當道德基礎之關鍵，在於其亦具先天普遍
的內容。事實上，精神的情感狀態（感受、偏好、愛、恨……
等）具有獨立於思考能力之先天（a priori）內容，所以他反對傳
統把人的情感一律歸入感覺層面的做法，強調如此一來，情感就
完全受限於物理－心理機制，忽略內在於情感之先天秩序或邏

---

[15]　Max Scheler: *Formalism in Ethics and Non-Formal Ethics of Values,* trans.
by Manfred S. Frings / Roger L. Funk (Evanston: Northwest University
Press, 1973), p. 255.

[16]　Manfred S. Frings: *Max Scheler: A Concise Introduction into the World of a
Great Thinker* (Milwaukee: Marquette University Press, 1996), p. 41.

輯:

> 精神性的情感要素,像是感受、偏好、愛、恨、和意願,也
> 擁有一個不是從思想那裡借來的,在倫理學獨立於邏輯時
> 必須顯示出來的原初先天內涵。巴斯卡(Blaise Pascal)
> 說得好,存在著一個先驗的心的秩序(ordre du coeur)或
> 心的邏輯(logique du coeur)。[17]

謝勒對情感先天性的強調,是要突顯康德將感性一律視為生理及心理感覺之狹隘性。在感官感覺之外,還有對價值之察知、偏好與愛恨等情感活動,這些活動皆反映了心之先驗秩序或邏輯。由以上分析可知,謝勒與康德對情感的看法有兩個基本分歧:1.感性層面除了心理與生理感覺之外,還有獨立於此的與價值相關之情感。2.這些與價值相關之情感可察知價值,並有其先天普遍的等級次序。顯而易見,謝勒對情感的看法,與牟宗三提出超越與經驗兩層情感之分,道德情感可以上下其講的說法,可謂不謀而合。

此外,就謝勒而言,先天的價值感既可察知價值標準,也能充當道德行為之動力。他認為構成哲學這種特殊認識方式的前提條件是一種道德立場,其任務和目的就是要克服一切把目光緊盯在此在身上的實踐態度。謝勒認為道德價值要具體落實在行為中,所以才說「善與體現善的行為是一體兩面(located on the

---

[17] Max Scheler: *Formalism in Ethics and Non-Formal Ethics of Values*, p. 63.

back of this act）」[18]。就謝勒而言：「道德價值是要藉由道德行為實現四種實質價值，例如道德行為即是偏好生命力價值甚於感官價值、或是偏好精神價值甚於生命力價值之行為。道德上的善惡正出現在實現較高（此即善）或較低（此即惡）價值的行為中」[19]。謝勒將現象學還原轉化為一種對情慾及衝動的觀念化或非現實化。他將胡塞爾對主體以外的客體世界存在之不表態、不關心，亦即對其分立獨存性之中止判斷，從知性上的態度翻轉為道德實踐的生活態度，不關心的焦點更明確地集中在人的情欲干擾上，而非外在事物之存在與否。道德行為存在於實現較高的精神與神聖價值中，是以若情慾干擾到更高價值的實現，就成為在現象學還原中要排除的對象。哲學認識的本質即建立在對受肉體及感官知覺支配的本能衝動之自我控制，和通過自我控制所能實現的對象化。[20]可見還原在謝勒代表一種非肉體化、對七情六慾之超克，他特別注意到有關道德層面的情感直觀不但是一道德意向，也指向此意向之實現於行為中。以上說法，也與牟宗三以道德情感為實現原則，是將意志落實於行為之動力，而仁心良知之客觀性，即在超越而普遍的道德情感發之於行為處予以證實等論點若合符節。

　　但雙方也存在著不可忽略的差異。謝勒的實質倫理學乃一種「情感的、先驗的客觀論」[21]，價值感雖具普遍先天性，卻非主

18　*Ibid.*, pp. 25-27.

19　Frings: *Max Scheler*, p. 89.

20　〈論哲學的本質與哲學認識的道德條件〉，引自謝勒（Max Scheler）著，劉小楓編：《舍勒選集》（上海：三聯書店，1999年），頁239。

21　Frings: *Max Scheler*, p. 89.

客合一，情感與價值合一者。價值與價值感各為一獨存分立的領域，兩者之關係為對應，而非同一；價值作為本質，是在情感活動中被給予，被感知，而非自覺自知。[22]這導致謝勒理論存在一個問題，亦即：行為標準與行為動機之一致性無法獲得保證。因為價值與價值感共同作為道德依據，客觀價值做為行為標準可證成道德判斷，作為偏好的感知活動則提供了行為動力。先天普遍的情感活動不能單獨提供行為標準，兩者作用之一致與否還是無法獲得保證。兩者可以一致，但也可能不一致。謝勒的獨到之處在於，看出情感除了充當行為動機外，更有普遍先天的價值感與價值偏好面向，從而也能提供價值標準。但是價值外在於道德主體，不是道德主體之自我要求，即使受到對較高價值之偏好所引導，而傾向於實現較高價值，但實際上卻不一定真的能辦到，不一定可以成功地對官能慾望實現對象化。如何為道德實踐（對謝勒而言，此即實現較高價值之道德行為）提供保證就成為一待決問題。

　　而在牟宗三對儒學的詮釋中，道德感是心與理一，主與客一，是本心仁體之自知自證者，可說價值與價值感在此中同一而無隔。主客合一的道德情感之特性在於：作為道德實踐的先天根據，不但是道德法則的執行者，更是制定者。也就是說，既是先天的道德行為動力，也是康德所謂可自定自發律則之實踐理性。實現道德價值成為道德主體之內在要求，行為標準與行為動機之一致性就能夠得到保證。

22　有關謝勒與牟宗三理論之同異，可參見本書第二部分中〈道德感之普遍性與動力性：謝勒與牟宗三的共識〉一文，其中有較詳盡的說明。

三、普遍人性的兩種論證

從哲學論述角度來看，要證成儒家之仁的普遍性，須進行兩個層面的說明：分別是「道德意識具體化」與「道德意識普遍性」兩個論題。所謂「道德意識具體化」，是要說明仁心或本心如何做為可觀察的事實，而確認其真實性；「道德意識普遍性」則在探討，是否能找到任何價值取向或道德判斷，可以視為具普遍意義的共識，成為普遍人性在現實生活中實現的案例。

就「道德意識具體化」問題而言，牟宗三「實踐的印證」進路可謂已做出說明。牟氏強調儒學乃成德之學，注重道德實踐，要把道德意識落實在行為中。道德應該是一個實踐問題，不是一個知識問題。對普遍道德意識之理解不是通過感性，而是與它「覿面相當」的親證，是實踐的親證；理解之即是證實之，即是呈現之。[23] 這實與康德自律系統所強調的「意志之因果性」，以及謝勒主張先天價值感不但是一道德意向，也指向此意向之實現於行為中等說法有志一同。是以若將其與康德（Immanuel Kant）及謝勒（Max Scheler）的相關論述予以對照，實可突顯其特點。

就康德而言，規範之基礎為實踐理性，行為動力則由實踐理性施加影響於道德情感而提供。但由於理性只是道德行為之指引者，真正能使道德原則落實於行為的卻是情感，而情感又被排除於道德主體之外，於是情感是否會對法則感到敬重就失去必然性，自律道德主體之實踐性就被架空了。至於謝勒，他反對康德

23　《心體與性體（一）》，頁 168。

將情感只侷限於經驗層面的看法，力排眾議地主張情感也有先天普遍的面向。對他而言，行為動力是由偏好更高階層價值的先天情感所提供，價值標準也是因為價值感對客觀價值之感知而具備。但因作為規範標準之客觀價值外在於道德主體，雖然與康德行為動力超出道德主體能力範圍之問題不同，基於價值標準之實現只是道德主體之偏好，不是自我之內在要求，兩者配合的一致性也沒能得到保證。

　　如此看來，就道德實踐而論，若欲保證行為法則與行為動機之一致性，最好是將這兩個角色都劃歸道德主體之內，成為道德主體之自我要求。實踐理性與先天道德感同時是道德主體的組成內容，並行而不悖。就其提供普遍法則而言，是作為實踐理性的立法者；當其對外在情境有所感應而發為道德行動時，是做價值還原活動的先天情感，但本質上兩者同屬道德主體且是一而二、二而一者。既然皆為道德主體的不同面向，兩者之一致也成為道德主體之自我要求。而牟宗三詮釋的道德主體乃心性情三者合而為一者，正屬於這種情感與理性合一的架構。

　　此種理路之特點在於：強調普遍人性不是一種靜態的性質，而是一個動態的發生過程。而此動態的發生過程可以從兩個角度來看。首先，就旁觀者角度而言，當內在的道德法則經由道德情感之驅使而實現為行動之際，普遍人性得以展現而落實在現實生活中，其客觀性也可藉由外在觀察得到證明。例如經由仁心之驅使，人們主動進行慈善捐款援助發生不幸者。此一善行正使仁心成為旁觀者可觀察之事實。其次，我們也可以從行為者體驗來看「實踐的印證」。仁心作為道德或價值事實，不同於一般感覺經驗意義下的事實。此事實之確認，不是經由感官經驗之對象化認

知活動，而是透過對道德意識之自覺，對自身仁愛之情的體察，使整個實踐過程成為可以自我檢視、證實的存在體驗，其真實性也可藉以得到證明。在上述慈善捐款之例中，捐助者正是感受到被自己的惻隱之心所驅使，在此自覺之下而自發性地進行捐款的動作。牟宗三對道德意識具體化問題所提出之解釋，即涵蓋了這兩個層面的動態過程。

但若談到「道德意識普遍性」的落實問題，「實踐的印證」則尚未予以證成。我們永遠可以問：實際生活層面如何找到對應於普遍道德傾向之事例？李明輝曾以「實踐底意義能否在超越歷史情境及社會條件的主體中充分顯現」為判準，區分黑格爾與康德的兩種「實踐」概念基本型態，並指出黑格爾的實踐概念欲在人的歷史性中尋求實踐底基礎，其問題在於如何保證價值規範（尤其是道德規範）底普遍效力，而避開相對主義底陷阱；而儒家及牟宗三的實踐概念與康德則屬同一類型，肯定一種超越的實踐主體為基礎，其用意即在防止陷入相對主義之泥淖：

> 依筆者之見，無論是先秦儒學（荀子除外）、宋明儒學，還是當代新儒學，均建立在康德式的「實踐」概念之上。依這種「實踐」概念，儒家肯定道德主體在其獨立於歷史情境與社會條件的自由中已具有充分的實在性，而這種自由是其他一切人文活動之基礎。〔……〕這種自由顯然可獨立於歷史與社會底脈絡而成其為「實踐」。儒家之所以肯定這種自由，係為了藉道德主體底超越性保住道德法則

　　底普遍性與絕對性,以避免道德的相對主義。[24]

李明輝認為,儒家的主流,從先秦儒學(荀子除外)、宋明儒學一直到當代新儒學,均屬於康德式的「實踐」概念系統。依這種「實踐」概念,儒家肯定道德主體在其獨立於歷史情境與社會條件的自由中已具有充分的實在性,這種自由又可作為其他一切人文活動之基礎。此種系統之優點在於:可以藉道德主體底超越性保住道德法則底普遍性與絕對性,以避免道德的相對主義。不過其必須面對的質疑是:如何能在現實層面,證實這種獨立於歷史情境與社會條件的超越普遍道德主體之存在?其實際展現究在何處?李明輝即是意識到此問題而指出:「儒家和康德一樣,肯定道德價值底理想性,由於這種理想性與現實之間永遠有距離,故永遠會受到『能不能落實』的質疑,亦永遠有『如何落實』的問題。」[25]從這個角度來看,在儒家與牟宗三的理論中,所謂「如何落實」問題,事實上就是「道德意識之普遍性或超越性」如何展現、如何顯化之問題。

　　質言之,對普遍人性最常見的反駁,就是現實生活中價值觀與倫理規範之相對性與多元性,這也使得倫理學上的相對主義歷久不衰。有鑒於此,若要證成人心的一致性,就必須指出現實層面存在一些價值上的共識。否則的話,即使在理論上得以融貫一致,對照現實生活中種種意見對立與分歧,仍會使普遍人性或人心一致性的說法成為抽象概念而不切實際。針對此問題,李明輝

24　李明輝:〈當前儒家之實踐問題〉,《儒學與現代意識》(臺北:文津出版社,1991年),頁32-33。

25　〈當前儒家之實踐問題〉,《儒學與現代意識》,頁36。

設想的解決之道為：

> 〔……〕在理想主義底基礎上吸納對話原則。在筆者看來，
> 這是當前儒學在面對迫切的實踐問題時應當採行的進路。
> 但是儒家在今天這種日趨多元化的社會必須自覺地放下過
> 去那種「作之君，作之師」以及「一事不知，儒者之恥」
> 的身段，使其理想向各門學術開放，與之進行對話。[26]

儒家對「如何落實」的理論問題，因應之道是必須保持對生活世界的開放性，不斷向各門學術開放，與其進行對話。如此一來，「道德意識普遍性」的落實問題，解決之道是在理想主義的基礎上吸納對話原則。這無非提醒我們對普遍人性之肯認，除了「超越主體式」的印證之外，還需要進一步加上對話中「互為主體式」的印證方式。掌握此問題脈絡，亦有助於我們了解為何阿培爾（Karl-Otto Apel）與哈柏瑪斯（Jürgen Habermas）仍認為康德的超越主體還只是獨白（monologue），而須經由理想溝通情境下的交往對話，形成一種互為主體性（inter-subjectivity），認為這才能建立一種真正具普效性的共識，作為倫理學之基礎。正由於對道德普遍性之印證，除了從自我意識出發，經由思想上可普遍化程序的推導方式加以證立的康德「超越主體式」（transcendental subjectivity）進路之外，還要能夠前進到一種尋求共識的「互為主體式」（inter-subjective）進路。就儒家而言，則是在個人親身履行而體驗的「實踐的印證」之外，進而向

26　同上，頁38。

外尋求存異求同的「共識的印證」之進路。要在這方面予以突破，廣泛的對話溝通是不二法門。尤有甚者，這種對話若能跨出學術工作之外，延伸至跨文化與跨宗教的層面進行，實能體現更廣泛的普遍性。劉述先積極參與全球倫理運動，以及理一分殊方法對尋求共識所做的新解，正是在這方面的努力。

四、「共識的印證」：理一分殊與全球倫理

（一）全球倫理（global ethic）與共同人性

近年來，一些宗教家、哲學家乃至聯合國教科文組織大力推動、參與之「全球倫理」（a global ethic）或「普世倫理」（the Universal Ethics，也譯為「普遍倫理」、「世界倫理」）運動，其取向即是在進行互為主體的對話。該項運動之目的，在透過不同文化與宗教傳統之平等對話，尋求彼此間可以產生的共識。孔漢思（Hans Küng）起草的〈世界倫理宣言〉（Declaration Toward a Global Ethic），在 1993 年芝加哥的世界宗教會得到不同宗教團體與領袖的支持與簽署，正接近於一種理想溝通對話情境下的共識。這份宣言指出，在每一個宗教傳統中都可以找到對共同人性的不同表達，為康德、謝勒與儒家肯定普遍人性提供了一些奧援。當然，這種共識之建立仍處於萌芽階段，離系統化、精密化的程度尚遠，但這個過程中達成之實質共識，已使人心沒有一致性的論點遭到有力的反駁，而在這種各方處於平等地位進行對話以凝聚共識的過程中，對共同人性之發掘實已日益深化。1997年聯合國教科文組織（UNESCO）甚至成立「普世倫理計劃」

（the Universal Ethics Project），於同年三月在巴黎舉行第一次
會議，商討起草「世界倫理宣言」的可能性。雖然截至目前仍未
在聯合國的層級上通過此宣言，但顯示全球各地對此問題的重要
性已有體認，並且願意做出努力。

　　儒學界對這項運動也予以積極回應，最顯著的例子就是劉述
先先生亦躬逢其盛，參與在巴黎的會議，直接表達對此種努力的
支持。經由他的說明，可知透過這項全球性的運動，對普遍人性
的肯定已在現實生活層面逐漸被印證。孔漢思曾建議每一個傳統
都先由深切的自我批評開始，找尋精神資源，以通向其他傳統。
結果他發現共通於各傳統的並非上帝的概念，而是 humanum
（拉丁語：人道、人性）。孔漢思於是再接再厲地起草〈世界倫
理宣言〉，以「人必須以人道對人」與「金律」作為基本原則，
亦獲得許多宗教團體及其領袖的支持與共鳴。[27]於是我們即可藉
由宣言中這兩個基本原則，分析劉述先基於儒學之理一分殊概念
所做的討論與會通。

　　首先要談到的是「人道」這一基本原理。劉述先認為由儒家
觀點很容易對之做出積極的回應，因為孔子所謂「仁」的英譯
humanity 涵義正與其若合符節。孔漢思本人就提到：

> 走的最遠的是儒家代表，他能從儒家的偉大的人道主義的
> 傳統出發，突出強調：「尋求普世宗教的標準對於儒家傳
> 統來說毫不成問題。『仁』，從來就是儒家最關心的

---

[27]　劉述先：〈「理一分殊」的規約原則與道德倫理重建之方向〉，《全球
　　倫理與宗教對話》（臺北：立緒文化事業公司，2001 年），頁 212。

事。」[28]

「仁」意味著普遍的人性與人道，而世界上沒有一個宗教傳統不主張以人道互待，孔漢思與史威德勒（Leonard Swidler）各自起草的《世界倫理宣言》，以及「非洲統一組織」通過的「非洲人權與民族權利憲章」，亦均主張以「共同人性」為基礎，平等、正義、自由與博愛或團結一致之原則構成人權之基礎。[29]劉述先以兩位德國學者為例，說明外國學者肯定儒學與西方人權概念之相通處。保羅（Gregor Paul）撰文論「世界倫理與中國資源」，反對文化相對主義，認為中國哲學的睿識與西方的人權概念並無矛盾衝突。中國哲學一樣追求合理的因素，肯定人的尊嚴，為人權的建構可以提供許多資源。卜松年（Karl-Heinz Pohl）在「中西方價值：有關普遍倫理的跨文化的反省」一文中，承認中西方文明同樣面對許多問題，大家都得努力站在傳統的基礎上有所開創，以面對新的挑戰。中西方都有深厚的人文傳統，尼古拉斯·庫薩力主「多樣統一」，宋明儒學提倡「理一分殊」都是一種柔性的（soft）普世主義，有價值的資源。[30]

就「金律」而言，宣言指出在每一個宗教傳統都可以找到同一個原理的不同表達，亦即「己所不欲，勿施於人」，或者以較積極的方式來表達：「己之所欲，施之於人」。所謂「金律」絕不只是基督教獨有的信條，不但孔子如此宣稱，伊斯蘭教、耆那

---

[28] 〈世界倫理與文化差異〉，同上書，頁 21。

[29] 〈從比較的視域看世界倫理與宗教對話──以亞伯拉罕信仰為重點〉，同上書，頁 122。

[30] 〈世界倫理建構的探索〉，同上書，頁 196-197。

教、佛教及印度教經典之中也有類似的表達。而且由這個原理又可引申出支配我們行為的具體標準，通貫古今我們可以找到四條寬廣的指令：

（1）對於非暴力的文化與尊敬生命的承諾；

（2）對於團結的文化與公正經濟秩序的承諾；

（3）對於寬容的文化與真實的生活的承諾；

（4）對於平等權利文化與男女之間的夥伴關係的承諾。

至於宣言對這四條指令的闡釋為：

（1）你不可殺戮！或者以積極方式來表達：對生命要尊敬！

（2）你不可偷盜！或者以積極方式來表達：誠實而公平地交易！

（3）你不可說謊！或者以積極方式來表達：要做真實的言行！

（4）你不可淫亂！或者以積極方式來表達：要互相尊敬和愛！[31]

劉述先指出，這四條指令明顯是「十誡中的倫理四誡——不殺、不盜、不淫、不妄——的現代表達。但在精神上，它們是與佛教的五戒——殺、盜、淫、妄、酒，儒家的五常——仁、義、禮、智、信——相通的。由當代新儒學的觀點看，這正是理一分殊的表現。」[32]從以上敘述我們可以看出，不只是普遍之人心人性受到肯定，各文化傳統對一些基本行為規範亦具有基本共識，於是他提出以下論點：

31　〈從當代新儒家觀點看世界倫理〉，頁 65-66。

32　〈「理一分殊」的規約原則與道德倫理重建之方向〉，頁 213。

要知道文化是一個不斷在變化之中的東西。過去不能會通
的在未來未必不可以會通。而在世界各文化傳統之中，我
們不只找到巨大的差異性，同時也找到巨大的相似性。各
自由草根出發，卻可以找到會通的空間。故此晚近流行的
多文化主義（multi-culturalism）雖然在肯定不同文化的貢
獻與生存權上有積極正面的作用，但在另一方面過分誇大
文化間的差異卻不免引起多元主義的隱憂，而為識者所
慮。後現代主義者對啟蒙理性的霸權有所批評也不為無
理，但這是對於更「合理的」（reasonable）之要求，而
不是委棄給非理性的宰制。由這個角度看，哈伯瑪斯
（Jürgen Habermas）講「溝通理性」還只是把重點放在
「程序理性」上是不足夠的，我們必須在「實質理性」上
有某種共識才行，儘管它只具備有卡西勒所說的功能統一
性。〈宣言〉毫無保留地回歸理性的規約原則，這是對後
現代主義的回應，也正合乎我近年來努力的方向。[33]

劉述先提到，在世界各文化傳統之中，我們不只找到巨大的差異
性，同時也找到巨大的相似性。各自由草根出發，則可以找到會
通的空間。所以他認為多文化主義（multi-culturalism）會有引起
多元主義及委棄給非理性的宰制之隱憂。因為正如哈伯瑪斯不要
將嬰兒與髒水一起捨棄的譬喻所指出，對理性的宰制之批判，並
非是要走向非理性，或是放棄理性，而是要回歸理性自身的合理
要求。至於雙方論點之差異則在於：劉述先表示，非僅限於哈伯

---

[33] 〈世界倫理與文化差異〉，頁 35。

瑪斯所強調的「程序理性」，也可以在「實質理性」層面達成某種共識。而這又以立足在地，放眼世界的會通態度為主要條件，其立論基礎正在他對理一分殊進行的新釋。

（二）存異求同的底限共識：理一分殊的進路

1.西西拉・波克（Sissela Bok）論「極小主義」（a minimalist approach）與「極大主義」（a maximalist approach）兩種進路

西西拉・波克（Sissela Bok）曾在其《共同價值》（*Common Values*）一書中討論共同人性。其以極小主義的進路（a minimalist approach），蒐集人類學與跨文化研究的種種豐富資料，指出有些基本價值對人類集體生存具有必要性，因此可以跨越社會與其它界限而被承認。波克指出這種基本價值有三類：

1. 某種關於彼此扶持、忠誠與互利互惠（reciprocity）的積極責任。像金律（the golden rules）正是一例。波克指出，金律的積極表述為「己之所欲，施之於人」，消極表述為「己所不欲，勿施於人」。

2. 約束有害行為的消極責任。例如對暴力、欺騙與背叛的限制。

3. 在牴觸上述積極或消極責任時，所必要的基本公平與程序正義。例如法庭上不得做偽證。

西西拉・波克強調我們應該以極小主義的觀點看待這些基本價值。這表示：肯定這些價值背後的根據或理由不一定要一致，也非絕對不允許例外。例如對說謊或暴力雖有限制，但並非嚴格禁止，雖然具備遍及於各個社會與傳統的一種共有性，也承認有

非道德主義者（amoralist）的存在。[34]

　　另一方面，波克指出以往主張普遍價值者，幾乎都是將本身的價值觀視為普遍有效，可以被所有人採納，而忽略了其它文化、宗教與價值體系同等的真理要求，才導致共同價值與多元性產生牴觸。波克特別注意到這一點，而強調共同價值必須與多元性、多樣性一起肯定而並行不悖。所以極小主義的進路要從兩個形式前提出發才能作為倫理學之基礎：一、某些道德價值為所有人類共同持守。二、某些道德價值已在所有人類社會中運作。[35]共同價值提供的是一種底限共識（baseline consensus）、一個共同語言，讓我們藉以進行對話，從中可能達成協議同時保留差異，並且作為批判不當做法的共同標準。因此這種存異同時求同的態度，並不提倡制式的同一（sameness）或齊一（uniformity），而是在不違背上述極小主義的價值之前提下，容許個人或團體追求各種不同的目標。「文化多元性也許就像生物多元性一樣，對人類生存繁榮至關重要，不論異質性多高，都必須敞開心胸並相互學習」[36]。

　　當然，極小主義倫理學提供的只是一個起點與追求共同目標的基本程序，但人不會沒有基本立場，一種從特定文化、傳統、宗教或形上學體系導出的極大主義的（maximalist）觀點還是必要的，因此西西拉‧波克認為在道德領域，極大與極小兩種觀點必須並存：

---

[34] Sissela Bok: *Common Values* (Columbia, Missouri: University of Missouri Press, 1995), pp. 1-19.

[35] *Ibid.*, pp. 78-79.

[36] *Ibid.*, p. 23.

> 在有關道德議題的討論中，極大主義與極小主義的觀點
> 豐富了彼此的內涵，提供可相互挑戰與補強的進路。極
> 小主義進路追求的是共同立場，某個底限共識（baseline
> consensus），藉以進行、促進討論；而極大主義進路則
> 是從宣告一個更完整的立場出發，這是個常常被視為是正
> 確的、不論是否被普遍分享之理想中的立場。這兩個進路
> 對價值相關討論最有貢獻的情況是：彼此雖有不同，本身
> 卻都有所不足而兩者皆屬必要。[37]

西西拉・波克察覺到，只有極小主義倫理學對於人類生活仍嫌不
足，因為它無法建立一個社會法規制度的基本架構。一種內容更
明確、要求更徹底遵守的極大主義倫理學也是道德領域的基本要
素。其特別指出「極小主義觀點之作用，在於為性質各異的極大
主義觀點提供根據，並為討論與評估不同極大主義觀點引發的更
複雜問題提供共同語言」[38]。所以極大與極小兩種觀點須並存，
只不過必須明確釐清以避免混淆。波克以前述宣言中通貫古今的
四條指令為例，強調這四條指令實隱含一個問題，亦即：將極大
與極小主義的原則不加區隔地混淆在一起。例如第一條指令不只
是提到對暴力的限制，也要求非暴力以及對所有生命，包括動植
物的尊敬。這就不是許多非宗教的世俗傳統會完全同意的。[39]職
是之故，如果在這四條指令當中區分極大與極小兩者，並給予適
當的說明，以極小主義的共識作為討論修訂極大主義倫理學的出

---

[37] Bok: *Common Values*, p. 21.

[38] *Ibid.*, p. 52.

[39] *Ibid.*, p. 33.

發點，也就合乎西西拉‧波克極大與極小兩種觀點必須並存而互補的觀點。

2.劉述先論「理一分殊」與「存異求同」

波克上述觀點實與劉述先具有相當程度的投合之處。首先，後者也並非完全同意宣言的內容，亦指出在拿波里開會時，就有人提出不同的意見。文件中充斥許多康德式的術語，未必可以讓專技哲學家接受。有些條文太過高調而不易做到，譬如第七條可以改為「每一個人的生命都有內在本具的價值，我們應盡力來保護它」會比原來的「必須無條件地加以保護」來得切合實際。[40]可以說劉述先同樣認為，宣言並未適當地區分從某個哲學或信念體系出發的極大主義立場，以及可以做為底限共識的極小主義立場。但他仍肯定這種尋求共識的努力，而以儒家立場積極參與，想找出彼此極小式之共同點。

另外，劉述先與西西拉‧波克所提出的極小主義進路之共識在於：首要之務是以存異求同的態度，找到一種共同語言或底限共識作為討論對話的基礎，不過這只是一種理性的規約原則，卡西勒所說的功能統一性。因此必須同時保留差異，而非堅持從某個文化、傳統或價值觀的極大主義倫理學出發，證明其為廣被接受的真理。而這種底限共識不能只是哈柏瑪斯所講的「程序理性」，而是一種「實質理性」的共識。至於極大與極小兩種觀點必須並存，適與立足在地，放眼世界的會通態度不約而同。所以劉述先也主張，在建構一個「極小式的」華文世界倫理宣言之

---

[40] 〈從比較的視域看世界倫理與宗教對話──以東方智慧傳統為重點〉，頁 170-171。

外，仍然要努力去建構一套「極大式的」儒家倫理。[41]

　　最後，波克一針見血地指出，以往主張普遍價值者，幾乎都是將本身的價值觀視為普遍有效，可以被所有人採納，而忽略了其他文化、宗教與價值體系同等的真理要求，才導致共同價值與多元性產生牴觸，也表現出與劉述先相同的思路。因為後者亦強調，我們不能逕行以儒家之仁，作為經驗歸納後所有宗教與文化之具體共識。孔子的仁、孟子的義、荀子的禮、大易的生生、宋明儒的理，都證明我們在道德倫理傳統上的豐富資源不下於其它文化，但如果一定要在全球倫理運動爭主導權，就不免造成分崩離析，達不到同心協力、和衷共濟的效果。「文化的差異是不可以抹煞的。我們不可以把自己的標準強加之於別人身上」[42]。全球倫理既然要在平等的立場上，廣邀所有文化與宗教共同實際參與對話，就態度上，採取的即非去異求同、而是存異求同的方式。所謂最低限度的共識並不是指將各種不同的主張取同略異，找到共同的公分母，因為「如果我們把世間各家各派的倫理學試圖取同略異，只怕找到彼此之間的矛盾衝突要比共同點還更多些」[43]。劉述先指出：

> 　　就以金律為例，我們是可以通過歸納，說世界各不同傳統都有類似孔子所謂「己所不欲，勿施於人」或「己立立人，己達達人」的表達。然而細按下去，細節內容並不一樣，充其量只有維根斯坦（L. Wittgenstein）所謂「家族

---

[41]　〈世界倫理與文化差異〉，頁 36。

[42]　〈從當代新儒家觀點看世界倫理〉，頁 79。

[43]　〈世界倫理與文化差異〉，頁 20。

相似」(family resemblance)的特性。無法像經驗科學原理那樣,建立具有真正普遍性的通則。人文科學所具備的普遍性,〔……〕,正可以用「理一分殊」的方式來理解。所謂「理一」是肯定有一通貫的道理,但其表現卻可以千變萬化而顯現殊異性。[44]

理一分殊要追求的是持各種不同立場的人在精神上的感通,並不需要意見與題材上的歸一,這是一種極小式的世界倫理。所以「我們要的是卡西勒所謂的『功能的統一性』(functional unity),而不是『實質統一性』(substantial unity)。」[45]跨越文化與傳統間的對話,要追求的正是這種「功能的統一性」,而不能強求意見定於一尊的「實質統一性」。理一分殊中的「理一」指的正是此「功能的統一性」。它「只是一種『規約原理』(regulative principle)、而非『構成原理』(constitutional principle)」,不能夠透過歸納來證明,但卻是指導我們去尋求自然中的齊一的一個基本原則。有了這樣的原則作指引,那麼即使我們在事實上有許多分殊,也會盡量去尋求會通之道」[46]。換言之,儒家之仁是對理一或共同人性之具體表述,卻並非唯一或最好的表述。所以世界各大傳統均指向理一,而現實的表現不能不分殊,是以沒有一個傳統,包括儒家在內,可以獨占超越的理一。

---

[44] 〈「理一分殊」的規約原則與道德倫理重建之方向〉,《全球倫理與宗教對話》,頁 214。

[45] 〈世界倫理與文化差異〉,頁 20。

[46] 同上,頁 22。

　　藉由以上分析也可看出，劉述先與西西拉・波克在方法上還是有所不同。其關鍵在於：劉述先認為建立極小主義的方式不能是西西拉・波克採取的經驗歸納方式，而是儒學的理一分殊進路。因為依劉氏之見，真正得以保留差異同時尋求共識的方法基礎是宋儒的理一分殊概念。他認為極大和極小的說法還是容易引起誤解，西西拉・波克找出共同價值的方式是一種歸納法。但歸納法用於人文科學卻不具自然科學的普遍性，遂而「並不能充分證立任何道德的律則，只是顯示出，文化、習俗並非如想像的那樣可以隨意取捨，而展現出一些有相當普遍性的模式，不容我們加以忽視而已」[47]。

　　就劉述先而言，極小式的進路應該訴諸「理一分殊」的方法論。理一是個通貫的道理，屬於超越的層次，但其表現可以千變萬化而顯現殊異性。同一個月亮投影在不同地方的水中多采多姿，但不妨礙我們體認到，畢竟只有同一個月亮。「以金律為例，每一個傳統有不同的表述，所強調的方面也有所不同，但並不使得它變成一個沒有意義的普遍道德原理。它指點了一個確定的方向，雖然不能給予我們完全的指引，卻可以促成一種精神的感通，凝聚某種共識。」[48]就分殊而言，任何對於道德原則的成文表達已經屬於分殊的領域，不能不受到特定時空以及文化傳統的限制，而不可加以絕對化。但共同價值的追求又必須透過這些分殊的文化傳統，「是由每一個傳統通過自動自發、自我批判然後才體現的會通。故此，我們雖植根在自己的傳統之中，卻指向

---

[47]　〈從當代新儒家觀點看世界倫理〉，頁 76。

[48]　同上，頁 77。

超越的『理一』」[49]。而這種先從分殊層面從事自我省察與反思的工作，再追求共通的理一層次之共識，也是西西拉‧波克訴諸歸納方法所未照顧到的層面。

　　從理一分殊的方法出發，劉述先認為要在現實層面說明普遍人性，就必須採取互為主體式之「共識的印證」。如此一來，儒學對普遍人性的說明，除了可以藉由牟宗三「實踐的印證」提供普遍人性之哲學內涵，以及其如何具體化，成為可觀察的事件之外；更可透過劉述先「共識的印證」說明道德意識普遍性的實際展現。以「實踐的印證」搭配「共識的印證」，就成為現代新儒學肯認普遍人性之理論架構，作為道德實踐根據之仁心，其內涵也可以從中不斷發掘出來。

五、結語：儒家證立普遍人性之現代論述

　　質言之，普遍人性的肯定同時涉及「道德意識具體化」與「道德意識普遍性」兩個證立問題。牟宗三「實踐的印證」方式，乃針對「道德意識具體化」問題提出說明。康德與謝勒皆肯定人性中具有普遍性與一致性的面向，可以作為道德行為與道德規範之根據。康德指出是實踐理性，謝勒則主張應為先天價值感。但二者之論點都無法獲致行為標準與行為動機之一致性，實踐就失去必然的保證。牟宗三提供的解決之道是，將情感與理性都納入普遍道德主體之內涵，成為其中不同的作用，情感提供行為動力，實踐理性制定道德法則，兩者皆是道德主體的不同面

49　同上，頁 79。

向，兩者之一致也為道德主體之自我要求。而且此普遍道德稟賦即表現在將道德意識落實於道德行為之動態過程，在實踐中呈現之同時也證實之，仁心之表現就成為可被旁觀者與行為者所確認的事實，不再是抽象概念或高談闊論。

但為因應「道德意識普遍性」的落實問題，可援引劉述先存異求同之「共識的印證」作為補充。相對主義以道德規範之相對性與多元性否定普遍人性，儒家可以作出如下回應：這是因為他們追求普遍性的方式錯誤。對普遍人性之體認必須是一個持續的對話溝通過程，普遍人性自然不會表現在個別主體的慾望，乃至某地區、國家或文化固有的價值觀或行為規範中，因為這些極大主義的價值體系本就只侷限於某個特定時空環境中，而為分殊之表現。共識之尋求必須聚焦於一種交談中的底限共識或共同語言，西西拉‧波克所謂的極小主義的基本價值。在實際層面，全球倫理這種追求跨文化、跨宗教間基本共識的運動，已經不斷產生具體成果。可見只要我們切實從對話溝通中導出共識，普遍人性的內涵就可逐漸展現出來。

全球倫理運動印證了普遍人性可以體現在互為主體之共識中。不過此種普遍性乃是與殊異性具有辨證關係的普遍性，亦即從存異求同中表現出的一致性。其內涵必須跨出儒家立場之外，再予以調整與擴充。在傳統規範於現實層面上已不具效力的現代社會，我們不得不反思：仁或普遍人性之真正內涵是否只能容許傳統之表述方式。劉述先的體認是：「任何對於道德原則的成文表達已經屬於『分殊』的領域，不能不受到特定時空以及文化傳

統的限制，而不可加以絕對化。」[50]我們不可能把孔孟在兩千年前定下的律則照搬，作為去異求同下的共識，自視可以解決今日的問題。理一分殊所揭櫫的要旨是：我們不能只以儒家之仁規定普遍人性，仁的闡釋已為普遍人性之分殊表現，並非理一自身。這麼一來，劉述先認為必須把牟宗三所謂「坎陷」再擴大解釋，將其「當作文化創造的普遍形式，〔……〕，而西方在理想上也可認為中國文化未能徹法源底，〔……〕，祈克果（S. Kierkegaard）就說，人的意識發展是由審美的階段（感性），到道德的階段（德性），最後才到宗教的階段（神性）。那麼康德與中國傳統至多只到第二階段，而到最後，人必須做 Either／Or 的存在抉擇」[51]。中西文化都已是坎陷之後的展現，這就是中西文化平等互待的基礎，各有所長，各有所短，儘可交流互濟。如此一來，就不必執守儒家傳統才能見道之立場，有利於不同精神傳統之交流對話，從中獲致真正的共識。

　　若謂牟宗三從事的乃超越主體式的逆覺體證，互為主體式的理一分殊進路則為劉述先之特點。牟宗三點出，普遍人性之哲學內涵必須是心性情合一之道德主體，以此建立「實踐的印證」進路，而其立論是從儒家脈絡下的普遍人性出發。劉述先則繼之以「共識的印證」，把對話目的擴大至共通於世界各大傳統之共同人性，這樣才有與其他宗教文化傳統會通以形成共識之可能，並由全球倫理之跨文化對話不斷發掘其具體表現。由金律而來的那些寬鬆的指令與共識正是在這種極小式的存異求同中獲得，而普

50　〈從當代新儒家觀點看世界倫理〉，頁 78。
51　劉述先：《儒家哲學的典範重構與詮釋》（臺北：萬卷樓圖書公司，2010 年），頁 186。

遍的底限共識也於是得到體現。兩種印證方式之結合，適為儒家提供了論證普遍人性的一種現代表述。

儒家「生生」的現代詮釋：
從「道德實踐」至「價值創造」

一、前言

　　「生生」的哲學概念乃儒家學說之精要。周易繫辭傳所謂「天地之大德曰生」、「生生之謂易」的表述，正是其中代表。其中「生生」一詞之涵義，韓康伯注之為：「陰陽轉易，以成化生。」孔穎達正義曰：「生生，不絕之辭也。陰陽變轉，後生次於前生，是萬物恒生，生必有死，前後之生，變化改易。」二者「化生」與「恆生」之用語雖不同，然實皆以陰陽不斷變轉解易之「生生」。可見「生生」一詞乃「統言生而又生、創造不息，故重言『生生』以表示陰陽的運轉不窮。」[1]繫辭有云「生生之謂易，成象之謂乾，效法之謂坤」（繫辭上傳第五章），明言「生生」涵蓋成象之「乾」與效法之「坤」，是則乾元之大生、坤元之廣生，亦為「生生」之內涵，通貫此二者則為其要旨。凡此皆是「生生」對存在層面的解釋。

　　不過「生生」的意涵尚不僅於此，且亦有實踐層面的解釋。

---

[1]　曾春海：《易經的哲學原理》（臺北：文津出版社，2003 年），頁81。

儒家中倡言易傳思想者，「目的不僅在以變化來說明宇宙生化的情形，而是要在宇宙生化的大法則中，發現人生價值的根源。」[2]所謂「一陰一陽之謂道，繼之者，善也；成之者，性也。仁者見之謂之仁，知者見之謂之知，百姓日用而不知，故君子之道鮮矣！」（繫辭上傳第五章）生生之易乃「顯諸仁，藏諸用」，並將一陰一陽之道與君子之道銜接起來，正在表示人須上體天道生生之德，進行人文化成的淑世事業。此說法正與中庸「天命之謂性，率性之謂道，修道之謂教」的思路若合符節。

　　時值二十一世紀，人類已進入太空時代與資訊科技時代，舉凡生活型態、制度習慣、交談溝通所使用的話語及概念，與以上陳述皆存在著顯而易見的時空隔閡，實不可一概而論。於是儒學研究者開始嘗試運用現代的哲學思辨，探討其中的理論問題，或是給予現代脈絡的論點表述。若以這些理論探究為基礎，生生的思路如何能夠透過現代的重新詮釋，與人們的實際生活再度產生聯繫？例如：在多元價值地位對等、齊頭並進的當前社會現況，「生生」實踐層面的體現，是否仍然僅聚焦於道德修養，還是可將範圍擴大至其他的價值創造活動，以涵蓋更多的人類成就於其中？本文即嘗試從牟宗三對「生生」的兩種創生詮釋，以及劉述先對其論點所做的補充與調整，探討如何從中汲取資源，繼續發展出能與當前社會接軌的一種現代詮釋。

2　徐復觀：《中國人性論史（先秦篇）》（臺北：臺灣商務印書館，1994年），頁206。

二、牟宗三對「生生」的兩種詮釋

　　依牟宗三的詮釋，易傳「生生」之概念，呈現的是一種創生化育的生成性宇宙觀。此中「生成」意指「使存在之事永遠生息下去而不至於枯亡，這便是對於存在之創造。這就是中庸所謂天道之誠之『生物不測』也。」[3]他在解釋「天地之道可一言而盡，其為物不貳，則其生物不測」這段話時，強調「生」者妙運，妙應之義。又說「生者實現義，『使然者然』義，故天道、仁體、乃至虛體、神體皆實現原理也，皆使存在者得以有存在之理也。生者引發義，滋生義。因天道之誠、仁體之潤、虛體之清通、神體之妙應而滋生引發之也。」[4]以上解釋正適用在「生生」中的第一個「生」字。此「生」字乃動詞，指涉作為存在與實現之理的天道之作用，並非表述經驗界的事實情況。牟宗三在詮釋明道從「生生之謂易」說「天之所以為道」時表示：

> 天就是道。此道是「生道」，即「為物不貳，生物不測」
> 之生道，即創生之道，能起創生大用之道。此「生道」亦
> 曰「生理」，即所以能生生不息之超越之理也。此生道、
> 生理亦曰易體、神體、於穆不已之體、寂感真幾。「一陰
> 一陽之謂道」即是指點的這個道，「一陰一陽」亦猶「生
> 生」也。由生生不息指點「易體」即可明「天之所以為

3　牟宗三：《心體與性體（一）》（臺北：正中書局，1968 年），頁367。

4　同上，頁 460-461。

道」──生道。[5]

　　天就是道。此道是「生道」，能起創生大用之道，並作為陰陽氣化之根據的超越之理。生生即在表述陰陽氣化永不止息的整體特性，故曰「一陰一陽」亦猶「生生」也。牟氏另在它處指出：「中國人從『生』這個地方說存在。儒家講『生生不息』，也是從『生』講存在。」[6]依其詮釋，可以說「生生」中的第二個「生」字表述的就是存在，而非個體生命。

　　而在牟宗三從實現與創生存在講「生生」的大方向之下，其實可以整理出他對「生生」的兩種詮釋理路，以下即先申述這兩種詮釋之要點。[7]

（一）本體宇宙論的創生

　　牟宗三對「生生」的第一種表述是「本體宇宙論的創生」型態。在此型態中，「性」才是能起宇宙生化與道德創造之「創造實體」[8]，以「性體」作為核心觀念，本心則是人在道德實踐中

5　牟宗三：《心體與性體（二）》（臺北：正中書局，1968 年），頁49。

6　牟宗三：《四因說演講錄》（臺北：鵝湖出版社，1997 年），頁 8。

7　有關這兩種創生型態的詳細說明，筆者另有專文討論，參見張子立：〈試析道德的形上學兩種創生型態：「本體宇宙論的創生」與「實現物自身的創生」〉，收入汪文聖編：《漢語哲學新視域》（臺北：臺灣學生書局，2011 年），頁 99-125。此文經過增修，已收錄於本書而改名為〈「本體宇宙論的創生」與「實現物自身的創生」：試析「道德的形上學」兩種創生型態〉。在此僅擇其要點論述之。

8　《心體與性體（一）》，頁 40。

對此性體之自覺。他強調「宋明儒所言之天道、天命、太極、太虛，其結穴只在性體。性體具五義是客觀地說；從天道、天命、太極、太虛而結穴於性體，所謂性與天道，性天之旨，亦皆是客觀地說。至心能盡性，心具五義，則是主觀地、實踐地說」[9]。此時既說天道乃結穴於性，所以客觀地創生萬物之作用亦落於性，並無本心仁體可實現對象之物自身的說法，而且心與性的關係是主觀與客觀、對其自己與在其自己對言[10]，尚無「智的直覺」一語出現。這就可以理解牟氏為何指出「心性是一之宇宙論的模型以性為主，道德實踐之證實而貞定此模型，則須以心為主」[11]。

在「本體宇宙論的創生」型態中，天與人的關係表現為「內容的意義」相同。這可以從兩方面予以解析。

首先，從「盡心知性知天」一語來看，吾人之心性與實體義的天，以理言的天「內容的意義」相同，「此所謂『內容的意義』相同實即同一創生實體也」[12]。既同為創生實體，則心性天從「體」上說是一。因此牟氏詮釋「盡心知性知天」為：「此時天全部內在化，吾之性體即是天，天地亦不能違背此性體。此時天與人不但拉近，而且根本是同一，同一於性體。」[13]這是強調天可以純內在化，「純內在化者是以理言的天，與性體意義同、

9　同上，頁 569。

10　《心體與性體（一）》，頁 42。

11　同上，頁 532。

12　《心體與性體（一）》，頁 27。

13　同上，頁 527。

質同、化境同的天」[14]。

其次，就理想境界言。講的是「一體而化」之聖人境界，由人從心所欲而不踰矩，體現出純亦不已之德行，進入從體上說是一，帶著用說亦是一之「同於」無限的境界。落在人的道德實踐上講，「同於無限」則為天人相即合一的工夫語、境界語，表述在聖人境界中天人之分別即泯，而作為天道客觀化、具體化的狀態。

要注意的是，就「本體宇宙論的創生」而言，人之性體雖與天意義同、質同，這只限於人的道德修養層面，可將人的道德行為視作天道之體現。同者在於道德創造，而非實現萬物之存在：

> 天道篇：「天體物不遺猶仁體事無不在」，俱是由體物體事而見其為體。天道之「體物不遺」是客觀地、本體宇宙論地說；仁之「體事無不在」是主觀地、實踐地說。主觀地、實踐地說，即所以明「心能盡性」之超越的、形上的普遍本心也。故「天大無外」，性大無外，心亦大而無外。此即函心性天之主觀地、實踐地說之之合一，而亦竟直是一也。[15]

心性天可以是一，但這是「仁體事無不在」方面的一，就人行為實踐層面而言之合一，並以此「內容的意義」同於天道而言「是一」。但就萬物存在，宇宙生化的層面，則須歸之於天道。故客

14　同上，頁 526。

15　同上，頁 557。

觀地、本體宇宙論地說，必須是「天體物不遺」。故「天體物不遺猶仁體事無不在」，正在強調心可相應、證實天道，成為天道落實在道德領域之具體化。

（二）實現物自身的創生

若細究牟宗三之用字遣詞，在《心體與性體》中，「性體」概念為核心，故天道、天命、太極、太虛，皆結穴於性，客觀地妙運萬物而起宇宙生化是性體之神用；《智的直覺與中國哲學》一書之措辭，則慣常「性體」與「本心仁體」並舉；到了《現象與物自身》問世的階段，就不再以性體概念為首出，而在主客觀面皆主要以良知明覺或仁心作解釋。心已不再只是藉道德實踐以證實或形著性或天道，其智的直覺即有實現物自身之創生作用，統道德與存在而一之。在《現象與物自身》中，牟氏以「知體明覺」為儒家存有論的代表，藉由陽明「意之所在為物」與「明覺之感應」兩句話解釋智的直覺之創造。當陽明說「意之所在為物」，此語中之物乃行為物，亦即事，也就是道德行為；當他說「明覺之感應」為物時，則是事物雙彰，行為物（如事親）與存在物（如親）俱是在其自己者。「就事言，良知明覺是吾實踐德行之道德的根據；就物言，良知明覺是天地萬物之存有論的根據。故主觀地說，是由仁心之感通而與天地萬物為一體；而客觀地說，則此一體之仁心頓時即是天地萬物之生化之理。」[16]

牟宗三接著指出，由知體明覺為體所起之用並非現象，而是

16　牟宗三：《現象與物自身》（臺北：臺灣學生書局，2004 年），頁442-443。

非現象之實事、實理、實物，亦即康德所謂物自身。而且談現象只能有認知意義的現象，不能有存有論意義之現象。他特別做出如下澄清：「平常依存有論的方式說本體現象，或依中國傳統說體用時亦把用視為現象，那是不檢之辭，忘記了『認知度向』之插入。現象（依康德此詞之嚴格的意義）只在『認知度向』之介入上而起，即只對認知主體而起。」[17]

顯而易見，上述論點已是一種「實現物自身的創生」型態。天道成為「此直覺自身就能給出它的對象之存在」之智的直覺，不再是《心體與性體》中本體宇宙論之原理。因為宇宙論之原理並非物自身之實現原理，而是萬物生長、運動、變化之所以然之理，就哲學概念之分梳而言，這正代表兩種創生詮釋之差異。

此「實現物自身的創生」型態，在存有論上，基於人有智的直覺之前提，吾人之心性與天非僅「內容的意義」相同，即使在「作用的意義」上亦同。「內容的意義」相同，代表人之性體雖同於天道，但人實際創造的乃道德行為，此中「內容的意義」亦即感通無隔之仁心，之所以相同是由於人能推己及人，正可呼應天道之誠，在道德實踐之本質上合一。道德行為自然是天道之展現與落實，但這只是天道的一個面向，尚未涵蓋宇宙之生化。

但若人擁有智的直覺，此直覺即可實現物自身，此「同」就不只表現在道德實踐，且亦具存有論之功化，人與天道不但在內容的意義上，就連在創生作用上也可同一，此即所以是「作用的意義」相同之理由。相對於「本體宇宙論的創生」將萬物之存在與生化委諸天道，內在化是指人直接參與道德創造而與天內容的

17　《現象與物自身》，頁128。

意義相同；「實現物自身的創生」則主張人之良知明覺可使事物雙彰，兼為道德創造及宇宙生化之原理。此時人之道德實踐上的體用，已類似於上帝與物自身之關係。可以說，由於「實現物自身的創生」在「作用的意義」上亦與天同，有限之人可「同於」無限之天道的特性，實較「本體宇宙論的創生」更為凸顯。

三、兩種創生型態之整合

從以上論述來看，不論是「本體宇宙論的創生」之「內容的意義」相同，抑或「實現物自身的創生」在「作用的意義」上相同，兩者皆表現出一個共通點，亦即：在天人關係上肯定天與人之「同」，有限可「同於」無限。

順是，若以天與人之可「同」為前提，就理論說明而言，「實現物自身的創生」實較「本體宇宙論的創生」來得順適，更有利於解釋天人之所以同的理據何在。理由在於：「實現物自身的創生」雖然亦是道德主體實踐之工夫，天與人之同卻可以是理論推導上的邏輯結論。因為道德實踐與存有論的根據都收於「良知明覺」之中，這種作用上的同，意味著人除了道德行為的創造之外，還因具有智的直覺而可實現物自身，可謂客觀面的天道與主觀面的本心皆統合於此自由無限心之中。天人之同就無須性體之中介，知體明覺的概念內涵已將道德創造與實現存在通而一之，成為前提推導下之邏輯結論。證實天人合一的方式，已不只是道德主體實踐上的印證，同時兼為哲學思辯上的論證，在理論解釋上的確優於後者。或許此即牟宗三逐漸發展出「實現物自身的創生」詮釋之因。

　　正因如此，就理論發展而言，在「實現物自身的創生」型態出現之後，牟氏詮解宋明儒學之焦點就不放在內容意義上的同，而在作用意義上的同，強調良知之絕對普遍性，並藉以解釋儒家意義上的圓教：

> 心外無理，心外無物。此即佛家所謂圓教。必如此，方能圓滿。由此，良知不但是道德實踐之根據，而且亦是一切存在之存有論的根據。由此，良知亦有其形而上的實體之意義。在此，吾人說「道德的形上學」。這不是西方哲學傳統中客觀分解的以及觀解的形上學，乃是實踐的形上學，亦可曰圓教下的實踐形上學。因為陽明由「明覺之感應」說物（「以其明覺之感應而言，則曰物」，見上）。道德實踐中良知所及之物與存有論的存在之物兩者之間並無距離。[18]

　　《從陸象山到劉蕺山》是牟宗三在完成《智的直覺與中國哲學》及《現象與物自身》之後，再度以宋明儒學為主題發表的著作。其中和以上這段引文類似的說法為數不少，與《心體與性體》中表現的思路已有微妙的差異。若以此推斷他整合兩種「生生」詮釋的理論走向，則是：將性體與天道之客觀性收攝於良知或智的直覺之絕對性，而以「實現物自身的創生」為主軸，融攝「本體宇宙論的創生」之論點，以之詮釋其「道德的形上學」。

18　牟宗三：《從陸象山到劉蕺山》（臺北：臺灣學生書局，1993 年），頁 223。

四、相關論題析述

（一）以智的直覺詮釋儒學之難題

劉述先曾直言，牟宗三肯定人有智的直覺，據儒家立場認為康德是走向儒家的預備階段，但由緊守康德典範者來看，這種說法卻是一種逾越：

> 康德說只有上帝有智的直覺，原因是只有在上帝，語言、思想、真實三者才合而為一。故上帝說光，世界就有了光。但人智卻必始於感性的直觀（sensible intuition），感官必先受動接受感覺印象，認識心才有用武之地。在《實踐理性批判》之中，康德認為道德行為要有意義，必以意志自由為基設，人在此乃得以跨越現象通往本體（noumenon）。但人無論如何也不可能有智的直覺。[19]

劉述先點出，康德認為上帝可使語言、思想、真實三者合而為一，因此才有智的直覺；人智必始於感性直觀，就算實踐理性可通往本體，但無論如何也不能宣稱人有智的直覺。由基督教的觀點看，講有限而通於無限，其實是一種僭越。上帝與世間具有一道鴻溝，人才會謙卑。在這種終極關懷或預設的層面，個人可以作其存在的抉擇，難以有定準。牟宗三的說法「其實並不能夠超出康德《純理批判》所謂『先驗的辯證學』（transcendental

---

[19] 劉述先：〈論中國人的價值觀在現代的重建〉，《理想與現實的糾結》（臺北：臺灣學生書局，1993 年），頁 90-91。

dialectics）所揭示的難局」[20]。

　　因此，劉述先儘管認同牟宗三逆覺體證的工夫論，但認為不必將良知對天道之體證視為康德所謂智的直覺，所以又提出如下論點：

> 牟先生說中土三教都肯定有智的直覺，其實是說人對於道有直接的體悟，並未遵守康德用這一詞的原意。考其實際牟先生是繼承熊先生（引者注：即熊十力）的睿識，以良知為「呈現」，不能僅是馮友蘭所說的「假定」。我也接受這樣的睿識，只不過認定康德是一不同的思路，不必連在一起談。[21]

質言之，劉述先認同人對於道有直接的體悟，這就是逆覺時良知之呈現，但指出不必將其與康德智的直覺連在一起說。事實上就是否定「實現物自身的創生」型態的說法。

　　「實現物自身的創生」涉及的另一個問題是：由於將存在與實踐依據盡皆收歸智的直覺，只從道德主體做解釋，就會喪失天道作用的一面，但這是《易傳》文本相當重要的理論核心，從而造成與「生生」之原意有所偏離。特別是易之為道往往與陰陽氣化相連而說，作為氣化活動背後之依據以創生萬物。經驗萬物在此具有存有論的意義，而非只是認知的意義。徐復觀即指出，繫辭「以陰陽為創造萬物的二基本動力，或二基本元素。由陰陽相

20　同上，頁 91。

21　劉述先：〈儒學與未來世界〉，《當代中國哲學論（問題篇）》（River Edge, N. J.：美國八方文化企業公司，1996 年），頁 256。

互間的變動，以說明天道生育萬物的情形」[22]，徐氏如此解釋
「一陰一陽之謂道」：

> 繫傳上所謂的「一陰一陽之謂道」的道，及乾象所說的
> 「乾道變化」的「乾道」，亦即是生生不息的天道。一陰
> 一陽，即乾象傳所說的「乾道變化」的「變化」。
> 〔……〕陰陽互相消息，循環不已，以成其生育萬物的變
> 化，所以稱之為「一陰一陽之謂道」。變化本是道之用
> （作用）。但天道若不變化，即不能生萬物；而所謂道之
> 體（本體），亦成為與人相隔絕，而且為人所不能了解的
> 懸空地東西。吾人只能於道之用處見道，便不能不說一陰
> 一陽之謂道。[23]

依上述，則繫辭討論天道與經驗界萬物的關係，並非認知主體與
感官與料間的對應關係，而重在存有論上的生成關係。道藉陰陽
之用方能落實其創生作用，陰陽變化則能實際生成萬物。以牟宗
三在《心體與性體》中的話來講，天道本質上是陰陽氣化，萬物
生長、運動、變化的實現或存在之理的「即存有即活動」的創造
實體，這是從本體宇宙論看天道與陰陽、萬物的體用關係，萬物
不只有認知的意義，也包含存有論的意義；但若良知明覺作為智
的直覺，則與物自身才構成體用關係，經驗萬物則轉變為僅具有
認知的意義。二者立論方向呈現明顯差異，這就難以將《易傳》

22　《中國人性論史（先秦篇）》，頁 206。
23　《中國人性論史（先秦篇）》，頁 206-207。

生生的內涵確切地表達出來。「生生」的概念無法僅僅透過道德主體做解釋，這從牟宗三在建構智的直覺之相關論點時，較少引用《易傳》，而特別集中於陸王心學、特別是王陽明的論點作發揮，實已不言可喻。以此反觀「本體宇宙論的創生」型態，則因將創生之妙用歸諸於天道，反而不至出現此問題。

（二）「良知的傲慢」之質疑

　　依牟宗三之詮釋，天與人之所以同的關鍵，在於「性體」（「本體宇宙論的創生」）或「良知明覺」（「實現物自身的創生」），而此二者皆是道德行為及其實踐的領域，從這種思路來看，我們可以順理成章地推斷：道德實踐是最重要的活動，道德領域也成為存在界最重要的層面。余英時即持此見，而對新儒家、特別是牟宗三提出「良知的傲慢」之質疑。他認為新儒家「良知的傲慢」正是受西方科學「知性的傲慢」之刺激而產生的反應。而對科學進行了反模仿：

　　　　儒家的「良知的傲慢」是受現代「知性的傲慢」的刺激而產生的反應。我們只要稍一比較兩者的思想結構，便不難看出新儒家其實是科學主義的反模仿。科學主義者講「真理」，新儒家反之以「道體」；科學主義者講「客觀性」，新儒家反之以「主體性」；科學主義者講「事實」，新儒家反之以「價值」；科學主義者講「理性」，新儒家反之以「良知」或「道德理性」（"moral reason"）；科學主義者講「科學方法」，新儒家反之以「證悟」或「成德工夫」；科學主義者以「認知身分」決

定各種學術專業的高下，新儒家反之以「道德身分」；科
學主義者講「科學理性」體現德性，新儒家反之以「知識
為良知之發用」，〔……〕，新儒家為了對抗科學主義，
在有意無意之間走上了反模仿的途徑。但反模仿也是模仿
的一種，其結果是發展了一套與科學主義貌異情同的意識
形態——道德主義。科學主義者以獨占「真理」自負而有
「知性的傲慢」，道德主義者則以獨得「道體」自負而有
「良知的傲慢」。[24]

余英時發現，科學主義講真理、客觀性、事實、理性、科學方
法、認知身分、科學理性體現德性等概念；新儒家則以道體、主
體性、價值、良知或道德理性、體證或成德工夫、道德身分、知
識為良知之發用等說法予以反制，結果是發展出一套與科學主義
貌異情同的意識形態——道德主義。科學主義者以獨占真理自負
而有「知性的傲慢」，道德主義者則以獨得道體自負而有「良知
的傲慢」。尤有甚者，「道德主義者高居本體界，視整個知識領
域為低一層次的活動。他們只要肯自我坎陷，知識之事固隨時可
以優為之。」[25]依其所見，「良知的傲慢」程度還更勝「知性的
傲慢」。

　　要探究此「良知的傲慢」說法是否成立，最好的方式，莫過
於直接從牟宗三對「道德」一詞的界定著手，即可做出分判。他
曾對「道德」做出如下定義：

---

[24] 余英時：〈錢穆與新儒家〉，《現代儒學論》（River Edge, N. J.：美國
　　八方文化企業公司，1996 年），頁 155-156。
[25] 〈錢穆與新儒家〉，《現代儒學論》，頁 156。

> 道德即依無條件的定然命令而行之謂。發此無條件的定然
> 命令者，康德名曰自由意志，即自發自律的意志，而在中
> 國的儒者則名曰本心，仁體，或良知，而此即吾人之性
> 體，即發此無條件的定然命令的本心，仁體，或良知即吾
> 人之性，如此說性，是康德乃至整個西方哲學中所沒有
> 的。性是道德行為底超越根據，而其本身又是絕對而無限
> 地普遍的，因此它不是個類名，所以名曰性體——性即是
> 體。性體既是絕對而無限地普遍的，所以它雖特顯於人
> 類，而卻不為人類所限，不只限於人類而為一類概念，他
> 雖特顯於成吾人之道德行為，而卻不為道德界所限，只限
> 於道德界而無涉於存在界。它是涵蓋乾坤，為一切存在之
> 源的。不但是吾人之道德行為由它而來，即一草一木，一
> 切存在，亦皆繫屬於它而為它所統攝，因而有其存在。[26]

由這段說明來看，所謂「道德」是指依無條件的定然命令而行的
道德過程。而能發此無條件的定然命令的正是吾人之本心、仁
體、性體或良知。性體又涵蓋道德界與存在界而為道德行為與一
切存在之源。在此「道德」就同時指涉人的道德行為之道德界，
以及終極實在的本體界。就存有論的哲學探討而言，若承認有一
終極實在，則經驗界各個領域相對於此終極實在而言，須定位在
第二義之層面，此乃概念分梳之所必至。就此而言，高於知識領
域的應是本體界，亦即性體或天道，而非道德領域，因為道德領

26　牟宗三：《智的直覺與中國哲學》（臺北：臺灣商務印書館，1993
　　年），頁 190-191。

域與知識領域同屬經驗界，相對於本體界的終極性都是低一層次的衍生領域，都是終極實在於時空中所呈現的限定相。因為：

> 本心即是一自由無限心，它既是主觀的，亦是客觀的，復是絕對的。主觀的，自其知是知非言；客觀的，自其為理言；絕對的，自其「體物而不可移」，因而為之體言。由其主觀性與客觀性開道德界，由其絕對性開存在界。[27]

牟氏在此明言本心事實上是自由無限心，其作為絕對者開存在界，道德界只是其中主客觀性的面向，不能等同於本體界。相同思路也表現在其真美善之分別說上。所謂分別說是指真（科學知識）、美（自然之美與藝術之美）、善（道德）各為一獨立的領域，皆由人的特殊能力所凸現，陸象山所謂「平地起土堆」。相對於智的直覺所顯之「平地」，真善美三者皆為有限制的「土堆」：

> 分別說的真指科學知識說，分別說的善指道德說，分別說的美指自然之美與藝術之美說。三者皆有其獨立性，自成一領域。此三者皆由人的特殊能力所凸現。陸象山云：「平地起土堆」。吾人可說真美善三者皆是經由人的特殊能力於平地上所起的土堆：真是由人的感性，知性，以及知解的理性所起的「現象界之知識」之土堆；善是由人的純粹意志所起的依定然命令而行的「道德行為」之土堆；

---

[27] 《現象與物自身》，頁12。

　　　　美則是由人的妙慧之靜觀直感所起的無利害關心，以不依
　　　　靠於任何概念的「對於氣化光彩與美術作品之品鑒」之土
　　　　堆。[28]

分別說的真善美既然皆為人的特殊能力所凸現之土堆，自然不能
等同於合一說中即真即美即善之平地。自由無限心即是此平地，
人的道德行為只是道德界或道德領域之土堆，二者間須有所分
疏。所以牟宗三繼而表示，分別說的真只通至現象，未能通至物
如；分別說的善只在精進中，未至全體放下之境，常與其他如真
與美相頂撞，未臻通化無礙之境；分別說的美住於妙慧靜觀之閑
適，若一住住到底，而無提得起者以警之，則會頹墮而至於放縱
恣肆。[29]可見相對於終極實在的天道，知識、道德乃至美感藝術
領域都屬有限而尚嫌不足。

　　綜言之，牟氏對「道德」一詞有兩種用法。一種是同時作為
道德界與存在界之原理，所謂絕對者的「道德」，這是合一說的
即真即美即善的平地之境界，所謂自由無限心，指涉的是終極實
在或本體界的實體，我們可稱之為「廣義的道德領域」。至於人
的道德行為、道德實踐所指涉的道德界或道德領域，以及所謂分
別說的善，則是一種「狹義的道德領域」，只屬於道德範圍，而
不涉及存在界之基礎問題。所以就「廣義的」與「狹義的」道德
之分來看，牟宗三並未顯示出良知的傲慢傾向。只要我們明白，
他在指涉天道、天理時所謂的「道德」，是就「廣義的道德領

28　牟宗三：《康德：判斷力之批判》（上）（臺北：臺灣學生書局，2000
　　年），〈商榷〉，頁78。

29　《康德：判斷力之批判》（上），頁82。

域」而言即可。

（三）理路融貫與證立問題

1.「同於」無限與分別說之牴觸

　　牟宗三所謂道德的形上學，是由道德通往本體之即工夫即本體的進路，人不斷從事道德實踐於是可以達到無限者的境界。如此一來，就必須進一步將人從事道德實踐的層次定位清楚。基於自由無限心作為絕對者，因而與人的道德界或道德領域在存有論上具有差異，是真美善之分別說得以成立，並避免使道德領域獨大而壓抑其它領域的關鍵。那麼人的道德實踐，究竟該定位在「廣義的道德領域」或是「狹義的道德領域」，就是一個迫切的問題。因為只要人的道德實踐屬於絕對者的道德層次，廣狹義兩種道德領域之分仍將不攻自破。

　　以「實現物自身的創生」為例，其肯定人有智的直覺而在「創生」作用上亦同於天道。這種定位使得「體」（知體明覺，本心）與「用」（物自身）皆為人的道德實踐之事，如此一來，就不僅在工夫論上具有優先性，更在存有論上同時跨足本體與經驗兩領域。是以就實現物自身的創生而言，道德實踐雖屬人的道德境界之「狹義的道德領域」，同時也上升至「廣義的道德領域」，已從經驗界其它領域中脫穎而出，而高居於本體界。如此一來，適與自由無限心作為絕對者開存在界，「狹義的道德領域」只是其中主客觀性的面向，不能等同於本體界的說法有所牴觸。

　　相對於「實現物自身的創生」，「本體宇宙論的創生」主張天道作為萬物的實現與存在之理，人直接創造的是道德行為，亦

即德行，因而只有道德意義的功化，無存有意義的創生物自身。雖在「內容的意義」上「同於無限」，人能直接涉入的仍只在道德領域，而非萬物生成變化的領域。但問題在於：只要人可藉此而同於天道或無限者，由於道德界正是人的道德行為與修養等道德實踐問題所屬之範疇，就會有「狹義的道德領域」等同於「廣義的道德領域」之本體界，而高於其它經驗領域的理論後果，知識、藝術的價值定位於是也屈居於道德之下。

以上這些探討也可說明，為何牟宗三在闡述真美善合一說之際，仍然肯定只有道德心之實踐才能真正達至非分別的合一之化境，能臻此即真即善即美之合一之境者，「仍在善方面之道德的心，即實踐理性之心。此即表示道德實踐的心仍是主導者，是建體立極之綱維者。」[30]。牟氏雖認為釋道兩家「最高之理境亦可與此無違」[31]，卻又接著強調：「釋道兩家不自道德心立教，雖其實踐必函此境，然而終不若儒聖之『以道德心之純亦不已導致此境』之為專當也。蓋人之生命之振拔挺立其原初之根源惟在道德心之有『應當』之提得起也。此一『提得起』之『應當』亦合乎康德『以實踐理性居優位』之主張。」[32]而他指出，達此化境之道德實踐必須通過三關。一是克己復禮關、二是崇高偉大關，第三為無相關。無相關即孟子所謂「大而化之之謂聖」的化境。在此化境中，雖是道德實踐之善，也同時至於即美即真之境：

　　到此無相關時，人便顯得輕鬆自在，一輕鬆自在一切皆輕

30　《康德：判斷力之批判》（上），〈商榷〉，頁 83。
31　同上，頁 80。
32　同上，頁 83。

鬆自在。此即「聖心」即含有妙慧心，函有無相之原則，
故聖人必曰「游於藝」。在「游於藝」中即含有妙慧別才
之自由翱翔與無向中之直感排蕩，而一是皆歸於實理之平
平，而實理亦無相，此即「灑脫之美」之境也。故聖心之
無相即是美，此即「即善即美」也。聖心之無相不但無此
善相，道德相，即連「現象之定相」，即「現象存在」之
真相，亦無掉。蓋現象之存在由於對人之感性而現，而為
人之知性所決定。但聖心無相是知體明覺之神感神應，此
神是「圓而神」之神，已超化了人之感觸的直覺與辯解的
知性。因此，在此神感神應中，物是無物之物（王龍溪
云：無物之物其用神）。無物之物是無「物」相之物，既
無「物」相，自亦無「對象」相。無物相，亦無對象相，
即是物之如相，此即康德所謂「物之在其自己」也。故聖
心無相中之物是「物之在其自己」（物如）之物之存在，
而非現象之物之存在，此即是「真」之意義也。故聖心無
相是「即善即美」，同時亦是「即善即真」，因而亦即是
「即真即美即善」也。[33]

道德實踐到了無相關，此中含有無相原則的灑脫之美，故即善即
美。聖心無相的境界中，物是無物相之物，既無物相，自亦無對
象相，即是物之如相，康德所謂「物之在其自己」，因而亦是即
真即善。可見就牟宗三而言，只有在道德實踐之化境中，獨立意
義的真、善、美相才能被化掉，達到一即真即美即善之境。但如

---

[33]　《康德：判斷力之批判》（上），〈商榷〉，頁84-85。

此一來，各種領域即形成不對等的差序關係，道德實踐確實就處於非坎陷的獨大地位，而知識與藝術等亦淪為坎陷之價值上次要領域。這麼說來，就合一說之道德實踐進路而言，「狹義的道德領域」確實脫穎而出，已等同於「廣義的道德領域」，並與分別說有所牴觸。

2.合一說證立之困難

另外，以上道德實踐通向合一說的進路，也會在論證上遭遇類似二律背反（antinomy）的問題。若在分別說的一面肯定真美善三者皆為有限，但在合一說之境，又主張道德心具有理論上的優位，證立上的困難即隨之而來。因為既然真美善都是有限的領域，為何道德又獨獨得以達到合一之化境呢？牟宗三肯定儒釋道三家皆有智的直覺，佛教與道家實踐的最高理境亦通此化境，雖不如從道德意識切入之專當，但仍可達至此化境。因此他亦以莊子所謂「天地之美，神明之容」表述此最高境界[34]。若說原因在於「大而化之之謂聖」的化境中，不但含有灑脫之美，又因呈現出無對象義的物之在其自己之如相，因此即真即善。則釋與道既然都肯定有智的直覺，則與儒家處理的同樣都是終極實在層面的問題，他們也就都能以美或真為最高境界，藉以統攝另外兩者。

舉道家為例，其進路可歸之於藝術之美的一面。徐復觀曾指出：「老莊思想當下所成就的人生，實際是藝術地人生；而中國的純藝術精神，實際係由此一思想系統所導出。」[35]勞思光也提到：「道家的情意我，顯一觀賞之自由，游心利害成敗以外，乃

34　《康德：判斷力之批判》（上），〈商榷〉，頁 86-89。

35　徐復觀：《中國藝術精神》（臺北：臺灣學生書局，1998 年），頁 47。

獨能成就藝術。」[36]牟宗三亦肯定道家之創生性類乎康德所謂反身判斷（reflective judgment），審美判斷就是一種反身判斷，故「道家之主體可以開藝術性關鍵即在此」[37]。若比照牟氏對道德化境的解釋模式，道家在其藝術式智的直覺之下，也大可融善與真於其中。首先，牟宗三承認在道家「徇耳目內通而外於心知」的心齋坐忘之「自知」中，可化除知性「能所對待中之追逐，以及使用概念之模式」[38]。由此看來，在這種物自身的呈現中，已超越能所對待之主客格局，就此可說即美即真；此外，牟氏雖強調道家心齋之道心「由遮撥道德之德目而顯（如絕仁棄義，大道廢有仁義），一往視道德為外在物，並未意識到如何內在化之以開悟道德可能之超越根據（本心仁體）」[39]。但從「絕仁棄義，民復孝慈」，「大道廢有仁義」等說法來看，道家認為其自然無為的境界才是真正的仁義，自其立場觀之，也可以說這是即美即善。以上由道家立場設想的論證，適與牟氏為道德實踐所提出者形成相反方向之二律背反。如此看來，是否能就在智的直覺中善可以統攝美與真，而做為其獨享優位之理據，實仍為一個開放問題。

---

36 勞思光：《中國哲學史》（一）（臺北：三民書局，1995 年），頁 287。

37 《智的直覺與中國哲學》，頁 209。

38 同上，頁 207。

39 同上，頁 208。

五、劉述先對牟宗三理論的調整與發展

作為現代新儒學思想家的其中一員，劉述先立論最重要的特色是：將宋儒理一分殊的相關論點，進行一種現代背景下的重新詮釋，同時對牟宗三的學說在繼承之外，又有所調整與補充。[40]與本文主題相關者有：一、將道德實踐亦視為良知之坎陷。二、擴展「生生」之意涵。

（一）道德實踐亦為良知之坎陷

劉述先指出，一般在解釋中庸、孟子與陽明學說時，「過分著重講天人的感通，而不明白在中國傳統之中天人也有差距」[41]。他認為基督教的思想家強調上帝（天）與世間（人）的差距，實有其真知卓見。就對有限性的警覺上，以下是基督教可以給予新儒家的忠告：

> 終極關懷的確立並不保證我們一定會作出正確的判斷，而有限被無限地膨脹就會產生魔性化（demonization）的結果。這樣的體驗包含了深刻的洞識，新儒家雖拒絕把天當作「絕對的他在」，但天人差距的睿識卻可以通過與基督教思想的交流與對比而被喚醒。所謂「人心惟危，道心惟

---

40 限於文章篇幅，有關劉述先與牟宗三在理論上的繼承與發展關係，無法在本文中詳述。相關內容可參見張子立：《從逆覺體證到理一分殊新釋：試析現代新儒學之內在發展》，國立政治大學哲學研究所博士論文，2008 年。

41 〈兩行之理與安身立命〉，《理想與現實的糾結》，頁 228。

微」，清楚地顯示，儒家的體驗，可以面對生命的陰暗面，不一定對於人生採取一種單純的樂觀的看法。[42]

正因劉述先不贊同對人生採取一種單純的樂觀看法，他雖肯定人稟賦有無限心，但仍然是有限的存在，有別於牟宗三，他強調「良知的坎陷」應該也適用於人的道德實踐：

> 事實上任何創造都牽涉到坎陷或客觀化的過程，故我提議把坎陷擴大成為一個普遍的概念，也應用到道德的領域。牟先生近期演講謂道德的實踐要靠坤道，基本上證實了他的看法與我的看法的符合。如果生生的天道為本，以「道德」的狀詞形容天道，當然可以說以道德為本，但人們很容易誤解這樣的道德為狹義的人間的道德，這樣就不免有擬人論之嫌。由中國的觀點看，天道創生萬類，人為萬物之靈，人心通於天心，生生之仁、惻隱之情的推擴不能有封限，故有限而通於無限，人即使可以說稟賦有「無限心」，仍然是有限的存在。不加限制地說人是無限的存在，誤解天人合一之合為等同於無限，便是一種蕩越。[43]

在這段引文中，劉述先指出任何創造都牽涉到坎陷或客觀化的過程，但牟宗三以道德作為天道的形容詞，認識心為本心良知之坎陷，的確容易令人產生把人間道德當做第一義，其他領域當做第

---

[42] 〈論中國人的價值觀在現代的重建〉，《理想與現實的糾結》，頁 99-100。

[43] 〈對於當代新儒家的超越內省〉，同上書，頁 53-54。

二義的聯想。所以他提出把坎陷擴大應用到人道德實踐領域的看法，並援引孔子的說法支持其見解：

> 現實與理想之間的差距是不可以取消的。一方面孔子固然說：「我欲仁，斯仁至矣」，這表示仁不是空言，而是實踐，另一面孔子卻說：「若聖與仁，則予豈敢」，這表示他離開聖與仁的理想境界還有很大一段距離，學者需要善會其意，不可給與錯誤的詮釋。至於人在客觀世界的成就，那更是另一回事，孔子終其身只能是「學不厭、教不倦」，「知其不可而為」，人只能在不完成中完成自己。天與人是貫通的，也是有差距的，這是儒家思想一體的兩面。[44]

既然連孔子也不敢自認達到聖與仁的理想境界，更遑論一般人了。可見天與人、現實與理想之間的差距實不能取消。天與人之間雖貫通，但仍有差距，這是儒家思想一體的兩面。我們不能「只側重無限的體現遂忘記講天人之不一，不一不二，這才是真正稱理的了解。一方面聖人之心豈有異於天地生物之心，故不二；但另一方面，『天地鼓萬物而不與聖人同憂』，故又不一。忘記講這一面，則很容易把道理講得太高，沒有照顧到具體現實人生的限制」[45]。

44　劉述先：〈當代新儒家可以向基督教學些什麼？〉，《大陸與海外：傳統的反省與轉化》（臺北：允晨文化公司，1989 年），頁 264-265。

45　劉述先：〈牟宗三先生論智的直覺與中國哲學〉，《中西哲學論文集》（臺北：臺灣學生書局，1987 年），頁 69。

　　質言之，劉述先與牟宗三的基本差異在於：牟宗三致力於透過不斷重申道德實踐所達到的境界，以突顯天人之「同」；然而劉述先雖然肯定人秉賦有無限心，對於道有直接的體悟，卻認為天人之「同」與「異」乃並存，亦即其所謂不一不二，不宜只一味強調「同」的一面。

（二）對「生生」意涵的擴展

　　劉述先在解釋「生生」時，除了指出天道是一生道之外，也說明了人道如何以天道為楷模。生生的道理在「本體宇宙論的創生」型態中是以人道證實天道，人的道德行為可呼應或契合性或天道之創造，成為其創生的一種範例。但劉氏解釋以天道為楷模，重點則在人以生生之天道為終極託付，不斷發揮自己的稟賦之創造性：

> 　　《易經》講生生，多這一個生字，就把整個死局點活了。單說一個生字，當自然的生命力減退，到了終點就只剩下死亡。但生生的託付卻能使我們在逆境之中還可以發揮出創造力，而自然生命的終結也不表示創造過程的終結，因為我的生命本就是天地之化的一部分。《易傳》所謂：「一陰一陽之謂道，繼之者善也，成之者性也。」我發揮出天命於我的性分內的生命力，那也就沒有遺憾了。這就是宋儒張載〈西銘〉所謂的「存吾順事，歿吾寧也」。生死對我來說不再成為掛慮的根源。[46]

46　〈兩行之理與安身立命〉，《理想與現實的糾結》，頁231。

生生之天道可以作為我們的寄託，成為吾人不斷發揮生命力與創造力的依據，個人之生死亦成為天地之化的一部分而無須掛懷。生生落實在人道上，就成為不斷發揮生命力與創造力的過程。這強調的不是人與天在「內容的意義」或「作用的意義」上之同，而是人要以天道為終極託付的對象。聖人就是能把作為生道的天道之創造性，在他的生命之中充分發揮出來的人，所以可以作為眾人的楷模。值得注意的是，劉述先認為這種創造力或潛能並非只侷限於道德行為，而可以是一種涵蓋人生各個價值層面的創造：

> 由現代新儒家的觀點來看，理一而分殊，超越的生生的精神當然不必具現為現代社會的拼搏精神，但也不必排斥它在現代尋求新的具體的表現的方式。於是有人可以由學術來表現自己的生命，有人可以由文學藝術來表現自己的生命力，當然也可以有人由企業來表現自己的生命力。但我們應該了解到，這些仍然都只是生的精神的有局限性的表現。一方面我們由分殊的角度肯定這些成就，當下即是，另一方面我們也要像宋儒那樣體悟到，由超越的角度看，堯舜事業也不過如一點浮雲過太空。這才是兩行之理的體現。[47]

理一而分殊，超越的生生的精神要在現代尋求有別於傳統的、新

47　劉述先：〈論儒家理想與中國現實的互動關係〉，《理想與現實的糾結》（臺北：臺灣學生書局，1993 年），頁 125-126。

的具體的表現。生生之天道不一定只限於道德行為之顯發，也可以表現在學術、文學藝術、甚至是企業精神上。在此劉述先將「生生」詮釋為立足於理一，再分殊於各存在層面之實踐，不只限於人的道德實踐之「狹義的道德領域」，也納入學術、文學、藝術、商業等各種創造活動，擴展為一種「廣義的道德實踐」。他認為：

> 生生之仁是超越特定時空，歷萬古而常新的普遍性原則，即所謂「理一」；有限的個體所實現的則是「分殊」，受到自己的材質，時空條件的拘限。這樣我一方面要衝破自己材質的拘限以接通無限，另一方面又要把創造性實現在自己有限的生命之內而具現一個特定的價值。這一價值不必一定是狹義的道德，也可以是科學、藝術、經濟、技術，乃至百工之事。[48]

可以說，劉述先以上擴展「生生」意涵，將其應用到其他各種技藝與專業的說法，乃是嘗試將牟宗三「廣義的道德領域」概念，透過理一與分殊的對比解釋，進一步予以發展的表現。

---

[48] 劉述先：〈方東美哲學與當代新儒家思想互動可能性之探究〉，《現代新儒學之省察論集》（臺北：中央研究院中國文哲研究所，2004年），頁249。

六、邁向「生生」的現代詮釋

(一)「生生」存在層面的詮釋：從「同於」到「通於」的天人關係

　　從以上析論來看，若以天人之同為前提，則「實現物自身的創生」在理論推導上優於「本體宇宙論的創生」；不過該種詮釋以智的直覺說明天道之創生作用，卻與康德及易傳本意皆有所出入，也未能避免與分別說之牴觸。依筆者之見，以上問題的解決之道為：回到「本體宇宙論的創生」中天道通過陰陽變化創生萬物，而人之德行可體現天道，做為其於經驗現象中的分殊或具體表現的論點，並就天人關係之定位做出調整。

1.人乃有限的體現天道

　　如前述，牟宗三與劉述先雖皆肯定既超越又內在的表述，但前者著重於突顯天人之同，後者則反覆重申天人之同與異乃並存，不宜過度側重同的一面。從他們二位的論點來看，接續的合理發展應是「通於」的天人關係定位。其實之前有關劉述先的幾處引文中，「通於」二字已出現數次，惟其意涵即指向同異並存、不一不二的天人關係，並未具備獨立之意義。[49]接下來筆者嘗試進一步發展此「通於」概念，並提出一些說明。

　　質言之，在斷定天與人是否可「同」之前，宜先就一關鍵處進行語意上的澄清：人之體現天道，到底是完全的（不受限制或

---

[49]　筆者曾針對此問題當面請教劉述先先生，此處之表述係其本人親口提供之答案。

限定）、還是有限的（在限制或限定中）體現天道？若答案為前者，才有充分理據說天人間有「同」之處；若答案為後者，則頂多只是「通」、不宜說「同」。而牟、劉二位共同提供的答案，都是後者，亦即有限的體現天道。

首先，就劉述先的主張來看，若說人雖稟賦有無限心，仍然是有限的存在，但既然人的道德實踐也屬於坎陷，而成為分殊；天道或本心自身則斷然不是坎陷，且為終極實在之理一。就此而言，則人充其量只是有限的體現天道，無論在作用或內容的意義上，應皆無可「同」之處，就不適宜再說人稟賦有無限心。此點亦可於劉氏論有限與無限之辯證關係上獲得印證。其謂理一（生、仁、理）一定要在有限之「分殊」（個人的創造行為）才能具體實現而非憑空之抽象，但一在分殊中表現，就不再是無限之「理一」：

> 「至誠無息」是可以嚮往而不可以企及的超越境界（理一），要具體實現就必須通過致曲的過程（分殊）。生生不已的天道要表現它的創造的力量，就必須具現在特殊的材質以內而有它的局限性。未來的創造自必須超越這樣的局限性，但當下的創造性卻必須通過當下的時空條件來表現。這樣，有限（內在）與無限（超越）有著一種互相對立而又統一的辯證關係。[50]

理一之具體實現，就落實在人的創造活動而成為分殊來說，是一

50　〈「理一分殊」的現代解釋〉，《理想與現實的糾結》，頁172。

致曲的過程。此過程有其當下的時空條件，遂而必有其局限性，使得理一形成可以嚮往而不可以企及的超越境界。既然不可企及，理一與分殊就總是具有某種差異，兩方關係實不宜再定位為「同」。

其次，就「本體宇宙論的創生」而言，牟宗三在談到「以氣言」之命時，即指出「在天」不必一定偏於理說，亦可偏於氣說，此偏於氣說的命即為人不可避免的限定：

> 此亦是天理中事，天命中事，天道中事，亦得簡言之曰天。此是天理、天命、天道之偏於氣化說，但亦為其神理所貫，全氣是神，全神是氣。既全神是氣，則無限量之無窮複雜之氣固亦天理、天命、天道中事。就此說天理、天命、天道即是偏於氣說的天理、天命、天道，而此即對於吾個體生命有一種超越的限定，而吾個體生命對此超越限定言，即有一種遭遇上之距離與參差，因而有所乘之勢與所遇之機之不同，而此即形成吾之個體生命之命運與命遇，此即是以氣言之「氣命」。[51]

若從以氣言之命來看，神理所貫之氣化就對人之個體生命形成一種超越的限定，這種「氣命」即形成人的命運與命遇。這種氣命「對吾人所成之超越的限定始有一種莊嚴的嚴肅意義，所以才值得敬畏，而每一個體生命之遭遇乎此總不免有無限的慨歎，雖聖

51　《心體與性體》（一），頁 525。

人臨終亦不免嘆口氣（羅近溪語），因而『知命』、『知天命』才成為人生中一大關節。」[52]而「命」或命限作為氣化邊之限制，可表現為感性之限制、氣質之限制、遭遇之限制等型態，此種種命限「只可轉化其意義而不能消除之。命限通於一切聖人，即於佛亦適用」[53]。如此一來，人雖能體現天道，仍是一種帶有限制的體現，不能直接從內容或作用的意義上說同於天道。另外，在「實現物自身的創生」部分，牟宗三討論無限與有限之「必然的詭譎」時也有類似說法：

> 蓋成教的聖者之生命同時亦是一現實的生命，因此，他不能說盡一切話，他必定在一定型態下表現道，而同時眾生亦機宜不一，有適於此而悟，有適於彼而悟，亦必在一定型態下醒悟也。是以凡教皆有限定相，亦皆是一途之通路。人總是通過一通路而彰顯那無限者。無限者通過一通路，通過一現實生命（一個體生命），而被彰顯，同時即被限定。這是一必然的詭譎。[54]

在此可以清楚看出，牟氏也承認凡教皆有限定相，即使是彰顯了無限者之聖者，也是一現實的被限定的生命。人總是通過某種通路彰顯無限者，一旦如此，無限透過人被彰顯的同時也被限定，即使是呈現在道德行為中，還是有限的體現。

52　同上，頁 525-526。
53　牟宗三：《圓善論》（臺北：臺灣學生書局，1996 年），頁 154。
54　《現象與物自身》，頁 454。

2.「通」而非「同」之確義

但話說回來，儒家的核心精神是「天人合一」，天與人並非截然二分，或如基督教中神與人的此岸與彼岸關係。就儒家而言，道不遠人，且人能弘道。既然肯定天人之間雖有差距，但仍可相合以貫通，在有限中體現無限之天道。那對天人關係較適切的說法，應是人「通於」、而非「同於」天。此處所謂「通於」之意涵，在於人雖不具天之無限性、絕對性，但由於天人之間可貫通，人的創造活動因而可在某個特定時空環境中，展現出作為某種標準的普遍性。這就涉及絕對性（absoluteness）、無限性（infinitude）與普遍性（universality）三個語詞的概念解析。這三個概念一般常交替使用、互相解釋。但細究之下，仍可嘗試做出如下區分：

1. 絕對性乃針對理論、概念或原理之不可更改、不受任何外力影響、必定無誤且超越任何時空之限制而言。如神之天啟，儒家所謂天道或本心等。

2. 無限性在表述某事物之內容、活動、特性或能力等沒有任何限制，無法以某個數量、性質、概念乃至定義予以完全解釋、描述或窮盡。例如上帝、笛卡兒的無限實體、老子所謂道等。

3. 普遍性則指稱某個理論、概念或原理，可在某個特殊時間或空間範圍，具有普及性而予以應用。如基督教的金律，孔子己所不欲、勿施於人的表述。[55]

---

[55] 近年來國際間首發於宗教界，然後擴及於學界，並獲得聯合國教科文組織支持的「全球倫理」（global ethic）或「普遍倫理」（universal ethics）運動，即指出基督教的道德金律，以及孔子「己所不欲、勿施

　　依照以上區分，主張普遍性，並非同時指涉絕對性或無限性。因為指出某個理論、概念或原理，可在某個特殊時間或空間範圍廣泛予以應用，並不必然蘊涵該理論、概念或原理即不可更改、不受任何外力影響、且必定無誤。該事物可以在某個特定時間或空間普遍應用的事實，仍不能排除還是有無法應用的可能性（最低限度此乃一邏輯可能），因此仍必須保留調整、修改的空間。例如基督教的道德金律（the golden rule）雖在目前廣被接受、引用，但被修改或出現反例至少是一邏輯可能，因此也只適用於普遍性。很多理論曾維持相當長時間的有效性（如牛頓的古典物理學），但在後來被新理論取代，充其量也只代表具有普遍性、而非絕對性。也不代表該理論、概念或原理可不受任何限制，例如愛因斯坦（Albert Einstein）的相對論（Relativity）之有效性，須以光速為宇宙中最快速度為前提，若發現超越光速的運動現象，其中很多內容即須予以修改。以上分析即在說明：在概念表達上，普遍性不一定須與絕對性、無限性劃上等號。

　　據是，則天或理一可以說同時具有普遍性、絕對性與無限性。但分殊或人的創造活動則頂多只能達到普遍性，不能宣稱具備絕對性與無限性。說人稟賦無限心，仍會有將個人及其創造活動予以絕對化或無限膨脹的可能。若將人定位在：其價值理想、道德行為可體現天道，成為一種具普遍性的模範或準則，當可避免此流弊。此即天人「通」而非「同」之意涵。有限與無限雖有差別卻又交融無間，天人之間有可合可通之管道，卻不直接等

　　於人」之恕道，可作為共通於世界各大宗教與思想的基本表述。此論題之相關專著可參見劉述先：《全球倫理與宗教對話》（臺北：立緒文化事業公司，2001 年）。

同。其用意在於：人可以保有「天人合一」的既超越又內在的特質，兩者間又具有一定的張力，避免將個人予以神化、絕對化或無限膨脹的可能。

（二）儒學如何走入現代社會：「生生」實踐層面的詮釋

　　前已述及，就牟宗三的「生生」詮釋而言，只要主張天與人之「同」，且此「同」僅透過人的道德實踐，就會導致廣狹義道德領域不分，以及真美善合一說與分別說的牴觸。此外，在其承認道家亦具智的直覺的情況下，也無堅強論據否定這種藝術進路可以走向涵蓋真與善的非分別之境。接下來的調整方向應該是：同時肯定或否定真美善三者為「同於」無限。筆者以為，後一種選擇在理論上會較為穩健。也就是說，可以貫徹分別說而承認真美善皆為有限，雖有限，但皆可「通於」合一說的無限之天道，只是特性與定位不同罷了。

　　依此前提，即無須再堅持道德實踐於方法上的優越性（supremacy），而只要強調其能體悟終極實在的適當性（adequacy）。由逆覺從事修身的道德實踐工夫，的確是體證天道的理想途徑，但由於仍是在分殊層面作工夫，「通於」而非「同於」天道或理一，因此與其它領域如科學、藝術彼此地位對等，不至抬高道德而矮化其它領域。真善美三者的差異主要是特性與定位不同，並非在價值上有高低之分。一切正面創造活動都可通於理一，但因「通」的型態不同，故定位也各異。例如：道德實踐是「逆」或「返」於理一之「通」，專擅之處在於契接、體悟理一；科學與經驗知識等「真」的領域是「順」或「出」於

理一之「通」，重點則為承繼或順應理一之動用，成就現實生活
中的各種創造。如此就不必在真美善之間強分高下，而可同時肯
定與重視此三者。也能避免因道德實踐同於無限，導致廣狹義道
德領域之分不顯，合一說與分別說互相扞格的情況。

最後，可以對「生生」作出以下的現代詮釋。在實踐層面
上，「生生」的前一個「生」字為動詞，意指創生、並可延伸出
創新與提升二義；後一個「生」字為名詞，其意從牟宗三所謂
「存在」，進而定義為「正面價值之存在」。合此二者來看，
「生生」的精神即為各種正面價值的不斷創造、創新與提升。劉
述先擴展生生的意涵，突破傳統專注於道德修養層面的限制，是
值得吸納的論點。我們宜將「生生」於實踐層面的解釋，從只強
調修德成德的道德實踐，擴展為：凡抱持某種價值理想，在真
（如科學、學術活動）、善（如道德實踐與慈善事業）、美（如
藝術、文學、戲劇），乃至宗教、體育、科技、商業等各種領
域，不斷從事正面價值的創造、創新與提升活動。如此一則可避
免以「道德」作為形容詞（不論是廣義或狹義）可能引生的誤
解；二則符合現代尊重與發展多元價值的趨勢，使儒家理想可以
落實在各種技藝與專業上，從而重新走入一般人的日用常行之
中。

七、結論

時至今日，不容否認的是，儒家思想（不包含與儒家相關的
傳統習俗及行為規範）與現代社會的相干性，主要涉及學術界與
藝文界，而很難說存在於一般大眾的行為、觀念中。但儒家的理

想是淑世，雖然不可能重回往日涉及人們生活各層面的榮景，如何重新在社會上發揮正面的影響力量，從文學、藝術的純粹鑑賞，哲學或學理的專業探討，接觸的層面多為學者、知識分子、文藝愛好者的現狀，再跨出一步，進入現代人的日常生活中，這是關心或仍認同儒家思想及其價值理想者，必須嚴肅看待的問題。當然，走入平常的世俗生活，不代表思想即走向簡單、庸俗，因此如何在現有的學術基礎上，從理論角度順成這種貼近一般人生活的發展，就顯得更形重要。

於是本文聚焦在《易傳》的「生生」概念，以牟宗三的兩種詮釋為起點，探究其中的觀點差異，指出這兩種詮釋雖各有其優缺點，卻同樣預設了「同於」的天人關係。加上牟氏以人的道德實踐做為此「同於」的關鍵，但其真美善合一說並未順利論證道德進路之優位，其理論後果是：使真美善的分別說與合一說陷入矛盾，並解消其廣狹義道德領域之分。

繼之則討論，劉述先對牟宗三借用康德智的直覺進行「實現物自身的創生」詮釋不表贊同。而且將道德實踐視為坎陷，也有別於「本體宇宙論的創生」。整體而言，劉述先在天人關係上乃持須「同異並存」的看法，亦有異於牟宗三強調二者之「同」，但雙方的論述皆只涉及有限的，而非完全的體現天道，是以未對「何以能同」提出充分解釋。

以上述分析為基礎，則在「生生」的存在層面之解釋，可採納「本體宇宙論的創生」中天道創生萬物，人以道德實踐契接天道，成為天道具體表現的論點。劉述先以天道為「理一」，一切經驗現象以及人的創造活動為「分殊」之見解，亦為此論點的另一種表述。然而天人關係之定位，則宜由「同於」、「同異並

存」調整為「通於」，以天或理一同時具備普遍性、絕對性與無限性，但人的創造活動頂多只具普遍性，作為二者「通」而非「同」的關鍵。

由於一切創造活動，自然也包括道德實踐，都是「通於」天道的分殊，不但皆為坎陷，更應站在對等的立足點，雖作用與特性各異，卻具有相同的價值定位。這代表貫徹牟宗三的分別說，並吸納劉述先擴充「生生」意涵至道德實踐以外的其他技藝、專業之論點，將「生生」在實踐層面詮釋為：各種正面價值的不斷創造、創新與提升。如此一來，儒家價值理想的表現，就不必只限於成德的道德修養，舉凡具有正面價值的人類活動，如在學術、科技、宗教、藝術、體育、商業、乃至環保等領域持續精益求精，不斷做出良好貢獻，都可說是體現了「生生」的要旨，從而也是儒家精神的現代表徵。從「道德實踐」擴展至「價值創造」，這樣的儒家本質表述仍將保有相當的理想性，但其內涵卻能兼容多元價值，同時也更貼近、融入一般人的生活，益顯「道不遠人」所言非虛！

何謂儒商？
仁義、生生與企業家精神

一、引言：「儒商」概念之哲學反思

「儒家精神如何在現代社會尋求新的體現」如今已成為研究者不斷熱議的話題。有鑑於商業機構與企業家們在現代社會所起的重大作用，不少學者開始聚焦於商業活動，進而審視其與儒家價值的關係。誠然，時至今日，企業家在其本業範圍，藉由本身創意與產品，於改善人們生活品質，促進社會發展等層面，已經作出有目共睹的貢獻。他們在創業與經營時所展現的眼光與決心，需克服的困難險阻，可以讓人聯想到孔子「知其不可而為之」的無畏精神。此外，亦有企業家加入各種組織團體，以服務同行與大眾。尤有甚者，進而慷慨解囊，捐助金錢物資以協助賑災濟貧；又或是注資推行文教工作，乃至出於憂國憂民之心而針對重大議題提出忠告建言，相關實例實已俯拾皆是。

就欲接通儒家與現代社會的儒學研究者而言，上述企業家種種成就，的確值得予以積極肯定與發揚，所以「儒商」一詞乃應運而生。從歷史沿革來看，「儒商」雖然是晚近才出現的名詞，實則此種融合儒者與商人身分的思維，並非到現代才出現。據史

家考察，明清之際以來，棄儒就賈早已逐漸形成一種風氣。從商人士的社會貢獻也日益受到肯定。如此看來，「古者四民異業而同道」（王陽明），「士商異術而同心」（空同子），「良賈何負鴻儒」（汪道昆）等說法會陸續出現，也就不足為奇。[1]

　　但要注意的是，以上這些新解固然可以幫助我們將儒與商這兩種身分予以結合，作為提出「儒商」概念之佐證。不過在歷史發展中，真正使商人地位提升乃因清末救亡圖存之實際需要，而非來自以儒入商論調的影響。此外，上述說法在理論上也有待加強。因為在概念層面，尚須考量儒商與儒家傳統觀念之一致性問題。就商業活動而言，獲利動機是基本出發點，如何運用現有成本獲取最大的利差，是商業活動的核心，也是從商的必要考量。如此一來，若是我們想到孔子所謂「君子喻於義，小人喻於利」的說法，孟子不斷強調的義利之辨，乃至董仲舒的名言「正其誼不謀其利、明其道不計其功」，則從先秦儒下迄漢宋之儒對用心於「利」的保留、甚至否定，就與上述的獲利動機有所牴觸。此外，儒家的宗旨一向重在成聖成賢，或至少退而求其次：成為君子。所以修身成德才是本業要務。就算證明從商不會與聖賢之道產生衝突，但實在也不能對成德提供甚麼助力。以上反省也可幫助我們理解：為何在當今社會儒家思想並未廣泛地在商界人士中產生影響。儒商一詞也更多地是由學界倡導，而未在企業家中蔚為風潮。如此一來，儒商概念是否能成立呢？若可以，又如何將其與儒家觀點予以調和、連結？這就是必須予以正視並做出理論

---

[1]　關於這個主題，余英時先生曾作出詳盡的探討。參氏著：《中國近世宗教倫理與商人精神》（臺北：聯經出版事業公司，2013 年），下篇，〈中國商人的精神〉頁 95-165。

疏導的問題，不宜輕輕地一語帶過。

　　本文即基於以上理由，而嘗試以孔孟論仁義，以及易傳生生等儒家核心概念，進行儒學的現代詮釋。並以此為框架，在理論上解釋企業家精神如何在現代與儒家宗旨相互契合。首先，從何謂「義先於利」、「利以義制」、「以利行仁」的角度切入，對仁、義、利之間的關聯提出相應的解釋。另外，並藉由對生生的現代詮釋，提出以「價值創造」取代純粹道德修養的儒家實踐觀，使商業與修身成德同樣取得在儒家架構下的合法性。以上嘗試，一則在於賦予商業除了利益導向之外的更豐富內涵；二則欲使儒家淑世之核心價值，透過企業家善行之實例，在現代社會具有更多元而鮮活之展現。

二、結合儒與商的先聲

　　自古以來，對儒者成就的關注實皆聚焦於道德之成聖成賢工夫，對其它領域如商業與藝術等並未重視。特別是自古以來的重農抑商觀念，對於商業活動的評價向來不高。真正以儒學大家身分而對商人做出積極肯定，則以王陽明肇其始，影響也最為重大。首先，他將治生與講學視為一體之兩面，而提出「雖終日作買賣，不害其為聖為賢」的說法：

> 先生曰：「但言學者治生上，盡有工夫則可。若以治生為首務，使學者汲汲營利，斷不可也。且天下首務，孰有急於講學耶？雖治生亦是講學中事，但不可以之為首務，徒啟營利之心。果能於此處調停得心體無累，雖終日做買

賣，不害其為聖為賢，何妨於學？學何貳於治生」？[2]

在此王陽明將治生亦視為講學之一個環節，但不可以之為首務，否則會助長營利之心。重點是能不讓治生之務妨礙學者從事致良知的工夫，那麼就算是終日做買賣，也不害其為聖為賢。質言之，陽明勉人致吾心之良知於事事物物，「作買賣」既是百姓日用中之一事，自然也是良知所當致的領域。此種說法是合乎其致良知之教的。[3]所以王陽明進一步提出「古者四民異業而同道，其盡心焉，一也」的說法[4]。認為士農工商一樣都在做盡心的工夫，只要所做之事有益於生人之道，則可謂是志同道合。余英時指出，王陽明在「重修山陰縣學記」中說：夫聖人之學，心學也；學以求盡其心而已。可見「盡心」二字分量之重，商賈若是「盡心」於其所「業」即同是為「聖人之學」，決不會比「士」為低，這是「滿街都是聖人」之說的理論依據。「墓表」中明白指出當時「士」好利尤過「商賈」，只異其「名」而已，王陽明想要徹底打破世俗上「榮宦遊而恥工賈」的虛偽的價值觀念，其以儒學宗師的身分對商人的社會價值給予這樣明確的肯定，不能不說是新儒家倫理史上的一件大事。[5]

事實上，在王陽明的時代，這種平章儒與商，而主張能以儒

2　王守仁：《王陽明全集》（上海：上海古籍出版社，2012 年），卷三十二，頁 1291。

3　余英時：《中國近世宗教倫理與商人精神》，頁 94。

4　王守仁：《王陽明全集》（上海：上海古籍出版社，2012 年），卷二十五，頁 1036。

5　余英時：《中國近世宗教倫理與商人精神》，頁 106。

家精神從事商業活動的「以儒入商」思維，可說日漸形成一種呼聲。明人王獻芝曾引用空同子的類似論調，而指出「士商異術而同志」，其言來自李夢陽〈明故王文顯墓誌銘〉。原文為：

> 文顯嘗訓諸子曰：夫商與士，異術而同心。故善商者處財貨之場而修高明之行，是故雖利而不汙。善士者引先王之經，而絕貨利之徑，是故必名而有成。故利以義制，名以清修，各守其業。天之鑒也如此，則子孫必昌，身安而家肥矣。[6]

之所以斷定士商異術而同心，其理由在於「善商者處財貨之場而修高明之行，是故雖利而不汙」。此說與王陽明所謂「調停得心體無累，雖終日做買賣，不害其為聖為賢」如出一轍。都是在強化士與商同歸而殊途的特質。只要能「利以義制」，士商之間就不再存有藩籬。有了這些說法為基礎，無怪乎另一明人汪道昆得以呼應這種想法，而大膽斷言「良賈何負閎儒」：

> 大江以南，新都以文物著。其俗不儒則賈，相代若踐更。要之，良賈何負閎儒，則其躬行彰彰矣！[7]

明代之後，這種連結儒與商的思路，也一直延續到了清代。

6　李夢陽：《空同集‧明故王文顯墓志銘》，收錄於王雲五主編：《四庫全書珍本》八集，（臺北：臺灣商務印書館，1974 年），頁 4。

7　汪道昆：《太函集》（合肥：黃山書社，2004 年）。卷 55〈誥贈奉直大夫戶部員外郎程氏公暨贈宜人閔氏合葬墓誌銘〉，頁 1146。

清人沈垚在〈費席山先生七十雙壽序〉中所說的一段話，曾經一再地被學者徵引，以作為論證明清時期士商之間界線已泯的主要線索。沈垚在文中說：

> 古者四民分，後世四民不分。古者士之子恒為士，後世商之子方能為士。此宋元明以來變遷之大較也。[8]

要注意的是，「古者四民分，後世四民不分」的想法在明清以後雖已陸續出現，但這種對士農工商四民的新銓，尚不足以動搖傳統的四民論和重農抑商政策。以上對商人地位與價值重新進行思考後所提出的四民新論，在雍正皇帝於 1724 年和 1727 年兩度重申四民秩序和政府的重農抑商政策後，實遭遇明顯的挫敗。就算明末清初的儒家有意地以四民不分來改變國家的政策和社會的觀念，雍正皇帝的兩道諭旨，則是以官方的權威宣告了他們的失敗。主張士、農、工、商平等的論調，即使在它最蓬勃的時候，都沒有居於思想的主流，在雍正皇帝再度肯定傳統的四民論後，更是流於沉潛，縱使未完全消失，但至少在光緒初年以前，它的聲音始終是微弱的。[9]所以當我們在訴諸這些說法為「儒商」概念奠基時，必須同時意識到這些在思想層面上的發展與努力，僅為儒者與部分由儒入商者對儒與商二者關係的重新界定。這是一種新思潮的萌芽，既在理論上尚未發展成熟，也沒有直接造就後

---

[8]　沈垚：《落帆樓文集》，收入吳興叢書（吳興劉氏嘉業堂刊本，線裝本，1918 年），卷 24，頁 12 上。

[9]　參見李達嘉：〈從抑商到重商：思想與政策的考察〉，《中央研究院近代史研究所集刊》第 82 期（2013 年 12 月），頁 1-53。

來商人地位的提升，在清朝末期以前，重農抑商的意識形態實仍居於主流地位。

此外，據學者考察，真正使商人地位得到提升，實乃出於清末救亡圖存之迫切需求，而非以儒入商的思想啟迪。清廷面對西方船堅砲利的威脅，最初以提昇軍事力量的「自強運動」為對應之策。然因與西方國家進行「兵戰」屢遭挫敗，同時出現嚴重的漏卮問題，重農抑商政策開始受到強烈挑戰。光緒初年，湖廣道監察御史李璠首先提出「商戰」重於「兵戰」的主張，一些思想較新的知識分子，也相繼闡揚重商議論。加上甲午戰爭中國為日本所敗，急迫的民族危機感，使得鄭觀應的「商戰論」盛倡於一時。清廷在內外交逼之下，不得不改採重商政策，以挽救危局。傳統的重農抑商政策和四民論至此始發生根本性的改變。由工商致富的商人活躍於各個層面，也使中國的社會結構發生重大變化。[10]以上史實也解釋了為何從清末到現代，商人地位雖已大大提升，乃至後來居上，但對儒家思想的認同卻並非普遍地存在於商界人士之中；「儒商」一詞也更多地是被學界所倡言，而未在商人意識中生根。

三、義利之辨 vs. 獲利動機

在上一節，本文解釋了明清時期以儒入商的思想沿革，並指出其為一種新思潮的萌芽，但並未直接造就後來商人地位的提

10　李達嘉：〈從抑商到重商：思想與政策的考察〉，《中央研究院近代史研究所集刊》第 82 期（2013 年 12 月），頁 16-34。

升。在歷史發展中真正抬高商人價值的動力，乃清末救亡圖存之實際需要，而非論者對四民的新解。接下來要討論的是，就思想層面而言，以上說法在理論上亦未發展成熟，如何將傳統儒家思維與商人角色結合，還有理論問題尚待解決。

　　商業活動本質上是營生之手段，藉由勞務與貨品交換過程中獲取的利益以維持生活所需，並同時運用各種手段將獲益極大化，如此則可繼而累積財富。是以就商業活動而言，此種獲利動機（profit motive）是其核心，此實適用於古今中外的一切商業運作模式，也是經濟學中廣為人知的基本概念。若從人際互動角度檢視獲利動機，很容易讓我們想到孔子在《論語》里仁篇中有關「君子喻於義，小人喻於利」的分判，以及「放於利而行，多怨」之警語。可以說，孔子認為人與人之間若以利益考量為來往前提，在道德上是有瑕疵的，也有害於人際關係。這可視為儒家義利之辨立場的濫觴。此態度進一步為孟子所發展：

> 孟子曰：「雞鳴而起，孳孳為善者，舜之徒也。雞鳴而
> 起，孳孳為利者，蹠之徒也。欲知舜與蹠之分，無他，利
> 與善之間也。」[11]

舜與蹠之分，關鍵即在於重利與重善之別。實與孔子「君子喻於義，小人喻於利」的思路一脈相承。另外，孟子在與梁惠王的對話中，也討論了重利而輕仁義所可能引發的流弊：

11　《孟子》，盡心上。

> 孟子見梁惠王。王曰「叟！不遠千里而來，亦將有以利吾國乎？」
>
> 孟子對曰：「王何必曰利？亦有仁義而已矣。王曰：『何以利吾國？』大夫曰：『何以利吾家？』士庶人曰：『何以利吾身？』上下交征利，而國危矣。萬乘之國，弒其君者，必千乘之家；千乘之國，弒其君者，必百乘之家。萬取千焉，千取百焉，不為不多矣。苟為後義而先利，不奪不饜。未有仁而遺其親者也，未有義而後其君者也。王亦曰仁義而已矣，何必曰利！」[12]

孟子唯恐梁惠王在為政上抱持著孳孳為利的想法，於是當下以「王何必曰利？亦有仁義而已矣」答覆梁惠王能否「有以利吾國」的問題。並且指出，一國若從君王以下處事都抱持著如何對自己有利的想法，導致上下交征利，適會導致國危的結果。此外，董仲舒「正其誼不謀其利、明其道不計其功」[13]的名句，也為義利之辨提供了鮮明註腳。到了宋明理學時期，朱熹據此反駁陳亮「義利雙行」的見解，王陽明亦在〈答顧東橋書〉中痛斥功利之毒[14]。可以說，義利之辨由先秦開始，歷經漢代，一直到宋明時期都是儒者行為的主導思想。

　　但從另一方面來看，謹守義利之辨，是否即表示義利之間一

12　《孟子》，梁惠王上。
13　《漢書·董仲舒傳》記載其對江都王之問曰：「夫仁者，正其誼不謀其利，明其道不計其功。」
14　王守仁：《王陽明全集》（上海：上海古籍出版社，2012 年），卷二十五，頁 63。

定構成衝突呢？以董仲舒為例，他固然持「正其誼不謀其利、明其道不計其功」的嚴分義利之辨的立場。卻也說過在義先於利的前提下，人也要義利並養：

> 利以養其體，義以養其心，心不得義不能樂。體不得利不能安。義者，心之養也；利者，體之養也。體莫貴於心，故養莫重於義。[15]

人必須身心俱養，是則義與利皆為維繫生命之所需。他在〈賢良對策〉篇說明了其強調義利之辨的理由，實為有鑑於周室之衰肇因於其卿大夫緩於誼（義）而急於利，乃力勸漢武帝曰：「爾好誼，則民鄉（嚮）仁而俗善；爾好利，則民好邪而俗敗。」其用意在針對武帝好大喜功的個性，勸告他「能修其理不急其功」。[16]因為「凡人之性，莫不善義，然而不能義者，利敗之也」[17]。可見董仲舒並非抱持義利不相容的態度，而是反對因求利而害義。因而主張義利要並養。

明代商人中亦有接續嘗試將獲利動機與義利之辨做出調和者。例如前文提到的李夢陽〈明故王文顯墓誌銘〉嘗論「善商者處財貨之場而修高明之行，是故雖利而不汙」，因而有「利以義制」之說法。其意不外乎若能以義為前提，則求利也不是壞事，甚至可以與高明之行相容。韓邦奇在〈國子生西河趙子墓表〉表

---

[15] 董仲舒：〈春秋繁露·身之養重於義〉篇，見清·蘇輿著：《春秋繁露義證》（臺北：河洛圖書出版社，1974年）。

[16] 《春秋繁露義證》，〈對膠西王越大夫不得為仁〉篇。

[17] 《春秋繁露義證》，〈玉英〉篇。

達了類似意涵，並以本心作為義利合一之基礎，提出「義利存乎心」的新解：

> 聖賢豈匏瓜哉！傳說之版築，膠鬲之魚鹽，何其屑屑也。古之人惟求得其本心，初不拘於形跡。生民之業無問崇卑，無必清濁，介在義利之間耳。庠序之中，誦習之際，寧無義利之分耶？市廛之上，貨殖之際，寧無義利之分耶？非法無言也，非法無行也，隱於干祿，藉以沽名，是誦習之際，利在其中矣。非其義也，非其道也。一介不以與人，一介不以取人，是貨殖之際，義在其中矣。利義之別，亦心而已矣。[18]

以上這段話，處處看到陸王心學的痕跡，其獨到之處在於：不以任何職業或身分，而以孟子所闡揚之本心作為衡量義利之標準。若求得本心，則不必拘於貨殖或誦習之形跡。點出無論在誦習或貨殖之際，皆有義利之分。因為即使在誦習之際，但若心繫干祿、沽名釣譽，也是汲汲於利；反觀從事商業之人，在行為處事之中，若能秉持在非其義，非其道的情況下，「一介不以與人，一介不以取人」的原則，則義亦在其中。韓氏雖非傳統意義下之大儒，然此論實能緊抓孟子「思則得之，不思則不得」的成德要義而有以擴充之。

　　不論是李夢陽強調的「利以義制」，或是韓邦奇「義利存乎

---

[18]　韓邦奇：《苑落集》，《文淵閣四庫全書》卷七（臺北：臺灣商務印書館，1983 年），頁 447。

心」的新銓，都是力求融合義與利的嘗試。強調義與利不見得處於非此即彼的矛盾關係。特別是韓邦奇對義在貨殖之中的見解，點出求利或求義與職業身分無必然關係。各種事業或活動皆介於義利之間，汲汲於利或是義，端看個人之動機或心態為何，可謂能跳脫出傳統思想的窠臼，而另闢蹊徑。

質言之，以上種種結合義利的論述，核心在於從正當求利與不當求利中做出區分，若是屬於正當求利，則為「利以義致」、「義在其中」；相反地，若一味不當求利，就成為唯利是圖的小人。但重點在於，裁決正當與不當求利的判準究竟為何？這些說法都只指出有此區別，卻未能告訴我們作出此劃分的明確標準為何。這樣就難以界定何種商業行為乃高明之行而雖利而不汙，也無從判斷何種貨殖是義在其中。因此，要界定何謂儒商，就必須提供這個對正當求利的定義，而且這定義必須能夠與儒家的核心思想一致，才算是以儒入商。這就是本文以下要討論的內容。

四、利、義、仁：
「義先於利」、「利以義制」與「以利行仁」

依上述，明代商人結合義利的嘗試，焦點在於對正當求利與不當求利作出區分，若能「利以義致」，則屬於正當求利；若孳孳為利，則為不當。但對於何謂「利以義致」的問題，則並未提出說明。以下將從孔子、孟子乃至陽明的說法中尋找線索，探究對儒家而言，如何在「義先於利」的原則上「利以義致」，並進而「以利行仁」。

質言之，孔子雖指責喻於利的小人，卻並非一味反對追求利

益。而是強調要「見利思義」[19]，亦即勸人自省：是否以適當的方式獲得利益？他真正反對的是以不義的方式獲取利益，所謂「不義而富且貴，於我如浮雲」[20]。也就是說，孔子抱持的是「義先於利」的觀點。他並不排斥義與利並存的可能性，但反對由不義的方式取得利益。此思路亦為孟子所繼承。孟子雖認為聖賢與小人之分，即在於為利與為善之別，也並未排除對利益之追求。相反地，從前述他與梁惠王「王何必曰利」的對話來看，他點出若「上下交征利」，結果將反而對大家都不利。若是每個人皆以仁義為先，反而會在相互關懷的基礎上，產生「未有仁而遺其親者也，未有義而後其君者也」的最佳結果。在此可以說孟子除了主張「義先於利」之外，也抱持著「義可生利」[21]的看法。其中所謂利，可能涉及公利或私利，或甚至兼指二者而為言。[22]

19　《論語》，憲問第十四。

20　《論語》，述而第七。

21　有學者指出，孟子對義與利之間關係的看法，可以從四個層面進行考察，分別是「取代模式」的「以義斥利」、「條件模式」的「先義後利」、「化約模式」的「義即公利」，以及「因果模式」的「以義生利」等四種類型。並指出孟子存有若干「先義後利」的成分，也確實有肯定公利而輕私利的傾向，但更正確地來說，他是在動機或存心上唯「義」是求，屬於高濃度的「以義斥利」類型；而又樂於將「利」視為由「義」所衍生的必然結果，接近於「以義生利」的類型。參葉仁昌：〈孟子政治思想中義利之辨的分析：四種主要類型的探討〉，《政治科學論叢》第 50 期（2011 年 12 月），頁 1-36。就「未有仁而遺其親者也，未有義而後其君者也」此命題而言，筆者贊同葉文之分析，肯定孟子思想中具有「以義生利」的思想成分。

22　李明輝指出，單從「未有仁而遺其親者也，未有義而後其君者也」這段話來看，實難判斷此中所謂「利」的性質為何。一方面可能意謂為人

孟子另一段話也透露出義可導出利的類似看法：

> 宋牼將之楚，孟子遇於石丘。曰：「先生將何之？」
>
> 曰：「吾聞秦、楚構兵，我將見楚王，說而罷之。楚王不悅，我將見秦王，說而罷之。二王我將有所遇焉。」
>
> 曰：「軻也請無問其詳，願聞其指。說之將何如？」
>
> 曰：「我將言其不利也。」
>
> 曰：「先生之志則大矣，先生之號則不可。先生以利說秦、楚之王，秦、楚之王悅於利，以罷三軍之師，是三軍之士樂罷而悅於利也。為人臣者，懷利以事其君；為人子者，懷利以事其父；為人弟者，懷利以事其兄：是君臣、父子、兄弟終去仁義，懷利以相接，然而不亡者，未之有也。先生以仁義說秦、楚之王，秦、楚之王悅於仁義，而罷三軍之師，是三軍之士樂罷而悅於仁義也。為人臣者，懷仁義以事其君；為人子者，懷仁義以事其父；為人弟者，懷仁義以事其兄：是君臣、父子、兄弟去利，懷仁義以相接也，然而不王者，未之有也。何必曰利？」[23]

君、為人親者之私利，另一方面也可能指的是整個社會秩序之和諧，因而涉及公利。參見氏著：《儒家與康德》（臺北：聯經出版事業公司，1990 年），頁 185。筆者以為，非獨此段，觀孟子全書，其言利之論述模式，往往串連家、國、天下三者而為言，亦即公私二層面之利連帶而言。在下面所引述關於孟子與宋牼之對話，也是相同的模式。職是之故，或許可以將孟子此處論述，視為同時涵蓋公私兩面之利而為言。

23　《孟子》，告子下。

在這段話中，孟子固然仍維持義先於利的論述主軸，但也同時重複了梁惠王篇「義可生利」的論調，強調「懷仁義以相接也，然而不王者，未之有也」。就孟子而言，雖然為人處事上須以「義先於利」為原則，但也不排斥追求利益。並為了讓人們更樂於行仁義，還指出「義可生利」的附帶好處。

由此我們即可理解，何以追求富貴對孔子而言是合情合理的動機。所謂「富與貴，是人之所欲也；不以其道得之，不處也。貧與賤，是人之所惡也；不以其道得之，不去也」[24]孔子甚至認為「富而可求也，雖執鞭之士，吾亦為之；如不可求，從吾所好」[25]。可見孔子認為富不是不可求，但要有原則，不能傷天害理。若不以其道得之，則富貴不可求，貧賤亦不可去。可以斷定，對孔孟而言，「義先於利」並不蘊含「義利互斥」，他們會認同人們力求在義與利上兩全其美的努力。

將以上原則應用在商業上，是要區分做人與維生兩個層面。商業作為維生手段，雖以獲利為目標，但不能凌駕做人層面的仁義底線。也就是說，做生意必須有獲利考量；但做人就不能只看利害，而是憑良心。以此來看商業活動，企業經營本就以獲利為目標，而獲利及累積財富，可使生活過得更好，只要能「以其道得之」，自是可以為之。不過，其中所謂「道」、所謂「可求之富」所指究竟為何呢？我們可以從孔子另一段話得到啟發：

　　子貢曰：「如有博施於民，而能濟眾，何如？可謂仁

---

[24]　《論語》，里仁第四。
[25]　《論語》，述而第七。

乎？」

子曰：「何事於仁，必也聖乎！堯、舜其猶病諸！夫仁者，己欲立而立人，己欲達而達人。能近取譬，可謂仁之方也已。」[26]

可以說，對孔子而言，「可以其道而求之富」，就是己立立人，己達達人的事業。設若商業除了作為一種己立、己達的事業之外，同時又能具有立人、達人之功效，則就符合仁者精神。在此所謂己立立人，己達達人又可分別從兩個層面來作解釋。首先，在產品方面，企業家推出好的產品，好的產品給自己帶來獲利，此為己立己達；但在同時，這些商品或服務也為消費者帶來便利或快樂，這就具有一種社會功效，而為立人達人。在企業管理方面，企業家聘用員工，藉用員工的生產力創造獲利，這是己立己達；在此同時，企業家也提供員工滿意的薪資與福利，使其安居樂業，則為立人達人。以上所述互利互惠的狀況，即可視之為「利以義制」，以正當的方式獲利。此種互利互惠的精神，即可為空同子「善商者，處財貨之場，而修高潔之行，是故雖利而不汙」的說法奠定基礎，不損人利己，而共同受惠，自然雖利而不汙，才能算是「利以義制」。並能為王陽明「四民異業而同道」的主張提供補充：

陽明子曰：「古者四民異業而同道，其盡心焉，一也。士以修治，農以具養，工以利器，商以通貨，各就其資之所

> 近，力之所及者而業焉，以求盡其心。其歸要在於有益於
> 生人之道，則一而已。士農以其盡心於修治具養者，而利
> 器通貨，猶其士與農也。工商以其盡心於利器通貨者，而
> 修治具養，猶其工與商也。故曰：四民異業而同道。」[27]

王陽明之所以肯定四民異業而同道，是因為四者皆能做到孟子所謂盡心的要求。而盡心之關鍵則是「有益於生人之道」。不論是利器通貨，或是修治具養，若能有益於生人之道，就是盡心，既然都能盡心，士農工商四民雖然事業不同，卻殊途同歸，而為同道中人。依上述，秉持互利互惠的精神從事商業活動，即是藉由通貨而進行有益於生人之道的活動，並使所謂「有益」之意涵在概念上更加明確。

己立立人，己達達人還有另一層更深遠的意涵。若從「博施於民，而能濟眾」的描述來看，這實與孟子「古之人，得志，澤加於民；不得志，修身見於世。窮則獨善其身，達則兼善天下」[28]的見解相互呼應。在做到己達之後，不只侷限在獨善其身，而能進一步以博施濟眾的方式兼善天下。這樣的行為，孔子給予的評價是「何事於仁，必也聖乎」。直達聖人之境，可謂推崇備至。將其落實在企業家精神上，則可詮釋為：在本身累積財富、提升生活品質到了一定程度後，同時運用所累積的財富去幫助別人，而澤加於民。這種「以利行仁」的仁民愛物之舉，乃是比「利以義制」更上一層，從互利互惠昇進至利他的境界，成為仁

---

27 王守仁：《王陽明全集》（上海：上海古籍出版社，2012 年），卷二十五，頁 1036-1037。

28 《孟子》，盡心上。

心更高一層的表現。從孔子的角度來看，能做到「利以義制」以及「以利行仁」，即可算是己立立人，己達達人；即可視為儒家本質在商業上的體現，而足可擔當「儒商」之名。

五、由道德修養到價值創造：
「生生」的現代詮釋

即使在提出如上的新銓之後，還有一個問題尚待解決：對傳統儒家而言，修身成德才是本務。商業就算可「利以義致」、「以利行仁」，目的終究不是成君子或成聖成賢，如此一來，就算事業再大、做了再多慈善事業，終究仍非傳統意義下的儒者。我們固然可以援引前述「以利行仁」的概念，指出其體現了「博施於民而能濟眾」的精神，而這種表現孔子亦稱許為仁。再補充陽明所謂「雖終日作買賣，不害其為聖為賢」的說法，以強化連結儒與商的合理性。論者仍可提出如下質疑：這些新解充其量只能證明從商並不違背儒家信條，企業家慷慨解囊的善行符合孔子論仁的精神。只是更深入追究，儒家的工夫重點一向在追求內聖外王的境界。要經由不斷的格物致知、誠意正心工夫，達到孔子所謂「從心所欲不逾矩」[29]的境界，或是孟子對「踐形」[30]的聖人要求，並實現其仁政理想於政治上。以此來看企業家，其本業是提供商品與服務，經營管理一家企業，其性質與專心致力於道德修養的儒家畢竟不同。王陽明告訴我們，真正要追求的是致良

29　《論語》，為政第二。

30　《孟子》，盡心上。「形色，天性也；惟聖人，然後可以踐形。」

知的工夫，而使一念之發動無有不善。不過對於任何人而言，要同時兼顧競爭激烈的商業活動，並致良知於事事物物而無有不善，恐怕都是力不從心的苛求。那麼，是否有可能在儒家的概念架構下，將商業納入其工夫實踐之一環呢？筆者以為，我們可以從易傳的「生生」概念中汲取資源，對儒家的實踐觀提出新的詮釋，以解決此問題。

質言之，儒家「生生」的要旨可以從存在與實踐兩個層面來看。就存在層面而言，〈繫辭上傳第五章〉揭櫫「生生之謂易，成象之謂乾，效法之謂坤」，闡明生生涵蓋成象之乾與效法之坤，乾坤並實為生生之內涵。另外，也可從一陰一陽不斷遞嬗更迭以解易之生生，意指一生生不息、持續創生的過程。若從實踐層面來看生生，則可將一陰一陽之道與君子之道銜接起來，勉勵人須上體天道生生之德，努力不懈地進行人文化成的淑世事業。是以就生生的角度而言，人雖由天道所創生，但也可藉由道德行為體現天道。此種天人合一的關係，還可以從宋儒理一分殊的概念進一步予以說明。劉述先指出生生之天道作為理一，乃吾人之終極託付，以及不斷發揮生命力與創造力的依據；生生落實在人道上，就成為分殊，乃吾人不斷發揮生命力與創造力的過程。[31]而且這種創造力的顯現並非只侷限於道德行為，實可以涵蓋種種不同專業領域的創造活動：

〔……〕，理一而分殊，超越的生生的精神當然不必具現

31　劉述先：〈兩行之理與安身立命〉，《理想與現實的糾結》（臺北：臺灣學生書局，1993 年），頁 231。

　　為現代社會的拼搏精神，但也不必排斥它在現代尋求新的
　　具體的表現的方式。於是有人可以由學術來表現自己的生
　　命，有人可以由文學藝術來表現自己的生命力，當然也可
　　以有人由企業來表現自己的生命力。但我們應該瞭解到，
　　這些仍然都只是生生的精神的有局限性的表現。一方面我
　　們由分殊的角度肯定這些成就，當下即是，另一方面我們
　　也要像宋儒那樣體悟到，由超越的角度看，堯舜事業也不
　　過如一點浮雲過太空。這才是兩行之理的體現。[32]

理一而分殊，超越的生生的精神要在現代尋求有別於傳統的、全
新的具體表現。生生之天道不一定只限於道德行為之顯發，也可
以表現在學術、文學藝術、甚至是企業精神上。生生之仁是超越
特定時空，歷萬古而常新的普遍性原則，即所謂理一；有限的個
體所實現的則是分殊，受到自己的材質，時空條件的拘限。這樣
我一方面要衝破自己材質的拘限以接通無限，另一方面又要把創
造性實現在自己有限的生命之內而具現一個特定的價值。這一價
值不必一定是狹義的道德，也可以是科學、藝術、經濟、技術，
乃至百工之事。[33]如此一來，生生的實踐觀即可詮釋為立足於理
一，再分殊於人生各層面之多元價值實現，成為以有限之人接通
無限天道的創造活動。

---

[32] 劉述先：〈論儒家理想與中國現實的互動關係〉，《理想與現實的糾
結》，頁 125-126。

[33] 劉述先：〈方東美哲學與當代新儒家思想互動可能性之探究〉，《現代
新儒學之省察論集》（臺北：中央研究院中國文哲研究所，2004
年），頁 249。

　　依筆者之見，若將創生萬物的天道或天理定義為「理一」；人與天地萬物等等被創生的存在物，及其一切存在活動與現象則是「分殊」。就修身成德而言，道德行為固然可體現天道，成為一種具普遍性的模範或準則。但與其它領域如科學、藝術、商業等等皆為分殊，皆是「通於」而非「同於」天道或理一。這些不同領域的事物雖作用與特性不同，彼此價值定位實應對等，不必僅只獨尊道德而矮化或忽略其它領域。那麼我們在考量生生的實踐層面時，也就不必將焦點僅侷限在修身成德一途。人類在其他領域的創造活動，也可以是儒家肯定的實踐工夫，皆可由分殊通向理一。[34]

　　順是，以上將「生生」意涵延伸至道德實踐以外的其他技藝、專業之論點，可以發展為更細緻的表述。其作法是：將「生生」在實踐層面的詮釋，從道德修養擴大為價值創造。如此一來，前一個「生」字可視為動詞，而有延續、創新、提升之意。後一「生」字則作為名詞，指有價值的事物之存在。「生生」就

---

[34] 以上對生生與理一分殊的詮釋，係依據筆者另一篇討論生生現代詮釋的專文而來。在該文中，筆者指出僅訴諸道德進路可能會出現的理論問題，而嘗試將天人合一詮釋為：分殊雖不直接「同於」作為天道之理一，但卻「通於」理一。在此所謂「通於」，意指天或理一同時具備普遍性、絕對性與無限性。但分殊或人的創造活動，包括道德實踐在內，則頂多只能達到普遍性，不能宣稱有絕對性與無限性。依此主張將儒家的實踐觀予以擴展，在道德實踐之外，並納入其他領域的人類創造活動如科學、藝術、商業等等。參拙著：〈論儒家生生的現代詮釋〉，《全球與本土之間的哲學探索：劉述先先生八秩壽慶論文集》（臺北：臺灣學生書局，2014 年），頁 127-156。此文經過適當修改，亦已收入本書之中。參見本書頁 271-309。

可定義為各種正面價值的不斷創造、創新與提升。如此一來，儒家價值理想的表現，將不必只限於成德的道德修養。舉凡具有正面價值的人類活動，如在學術、科技、宗教、藝術、體育、商業、乃至環保等領域持續精益求精，不斷做出良好貢獻，即可謂體現了生生的要旨；能持續在修身成德、專業技藝、社會影響等任一方面有所提升與助益，也就是儒家精神的現代表徵。[35]這樣的儒家特性表述，仍將保有適當的理想性，但其內涵實能與多元社會中不同專業相互分工，價值對等的現況相容。

此「生生」定義落實在商業活動中，商品與服務的不斷發明、改良與提升正是一種正面價值的創造與提升工作，不但促進技術與技藝之進步，也使人類生活各層面同時獲得改善、更加便利。儘管有別於格物致知、誠意正心的道德修身工夫，卻也是另一種生生精神的體現。商業也就同時可視為一種儒家事業。在商品或服務的不斷創造、創新與提升過程中，企業經營者必須持續因應所面對的問題或瓶頸，克服新的挑戰。證諸當今的商業現狀，所謂永遠暢銷的商品，一直獲利的公司，始終立於不敗之地的經營模式，可說已屬天方夜譚。不敗的企業既不可得，真正務實之態度乃永不言敗之信念。能秉持上述生生的精神進行此任重而道遠之工作，譽之為儒商則甚自然而順適。

---

35 張子立：〈論儒家生生的現代詮釋〉，《全球與本土之間的哲學探索：劉述先先生八秩壽慶論文集》，頁 153-154。

六、結語：「儒商」之後設思考

　　從明末至有清，一種調整商人在四民中定位的呼聲逐漸浮現。舉凡王陽明提出的「雖終日作買賣，不害其為聖為賢」，以及「古者四民異業而同道，其盡心焉，一也」的四民新論；或是李夢陽與王文顯「士商異術而同心」的看法。乃至汪道昆「良賈何負閎儒」，沈垚「古者四民分，後世四民不分」等論調，在近年來倡導「儒商」概念的表述中，經常被引述而視為先驅。但從歷史發展上觀之，這些觀點雖形成了一種輿論，卻並未真正在商人地位與價值的提升上發揮實際效果。這樣的發展乃在自強運動之後，商戰之論蔚為風潮的推波助瀾之下，才逐漸成形。

　　再從思想上理論融貫性的標準來看，以上說法要如何與孔子「君子喻於義，小人喻於利」，以及孟子「何必曰利？亦有仁義而已矣」的說法相容呢？於是本文檢視了一些調和義利之嘗試。諸如董仲舒主張義利須並養；以及李夢陽的義利新詮，將正當求利稱為「利以義制」、「義在其中」；相反地，若是不當求利，才算唯利是圖；韓邦奇另外點明「義利存乎心」：求利或求義，與職業、身分其實並無必然關係。各種事業或活動皆介於義利之間，汲汲於利或義，端看個人之動機或存心。不過綜觀以上論點，有個尚待解決的核心問題是：裁決正當與不當求利的判準究竟為何？以上陳述都只指出有此區別，卻未能告訴我們作出此劃分的明確標準為何。這樣就難以界定：何種商業行為乃高明之行而雖利而不汙，也無從判斷何種貨殖是義在其中。因此，要界定何謂儒商，就必須提供這個對正當求利的定義，而這定義又必須合乎儒家的核心思想。

　　本文採取的進路是：借助孔孟對仁、義與利的闡釋，以及易傳所謂生生的概念，進行現代的詮釋，以界定此「儒商」概念。首先，孔孟雖強調義利之辨，但也不認為兩者無法相容，亦即不主張「義利互斥」，而是「義先於利」。其意涵是在做人與維生之間做出區分。商業作為維生手段，必以獲利為目標，但不能淩駕做人的仁義底線。獲利及累積財富，可使生活過得更好，只要能「以其道得之」，是可以為之的。至於所謂「其道」，則藉由孔子「己立立人、己達達人」的原則，界定為互利互惠。企業家透過員工的生產力製成產品，而從中獲利，此為己立己達；在此同時，企業家給予員工良好的薪資待遇，推出的商品也為消費者帶來便利或快樂，則為立人達人。這種互利互惠的狀態，可以用來解釋何謂「利以義制」，以及王陽明所謂「有益於生人之道」。若能從互利互惠提昇至利他的境界，則為「己立立人、己達達人」的更高層次表現：「以利行仁」。這指涉的是企業家運用所累積的財富去幫助別人，如賑災濟貧，此合乎「博施於民，而能濟眾」，或是孟子表述的「達則兼善天下」。企業家若能做到互利互惠的「利以義制」，以及博施濟眾的「以利行仁」，則可謂之「儒商」。

　　有一種可能的質疑是：以上論點頂多只能說明從商與儒家精神並不牴觸，企業家慷慨解囊的善行可視為仁的一種體現。但這畢竟不是從心所欲而不逾矩的道德境界，亦非內聖外王的大學之道，既然性質迥異，接通兩者的理據仍不夠充分。為了回應此問題，本文建請讀者思考：身處當今多元價值平等互待、異彩紛呈之世，儒家實踐觀是否仍只容許修身成德為唯一選項？若把「生生」之意涵從僅限於道德行為，而擴大至價值創造，並定義為各

種正面價值的不斷創造、創新與提升，是則儒家價值理想的表現，就不必只限於成聖成賢，舉凡具有正面價值的人類活動，如在學術、科技、宗教、藝術、體育、商業等領域持續精益求精，不斷做出良好貢獻，即可謂體現了「生生」的要旨。就商業活動之運作而言，商品與服務的不斷發明、改良與提升，即是一種正面價值的創造與提升工作，在此過程中，又必須持續解決遭遇到的問題或瓶頸，克服接踵而至的挑戰。企業家若有此成就，實可謂生生精神之現代表現。綜上所述，可知儒商乃力求商品與服務的不斷改良、創新，同時做到「利以義制」、及「以利行仁」的企業家。若以日常用語來說：不斷創新、互利互惠、注資公益即是儒商定義。

眾所皆知，儒家具有漫長的發展歷史，累積了無比豐碩的言談論述。其中自不乏一些人生哲學的思想資源，透過適當的現代詮釋，可為創業或企業經營提供助力。例如在吾人事業陷入危機乃至遭遇失敗之際，最容易犯的錯誤就是怨天尤人。此時孔子「不怨天，不尤人。下學而上達。知我者，其天乎」[36]的表述，實為勸人保持冷靜，反躬自省以努力再起的金玉良言。「知其不可而為之」[37]雖然描述的是孔子對推行儒家理想之堅持。但如果將這種堅持，類比於許多大企業家草創事業時所曾面對的輕忽、質疑、甚或冷嘲熱諷，相信他們也能感到心有戚戚焉。

如此我們就能明白，為何儒學研究者會從儒家學說汲取資源，嘗試應用於當代的商業或企管領域，進而提出有關儒家式的

---

[36]　《論語》，憲問第十四。

[37]　《論語》，憲問第十四。

管理哲學或商道智慧之著述。[38]這些著述對於聯繫儒學與當代社會，促進商界與一般民眾對儒家的瞭解及興趣，可謂做出了積極的貢獻。或有論者會從後設層次提出疑問，指出僅憑儒學中有些概念或話語可藉以應用於商業層面這一點，實難以就使「儒商」、「儒家管理哲學」等術語成立。一則商業經營、管理畢竟與儒家事業有所不同，兩者性質亦有看似衝突之處，如本文所談到的義利之辨。二則非獨儒家，很多哲學思想與宗教教義都蘊含了豐富的人生智慧，而可經由適當詮釋應用於商業領域。如此一來，豈非也都可在商字之前冠以其名，例如「道商」、「佛商」？從理論層面看，要在某個專業領域建立儒家式應用哲學，實不能僅滿足於零散地摘取個別儒家命題或概念，繼而運用於該領域中，更需論證儒家思想本質與此專業領域之特質有何合轍之處。本文的內容，在某種意義上，即是為此類應用儒學於商業、企管領域的工作進行後設證成的嘗試，以回應類似疑問。釐清了義利之辨與獲利動機並無矛盾，累積財富可藉以行仁，商業運作、企業經營、專業精進與道德修養同樣可視為儒家價值創造的實踐工作，即是在核心價值層面，點出儒家與企業家，以及各種專業人士的相通之處。冀望在跨出這一步之後，吾人可更有備無患地談論何謂儒家企業管理？何謂儒家商道？乃至進而試圖從儒家經典中不斷開發其中的人生哲學智慧，以與各種專業領域之中的創造、改良精神接軌。

38　管理哲學方面，其中具代表性者有黎紅雷教授的《儒家管理哲學》、成中英教授的《C 理論：易經管理哲學》，以及朱建民教授的《儒家的管理哲學》；黎紅雷教授最近則又出版了《儒家商道智慧》的系統著述，而於企業管理與商道層面皆有理論建樹。

參考文獻

中文文獻

王守仁：《王陽明全集》。上海：上海古籍出版社，2012 年。

朱建民：《儒家管理哲學》。臺北：漢藝色研出版社，1994 年。

朱　熹：《朱子語類》。臺北：文津出版社，1986 年。

———：《朱子大全》。臺北：中華書局，1985 年。

———：《朱子文集》。《四部備要本》。

程顥、程頤：《二程全書》。《四部備要本》。

成中英：《知識與價值——和諧，真理與正義的探索》。臺北：聯經出版事業公司，1989 年。

成中英：《C 理論：易經管理哲學》。臺北：東大圖書公司，2016 年。

江日新：《馬克斯・謝勒》。臺北：東大圖書公司，1990 年。

休慈（Alfred Schutz）著，江日新編譯：《馬克斯・謝勒三論》。臺北：東大圖書公司，1997 年。

牟宗三：《心體與性體》（全三冊）。臺北：正中書局，1968-1969 年。

———：《智的直覺與中國哲學》。臺北：臺灣商務印書館，1974 年。

———：《現象與物自身》。臺北：臺灣學生書局，1975 年。

———：《歷史哲學》。臺北：臺灣學生書局，1976 年。

———：《從陸象山到劉蕺山》。臺北：臺灣學生書局，1979 年。

———：《中西哲學之會通十四講》。臺北：臺灣學生書局，1980 年。

———：《中國哲學十九講》。臺北：臺灣學生書局，1983 年。

———：《圓善論》。臺北：臺灣學生書局，1996 年。

———：《政道與治道》。臺北：臺灣學生書局，1996 年。

———：《四因說演講錄》。臺北：鵝湖出版社，1997 年。

———：《才性與玄理》。臺北：臺灣學生書局，1997 年。

———：《康德：判斷力之批判》。臺北：臺灣學生書局，2000 年。

李明輝：《儒學與現代意識》。臺北：文津出版社，1991 年。

———：《當代儒學之自我轉化》。臺北：中央研究院中國文哲研究所，1994 年。

———：《康德倫理學與孟子道德思考之重建》。臺北：中央研究院中國文哲研究所，1994 年。

———：《儒家與康德》。臺北：聯經出版事業公司，1997 年。

———：《孟子重探》。臺北：聯經出版事業公司，2001 年。

———：《四端與七情：關於道德情感的比較哲學探討》。臺北：國立臺灣大學出版中心，2005 年。

———：《儒家視野下的政治思想》。臺北：國立臺灣大學出版中心，2005 年。

李明輝、葉海煙、鄭宗義合編：《儒學、文化與宗教：劉述先先生七秩壽慶論文集》。臺北：臺灣學生書局，2006 年。

李夢陽：《空同集·明故王文顯墓誌銘》，收錄於王雲五主編：《四庫全書珍本》八集。臺北：臺灣商務印書館，1974 年。

李達嘉：〈從抑商到重商：思想與政策的考察〉，《中央研究院近代史研究所集刊》第 82 期（2013 年 12 月），頁 1-53。

李瑞全：《當代新儒學之哲學開拓》。臺北：文津出版社，1993 年。

———：《儒家生命倫理學》。臺北：鵝湖出版社，1999 年。

———：〈當代新儒學道德規範根源之建立〉，《鵝湖》第 379 期（2007 年 1 月），頁 21-31。

———：《儒家道德規範根源論》。臺北：鵝湖出版社，2013 年。

汪道昆：《太函集》。合肥：黃山書社，2004 年。

沈　垚：《落帆樓文集》，收入吳興叢書（吳興劉氏嘉業堂刊本，線裝本），1918 年。

何信全：《儒學與現代民主——當代新儒家政治哲學研究》。臺北：中央研究院中國文哲研究所籌備處，1996 年。

———：〈儒學與自由主義人觀的對比——以孟子與羅爾斯為例〉，《臺灣哲學研究》第 2 期（1999 年 3 月），頁 141-162。

———：〈儒學與社群主義人觀的對比——以孟子與泰勒為例〉，《第三屆國際漢學會議論文集：中國思潮與外來文化》（臺北：中央研究院中國文哲研究所，2002 年），頁 149-166。

———：〈儒家政治哲學的前景：從當代自由主義與社群主義論爭脈絡的考察〉，《傳統中華文化與現代價值的激盪與調融（一）》。臺北：喜瑪拉雅研究發展基金會，2002 年。

杜維明：《儒家傳統的現代轉化》。北京：中國廣播電視出版社，1992 年。

吳光編：《當代新儒家探索》。上海：上海古籍出版社，2003 年。

余英時：《現代儒學論》。River Edge, N. J.：美國八方文化企業公司，1996 年。

———：《宋明理學與政治文化》。臺北：允晨文化公司，2004 年。

阿弗德‧休慈（Alfred Schutz）著，江日新譯：《馬克思‧謝勒三論》。臺北：東大圖書公司，1997 年。

金春峰：《朱熹哲學思想》。臺北：東大圖書公司，1998 年。

林安梧：《道的錯置：中國政治思想的根本困結》。臺北：臺灣學生書局，2003 年。

———：〈後新儒學的新思考：從外王到內聖——以「社會公義」論為核心的儒學可能〉，《鵝湖》第 350 期（2004 年 8 月），頁 16-25。

———：〈儒學革命——一種可能的方向〉，《鵝湖》第 309 期（2001 年 3 月），頁 13-20。

昂格爾著，吳玉章、周漢華譯：《現代社會中的法律》。南京：譯林出版社，2001 年。

唐君毅：《中國哲學原論（導論篇）》。臺北：臺灣學生書局，1986 年。

———：《中國哲學原論（原教篇）》。臺北：臺灣學生書局，1990 年。

孫振青：〈關於道德自律的反省〉，《哲學與文化》第 15 卷第 6 期（1988 年 6 月），頁 17-19。

徐復觀：《中國人性論史：先秦篇》。臺北：臺灣商務印書館，1994 年。

————：《儒家政治思想與民主自由人權》。臺北：臺灣學生書局，1988年。

————：《中國思想史論集》。臺北：臺灣學生書局，1993年。

————：《中國藝術精神》。臺北：臺灣學生書局，1998年。

姚才剛：《終極信仰與多元價值的融通：劉述先新儒學思想研究》。成都：巴蜀書社，2003年。

高達美（H. G. Gadamer）著，洪漢鼎譯：《真理與方法》。上海：上海譯文出版社，2004年。

張　灝：《幽暗意識與民主傳統》。臺北：聯經出版事業公司，1989年。

張鼎國：〈理解，詮釋與對話：從哲學詮釋學的實踐觀點論多元主義〉，《多元主義》，頁307-335。臺北：中央研究院中山人文社會科學研究所，1998年。

————：〈文化傳承與社會批判——回顧Apel, Habermas, Gadamer, Ricoeur間的詮釋學論爭〉，《國立政治大學哲學學報》第5期（1999年1月），頁57-76。

張子立：〈再論朱子歸入自律倫理學的可能性〉，《鵝湖》第305期（2000年11月），頁54-64。

————：〈釋朱子脫然貫通說〉，《東吳哲學學報》第12期（2005年8月），頁99-125。

————：〈道德感之普遍性與動力性——謝勒與牟宗三的共識〉，《鵝湖》第379期（2007年1月），頁51-62。

葉仁昌：〈孟子政治思想中義利之辨的分析：四種主要類型的探討〉，《政治科學論叢》第50期（2011年12月），頁1-36。

勞思光：《中國哲學史》（全三卷）。臺北：三民書局，1988年。

————：《中國文化路向問題的新檢討》。臺北：東大圖書公司，1993年。

————：《思辯錄》。臺北：東大圖書公司，1996年。

————：《文化問題論集》。香港：中文大學出版社，2000年。

————：《哲學問題源流論》。香港：中文大學出版社，2001年。

————：《文化哲學講演錄》。香港：中文大學出版社，2002年。

———：《虛境與希望》。香港：中文大學出版社，2003 年。

曾春海：《儒家哲學論集》。臺北：文津出版社，1989 年。

———：《易經的哲學原理》。臺北：文津出版社，2003 年。

黑爾（R. M. Hare）著，黃慧英譯：《道德思維》。臺北：遠流出版事業公司，1991 年。

馮耀明：《中國哲學的方法論問題》。臺北：允晨文化公司，1989 年。

黃慶明：《實然應然問題探微》。臺北：鵝湖出版社，1993 年。

黃慧英：《後設倫理學之基本問題》。臺北：東大圖書公司，1988 年。

———：《儒家倫理：體與用》。上海：三聯書店，2005 年。

陳　來：《有無之境——陽明哲學的精神》。北京：人民出版社，1991 年。

———：《朱熹哲學研究》。臺北：文津出版社，1990 年。

陳榮捷編：《王陽明傳習錄詳註集評》。臺北：臺灣學生書局，1983 年。

———：《朱學論集》。臺北：臺灣學生書局，1982 年。

———：《朱熹》。臺北：東大圖書公司，1990 年。

劉小楓主編：《舍勒選集》。上海：三聯書店，1999 年。

劉述先：《朱子哲學思想的發展與完成》。臺北：臺灣學生書局，1982 年。

———：《黃宗羲心學的定位》。臺北：允晨文化公司，1986 年。

———：《中西哲學論文集》。臺北：臺灣學生書局，1987 年。

———：《大陸與海外：傳統的反省與轉化》。臺北：允晨文化公司，1989 年。

———：《理想與現實的糾結》。臺北：臺灣學生書局，1993 年。

———：《當代中國哲學論：問題篇》。River Edge, N. J.：美國八方文化企業公司，1996 年。

———：《當代中國哲學論：人物篇》。River Edge, N. J.：美國八方文化企業公司，1996 年。

———：《儒家思想意涵之現代闡釋論集》。臺北：中央研究院中國文哲研究所，2000 年。

———：《全球倫理與宗教對話》。臺北：立緒文化事業公司，2001 年。

———：《現代新儒學之省察論集》。臺北：中央研究院中國文哲研究所，2004 年。

———：〈評余英時《朱熹的歷史世界——宋代士大夫政治文化的研究》〉，《九州學林》一卷二期（2003‧冬季），頁 316-334。

———：〈全球意識覺醒下儒家哲學的典範重構與詮釋〉，《鵝湖》第 385 期（2007 年 8 月），頁 15-25。

———：《漢學名家書系：劉述先自選集》。濟南：山東教育出版社，2007 年。

———：《論儒家哲學的三個大時代》。香港：中文大學出版社，2008 年。

———：《儒家哲學的典範重構與詮釋》。臺北：萬卷樓圖書公司，2010 年。

臺大哲學系主編：《中國人性論史》。臺北：東大圖書公司，1990 年。

楊伯峻：《論語譯注》。臺北：河洛出版社，1980 年。

———：《孟子譯注》。臺北：河洛出版社，1977 年。

楊祖漢：《當代儒學思辨錄》。臺北：鵝湖出版社，1998 年。

———：〈牟宗三先生的朱子學詮釋之反省〉，《鵝湖學誌》49 期（2012 年 12 月），頁 185-209。

熊十力：《新唯識論》。臺北：明文書局，1990 年。

摩爾（G. E. Moore）著，蔡坤鴻譯：《倫理學原理》。臺北：聯經出版事業公司，1992 年。

鄭家棟：《當代新儒學論衡》。臺北：桂冠圖書公司，1995 年。

錢　穆：《錢賓四先生全集》之《朱子新學案》。臺北：聯經出版事業公司，1993 年。

黎紅雷：《儒家管理哲學》。廣州：廣東高等教育出版社，2010 年。

———：《儒家商道智慧》。北京：人民出版社，2017 年。

韓邦奇：《苑落集》，《文淵閣四庫全書》卷七。臺北：臺灣商務印書館，1983 年。

謝勒（Max Scheler）著，陳仁華譯：《情感現象學》。臺北：遠流出版事業公司，1991 年。

蘇　輿：《春秋繁露義證》。臺北：河洛圖書出版社，1974 年。

英文文獻

Anomaly, Jonny: Personal Identity and Practical Reason: The Failure of Kantian Replies to Parfit. *Dialogue* 47, no. 2 (2008): 331-350.

Angle, Stephen C.: *Sagehood: The Contemporary Significance of Neo-Confucian Philosophy*. New York: Oxford University Press, 2009.

————: *Contemporary Confucian Political Philosophy*. Malden MA: Polity Press, 2012.

Armstrong, W. S.: *Moral Dilemmas*. New York:Basil Blackwell, 1988.

Barcalow, Emmett: *Moral Philosophy: Theory and Issues*. Belmont, Calif.: Wadsworth, 1994.

Beauchamp, T. L.: *Philosophical Ethics: An Introduction to Moral Philosophy*. New York: McGraw-Hill, 1982.

Berlin, Isaiah: *Four Essays on Liberty*. New York: Oxford University Press, 1969.

Berstein, R. J.: *Beyond Objectivism and Relativism: Science, Hermeneutics, and Praxis*. Oxford: Basil Blackwell Publisher Limited, 1983.

Blackburn, Simon: *Ruling Passions: A Theory of Practical Reasoning*. Oxford: Clarendon Press, 1998.

Blosser, Philip: *Scheler's Critique of Kant's Ethics*. Athens: Ohio University Press, 1995.

Bok, Sissela: *Common Values*. Columbia, Mo.: University of Missouri Press, 1995.

Bradley, F. H.: *Ethical Study*. Bristol: Thoemmes, 1990.

Cahn, S. M. / Haber, J. G. (eds.), *Twentieth Century Ethical Theory*. Englewood, N. J.: Prentice Hall, 1995.

Cassirer, Ernest: *An Essay on Man*. New Haven, CT: Yale University Press, 1944.

Chan, Wing-tsit, trans.: *Instructions for Practical Living and Other Neo-

Confucian Writings. New York: Columbia University Press, 1963.

Chang, Tzu-li: "Personal Identity, Moral Agency and *Liangzhi*: A Comparative Study of Korsgaard and Wang Yangming." *Comparative Philosophy* 6, no. 1 (2015): 3-23.

Ching, Julia.: *To Acquire Wisdom: The Way of Wang Yang-ming*. New York: Columbia University Press, 1976.

Cohen, G. A.: "Reason, Humanity, and the Moral Law", in O. O'Neill (ed.) *The Sources of Normativity* (Cambridge: Cambridge University Press), 1996.

Cooper, Neil: "The Epistemology of Understanding." *Inquiry* 38, no. 3 (1995): 205-215.

Cua, Antonio.: *The Unity of Knowledge and Action: A Study in Wang Yangming's Moral Psychology*. Honolulu: University of Hawai'i Press, 1982.

Dewey, John: *Theory of Valuation*. Chicago: The University of Chicago Press, 1972.

D. D. Raphael: "Liberty and Authority" In A. P. Griffiths (ed.), *Of Liberty* (Cambridge University Press, 1983), p. 1.

Elgin, Catherine: "Understanding and the Facts." *Philosophical Studies* 132, no. 1 (2007): 33-42.

Eriksen, E. O. / Weigard, Jarle: *Understanding Habermas: Communicative Action and Deliberate Democracy*. New York: Continuum, 2003.

Florida, Richard: *The Rise of The Creative Class*. New York: Basil Book, 2002.

Foster, M.: *Gadamer and Practical Philosophy: The Hermeneutics of Moral Confidence*. Atlanta: Scholars Press, 1991.

Frankena, William: *Ethics*. Englewood Cliffs, N. J.: Prentice Hall, 1973.

Frings, M. S.: *Max Scheler: A Concise Introduction into the World of a Great Thinker*. Milwaukee: Marquette University Press, 1996.

Frisina, Warren G.: *The Unity of Knowledge and Action: Toward a Nonrepresentational Theory of Knowledge*. Albany: State University of New York Press, 2002.

Frondizi, Risieri: *What Is Value?: An Introduction to Axiology*. La Salle, Ill.: The Open Court, 1971.

Gadamer, H. G.: *Truth and Method*. Trans. by Joel Weinsheimer and Donald G. Marshall. New York: The Continuum Publishing Company, 2006.

————: *Philosophical Hermeneutics*. Trans. & ed. by David E. Linge. Berkeley, Calif.: University of California Press, 1977.

————: *Hermeneutics, Religion, and Ethics*. Trans. by Joe Weinsheimer. New Haven, CT: Yale University Press, 1999.

————: *Reason in the Age of Science*. Trans. by Frederick G. Lawrence. Cambridge, Mass.: MIT Press, 1982.

————: *Gadamer in Conversrtion*. Trans. & ed. by R. E. Palmer. New Haven, CT: Yale University Press, 2001.

Habermas, Jürgen: *Autonomy and Solidarity: Interviews with Habermas*. New York: Verso, 1992.

————: *Justification and Application: Remarks on discourse Ethics*. Cambridge: Polity Press, 1993.

Hall, David L., and Roger T. Ames. *Thinking Through Confucius*. Albany: State University of New York Press, 1987.

Hare, R. M.: *The Language of Morals*. New York: Oxford University Press, 1963.

————: *Moral Thinking: its Levels, Method, and Point*. New York: Oxford University Press, 1981.

Harman, Gilbert: *The Nature of Morality: An Introduction to Ethics*. New York: Oxford University Press, 1977.

Hartmann, Nicolai: *Ethics*. Trans. by Stanton Coit. New York: The Macmillan Company, 2nd ed., 2002.

H. L. Van. Breda: A Note on Reduction and Authenticity According to Husserl, In: *Husserl: Expositions and Appraisals*, ed. F. A. Elliston and P. McCormick (Indiana: University of Notre Dame Press, 1977), p. 125.

How, Alan: *The Habermas-Gadamer Debate and the Nature of the Social*.

Brookfield, Vt.: Ashgate Publishing Company, 1995.

Huang, Yong: "A Neo-Confucian Conception of Wisdom: Wang Yangming on the Innate Moral Knowledge." *Journal of Chinese Philosophy* 33, no. 3 (2006): 393-408.

Hudson, W. D.: *Modern moral Philosophy*. New York: St. Martin's Press, 1983.

Ivanhoe, Philip J.: *Ethics in the Confucian Tradition: The Thought of Mengzi and Wang Yangming*. Indianapolis: Hackett Publishing Company, 2002.

Kant, Immanuel: *Groundwork of the Metaphysic of Morals*. Trans. by Mary Gregor. Cambridge: Cambridge University Press, 1998.

———: *Critique of Practical Reason*. Trans. by T. K. Abbott. Amherst, N. Y.: Prometheus Books, 1996.

Korsgaard, Christine M.: *Creating the Kingdom of Ends*. Cambridge: Cambridge University Press, 1996.

———: *Self-Constitution*. New York: Oxford University Press, 2009.

———: *The Source of Normativity*. Cambridge: Cambridge University Press, 2010.

Kukathas, Chandran and Pettit, Philip: *Rawls: A Theory of Justice and its Critics*. Cambridge: Polity Press, 1990.

Kymlicka, Will: *Contemporary Political Philosophy: An Introduction*. New York: Oxford University Press, 2nd ed., 2002.

Liu, Shu-hsien: *Understanding Confucian Philosophy: Classical and Sung-Ming*. Westport, CT: Greenwood Press, 1998.

———: *Essentials of Contemporary Neo-Confucian Philosophy*. Westport, CT: Praeger Publisher, 2003.

Mandelbaum, Maurice: *The Phenomenology of Moral Experience*. Glencoe, Ill.: Free Press, 1955.

Moore, G. E.: *Principia Ethica*. Cambridge: Cambridge University Press, 1993.

Mou, Bo, ed.: *History of Chinese Philosophy*. New York: Routledge, 2009.

Nagel, Thomas: *Equality and Partiality*. Oxford: Oxford University Press, 1991.

Najder, Z.: *Values and Evaluations*. Oxford: The Clarendon University Press,

1975.

Nivison, David S.: *The Ways of Confucianism: Investigations in Chinese Philosophy*. Chicago and LaSalle: Open Court, 1996.

Parfit, Derek: *Reasons and Persons*. Oxford: Oxford University Press, 1984.

Perry, R. B.: *Realms of Value, A Critique of Civilization*. Cambridge, Mass.: Harvard University Press, 1954.

Perrin, Ron: *Max Scheler's Concept of the Person*. New York: St. Martin's Press, 1991.

Pojman, Louis P.: *Ethics: Discovering Right and Wrong*. Belmont, Calif.: Wadsworth, 4th ed., 2002.

────── (ed.): *Ethical Theory: Classical and Contemporary Readings*. Belmont, Calif.: Wadsworth, 1995.

Rawls, John: *Theory of Justice*. Cambridge, Mass.: Harvard University Press, revised ed., 1999.

Risser, James: *Hermeneutics and The Voice of The Other: Re-reading Gadamer's Philosophical Hermeneutics*. Albany, N. Y.: State University of New York Press, 1997.

Risieri Frondizi: *What Is Value?An Introduction to Axiology*, La Salle, Ill.: The Open Court, 1971.

Ross, W. D.: *Foundations of Ethics*. Oxford: The Clarendon University Press, 1939.

──────: *The Right and The Good*. Oxford: The Clarendon University Press, 1930.

Sandel, Michael: *Liberalism and Limits of Justice*. Cambridge: Cambridge University Press, 2nd ed., 1998.

Scheler, Max: *Formalism in Ethics and Non-Formal Ethics of Values*. Trans. by M. S. Frings. & R. L. Funk. Evanston: Northwest University Press, 1973.

Smith, Michael: *The Moral Problem*. Cambridge, Mass.: Basil Blackwell, 1994.

Stevenson, C. L.: *Ethics and Language*. New Haven, CT: Yale University Press, 1944.

Taylor, Charles: *Human Agency and Language: Philosophical Papers 1*. Cambridge: Cambridge University Press, 1985.

———: *Philosophy and the Human Sciences: Philosophical Papers 2*. Cambridge: Cambridge University Press, 1985.

———: *Philosophical Arguments*. Cambridge: Harvard University Press, 1995.

Thiroux, J. P.: *Ethics: Theory and Practice*. Englewood Cliffs, N. J.: Prentice Hall, 1995.

Tillich, Paul: *Systematic Theology*. 3 Vols. Chicago: University of Chicago Press, 1951-63.

Tu Wei-ming.: *Neo-Confucian Thought in Action: Wang Yang-ming's Youth (1472-1509)*. Berkeley: University of California Press, 1976.

Warnke, G.: *Gadamer: Hermeneutics, Tradition and Reason*. Cambridge: Polity press, 1987.

———: "Walzer, Rawls, and Gadamer:Hermeneutics and Political Theory." In K. Wright (ed.), *Festivals of Interpretations: Essays on Hans-Georg Gadamer's Work* (Albany, N. Y.: State University of New York Press, 1990), pp. 136-160.

Yang Xiaomei: "How to Make Sense of the Claim 'True Knowledge Is What Constitutes Action': A New Interpretation of Wang Yangming's Doctrine of Unity of Knowledge and Action." *Dao: A Journal of Comparative Philosophy* 8, no. 2 (2009): 173-188.

Zangwill, Nick: "Besires and the Motivation Debate." *Theoria* 74 (2008): 50-59.

國家圖書館出版品預行編目資料

儒學之現代解讀：詮釋、對比與開展

張子立著. – 初版. – 臺北市：臺灣學生，2021.01
面；公分

ISBN 978-957-15-1842-8 (平裝)

1. 儒學 2. 中國哲學

121.2　　　　　　　　　　　　　109020076

儒學之現代解讀：詮釋、對比與開展

著　作　者　張子立
出　版　者　臺灣學生書局有限公司
發　行　人　楊雲龍
發　行　所　臺灣學生書局有限公司
地　　　址　臺北市和平東路一段 75 巷 11 號
劃 撥 帳 號　00024668
電　　　話　(02)23928185
傳　　　眞　(02)23928105
E - m a i l　student.book@msa.hinet.net
網　　　址　www.studentbook.com.tw
登記證字號　行政院新聞局局版北市業字第玖捌壹號
定　　　價　新臺幣五○○元
出 版 日 期　二○二一年一月初版
I　S　B　N　978-957-15-1842-8